Ullstein

W0230999

WALTER HARTENBACH

Was
Ohren verraten

Begabung ·
Chancen · Genialität

Ullstein

Ratgeber
Ullstein Buch Nr. 35325
im Verlag Ullstein GmbH,
Frankfurt/M – Berlin

Durchgesehene Ausgabe
Mit 106 Abbildungen

Umschlagentwurf:
Friedemann Porscha
Unter Verwendung von
drei Abbildungen von dpa
(Hans-Dietrich Genscher/
Steffi Graf/Albert Einstein)
© by dpa-Bild
Deutsche Presse-Agentur GmbH,
Frankfurt
Romy Schneider,
© by Sügma/Paris
Alle Rechte vorbehalten
Taschenbuchausgabe mit freundlicher
Genehmigung der
F. A. Herbig Verlagsbuchhandlung
GmbH, München
© 1992 by F. A. Herbig
Verlagsbuchhandlung GmbH,
München
Printed in Germany 1993
Gesamtherstellung:
Ebner Ulm
ISBN 3 548 35325 8

August 1993
Gedruckt auf
alterungsbeständigem Papier
mit chlorfrei
gebleichtem Zellstoff

Die Deutsche Bibliothek –
CIP-Einheitsaufnahme

Hartenbach, Walter:
Was Ohren verraten: Begabung,
Chancen, Genialität/Walter
Hartenbach. – Durchges. Ausg. –
Frankfurt/M; Berlin: Ullstein, 1993
    (Ullstein-Buch; Nr. 35325:
    Ullstein-Ratgeber)
    ISBN 3-548-35325-8
NE: GT

INHALT

Vorwort

Der Autor dieses Buches, Professor Dr. Walter Hartenbach, ist Facharzt für Chirurgie. Er war 17 Jahre an der Chirurgischen Universitätsklinik München tätig und fast 20 Jahre Chefarzt der Chirurgischen Abteilung der Städtischen Kliniken Wiesbadens.

Mit den Ohren hatte er beruflich bisher nur insoweit zu tun, als sie – sei es bei Verletzungen oder plastischer Chirurgie – seine ärztliche Kunst erforderten.

Trotzdem hat sich Professor Hartenbach seit Jahrzehnten mit diesem menschlichen Sinnesorgan beschäftigt. Sein Interesse galt dabei nicht der Organfunktion, also dem Hörvermögen, sondern dem äußeren sichtbaren Teil des Ohres, der Ohrmuschel.

Professor Hartenbach hat nicht nur die Beobachtungen an Menschen in seiner unmittelbaren Nähe zusammengetragen, sondern studierte darüber hinaus Tausende von Abbildungen, die ihm das Polizeipräsidium München zugänglich machte. Die leitenden Hauptkommissare H. Homberger und K. Swoboda gaben ihm bei der Analyse von Ohren kriminalistisch auffällig gewordener Personen wertvolle Hinweise. Ein ums andere Mal fand Hartenbach dabei seine Erkenntnisse über den Charakter von Personen bestätigt, deren Ohren er analysiert hatte.

Die Charakteranalyse über die Ohrstruktur vorzunehmen, ist immer wieder versucht worden. Zumindest in Deutschland ist dies bisher aber nicht so umfassend und ernsthaft betrieben worden wie von Professor Hartenbach.

Kann man aus der Form der Ohren auf den Charakter eines Menschen schließen? Dieses Buch beweist: Man sollte sich die Ohren seiner Mitmenschen zumindest genauer ansehen. Denn die Ohrstrukturen verraten viel über die Wesenszüge eines Menschen.

Professor Hartenbachs jahrzehntelange empirische Forschungen führten zu oft verblüffenden Erkenntnissen, die hier zum ersten Mal einem breiten Publikum zugänglich gemacht werden. Leicht verständlich und für jedermann nachvollziehbar führt das Buch den Leser in die Grundlagen der Ohranalyse ein. Er erfährt, daß schon die Ohrform und die Ohrgröße Rückschlüsse auf bestimmte Charaktereigenschaften zulassen. Das Buch zeigt in ausführlichen Analysen der Ohrstrukturen die dominierenden Eigenschaften bekannter Persönlichkeiten aus Politik und Wirtschaft auf, es weist auf charakteristische Ohrformen bei genialen Menschen aller Lebensbereiche hin und stellt bei Spitzenstars des Sports überraschende Ähnlichkeiten in den Ohrformen dar. Auch gefährlicher Fanatismus, abwegiges ideologisches Denken oder Neigung zu kriminellem Verhalten werden mit vielen Beispielen belegt. Mit fortschreitender Lektüre und Erfahrung wird es auch dem Laien möglich sein, etwa aus einem überdimensionalen Ohrläppchen oder einer sehr kleinen Ohrbucht sein Gegenüber besser zu beurteilen. Denn die Ohranalyse kann wesentliche Erkenntnisse auch über Menschen liefern, denen man zum ersten Mal begegnet. Wo wir uns bisher bei der Einschätzung einer Person mehr oder weniger auf unser Gefühl verlassen haben, leistet die Ohranalyse quasi als Regulativ wertvolle Hilfe. Zugleich gibt sie demjenigen, der sich ernsthaft mit dieser Methode beschäftigt, ein Gefühl der Selbstsicherheit, da sie die richtige Einstellung zu vielen privaten und beruflichen Situationen erleichtert. Eltern und Lehrer werden darin eine Chance sehen, Neigungen und Fähigkeiten ihrer Kinder und Schüler frühzeitig besser zu erkennen. Chefs, die ihre Mitarbeiter bisher auch nach graphologischen Gutachten auswählten, sind nach der Lektüre dieses Buches genauso im Vorteil wie der mögliche Bewerber. Politiker mit

»schlechten« Ohren werden vielleicht in Zukunft darauf achten, Profilaufnahmen zu vermeiden.

Wer sich kritisch mit sich und seinem persönlichen Umfeld auseinandersetzt, wird diese Anleitung zur Charakteranalyse anhand der Ohrstrukturen als eine echte Lebenshilfe begrüßen.

Kapitel I

Einführung in die Ohranalyse

In einer Zeit, in der der Leistungsdruck immer größer wird und viele Menschen an Störungen ihres Wohlbefindens leiden, ist guter Rat oft teuer: In den Arztpraxen drängen sich Patienten, denen rein physiologisch zwar nichts fehlt, die aber dennoch krank sind und sich schlecht fühlen. Minderwertigkeitskomplexe, Versagensängste und mangelndes Selbstvertrauen sowie ständig ausgeübter Druck von seiten der Vorgesetzten oder Arbeitskollegen hemmen die Entfaltung ihrer Persönlichkeit. Im Extremfall kann dies zu organischen Erkrankungen führen, die vor allem das vegetative System angreifen. Viele dieser psychosomatischen Erkrankungen ließen sich vermeiden, würde man nur die Zusammenhänge erkennen. Das fängt damit an, daß man sich selbst objektiver einzuschätzen lernt. Mindestens ebenso wichtig ist eine vorurteilsfreie Sicht der unmittelbaren Umgebung sowie eine emotionslose Betrachtung der Menschen, mit denen man es zu tun hat. Ein Hilfsmittel dazu kann die Ohranalyse sein. Bei einiger Erfahrung vermittelt sie Erkenntnisse über die wichtigsten Wesenszüge einer Person. Das erleichtert natürlich die richtige Einstellung in vielen privaten und beruflichen Situationen, und man kann die eigenen Verhaltensweisen besser danach ausrichten.

Die Ohrformen verraten die wichtigsten
Wesenszüge eines Menschen

Mindestens ebenso reizvoll wie nützlich kann es sein, sein Gegenüber gleichsam zu »enttarnen«. Wer an den Ohren lesen kann, dem wird der ehrfurchtsgebietende Chef plötzlich vielleicht gar nicht mehr so unnahbar erscheinen, und selbst gefeierte Größen der Gesellschaft sind möglicherweise weniger bewunderungswürdig, wenn wir erst ihre menschlichen Schwachstellen entdecken. Die Ohrformen verraten diese nämlich ebenso wie die positiven Charakterzüge.

Man teste sich einmal selbst: Welches der abgebildeten Ohren (S. 14 f. Abb. a–i) würde man als das eines Spitzensportlers identifizieren? Welches gehört vermutlich einem Pianisten, einem Raubmörder und einer erfolgreichen Politikerin? Die gesuchten Ohren finden sich im Buch noch einmal, so daß hier keine Auflösung des Rätsels gegeben werden muß. Eine kleine Hilfe bieten aber die folgenden Kurzanalysen, aus denen bereits zu ersehen ist, worauf man achten muß:

Auf die Gesamtstruktur kommt es an

Die erste Reihe (Abb. a–c) zeigt Ohren mit auffallend starker Umrandung, also mit kräftigen Außen- und Innenleisten bei einer großen Ohrbucht und einem tiefen Einschnitt am unteren Ende. Diese Kombination von Merkmalen weist stets auf außergewöhnliche rhythmische Veranlagung, Kraft und Geschicklichkeit hin. Das kann sich zum Beispiel im Sport, in der Beherrschung eines Musikinstruments oder in handwerklichen Fähigkeiten äußern (Abb. a). Ein anderes Ohr mit starken Leisten zeigt eine feinere Struktur bei senkrechtem Verlauf der Außenleiste im mittleren Abschnitt. Dies spricht für Eigensinn und Gefühlsstärke (Abb. b). Weist ein kräftig strukturiertes Ohr starke Verbiegungen und Knicke auf und ist es zudem noch dick und plump, so kann mit ziemlicher Sicherheit auf brutale Rücksichtslosigkeit geschlossen werden (Abb. c). Das bedeutet jedoch nicht zwangsläufig, daß jemand mit einem solchen Ohr auch kriminell handelt.

Eine zweite Gruppe ist durch eine schmale Außenleiste gekennzeichnet (Abb. d–f). Ist die Leiste formschön bei insgesamt wohlgefälligem Ohr, so spricht das für einen sehr gefühlvollen, musischen und weitblickenden Menschen (Abb. d). Zeigt die dünne Außenleiste hingegen Knicke und Verbiegungen, dann ist das Gefühlsleben dieser Person eher schwach ausgeprägt (Abb. e). Träger solcher Ohren sind meist unbeherrscht und reagieren oft skrupellos. Bei einem Ohr mit dünner Außenleiste und feinen Knicken (Abb. f) bei insgesamt gefälliger Ohrform und kräftiger Innenleiste ist höchst eigensinniges Verhalten zu erwarten.

Die großen, kräftig konturierten Ohren der dritten Gruppe (Abb. g–i) werden stets bei sehr aktiven Menschen angetroffen. Dazu gehört das auf Anhieb gefällig wirkende Ohr mit schöner Umrandung und wohlgeformter Ohrbucht (Abb. g); es spricht für Logik und Verstand. Träger solcher Ohren sind als vertrauenswürdig einzustufen. Das zweite Ohr dieser Reihe (Abb. h) fällt durch eine plumpe Innenleiste und zu tiefen Einschnitt am unteren Ende der Ohrbucht auf. Das läßt auf Selbstherrlichkeit, bisweilen Engstirnigkeit schließen, wobei die große Ohrbucht und das kräftige Ohrläppchen das Gemütvolle betonen. Vergleicht man das Ohr der Abbildung i mit dem der Abbildung g, so fallen sofort die plumpen, häßlichen Strukturen auf; hier herrschen Egoismus und Geltungssucht vor. Menschen mit solchen Ohren verfolgen ihre Ziele rücksichtslos. Daß die Träger der drei abgebildeten Ohren den gleichen Beruf haben, ist eher zufällig. Man findet solche Ohren in fast allen Schichten, und stets handelt es sich bei Großohrigen um temperamentvolle Menschen mit starker Aktivität.

Dies sind nur Andeutungen von möglichen Charakter-

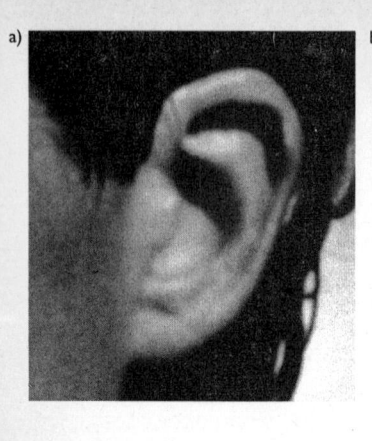

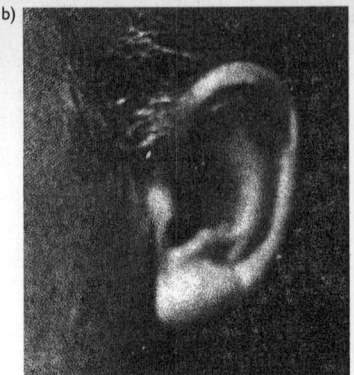

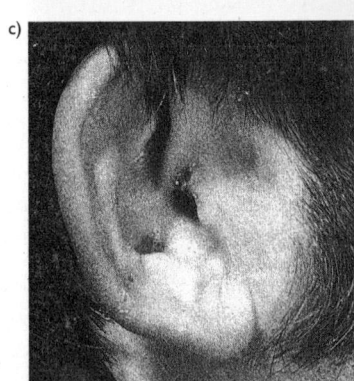

a) Stefan Edberg (Tennisstar)
b) Maurizio Pollini (Musiker)
c) Gewalttäter
d) Rudolf Serkin (Musiker)
e) Gewalttäter

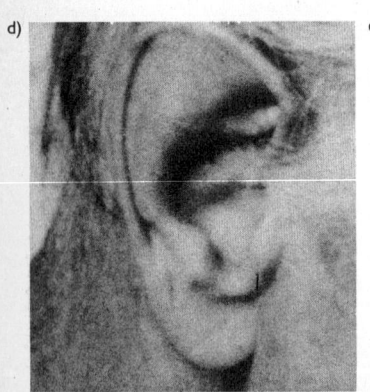

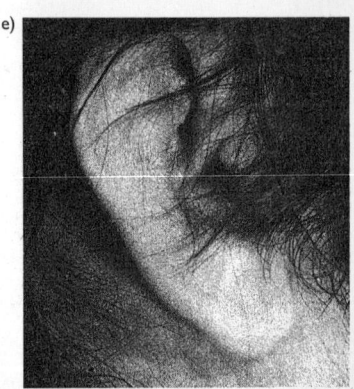

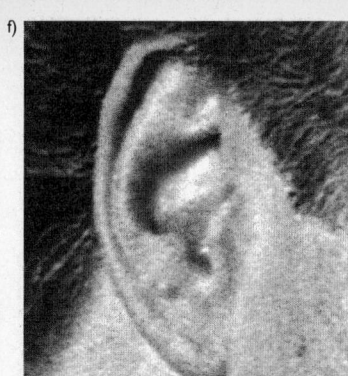

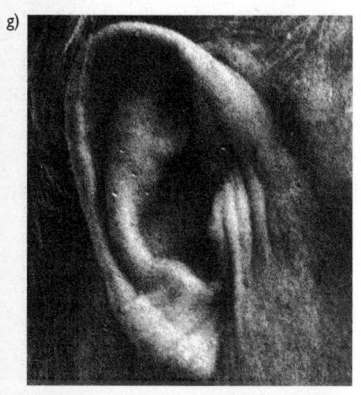

f) Björn Engholm (Politiker)
g) Konrad Adenauer (Politiker)
h) Rita Süssmuth (Politikerin)
i) Markus Wolf (Geheimdienstler)

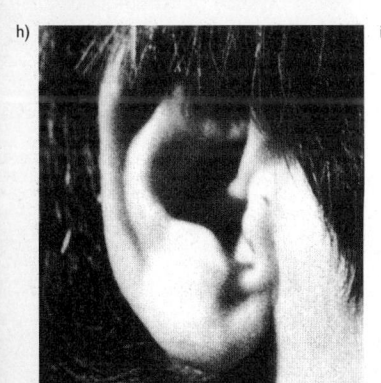

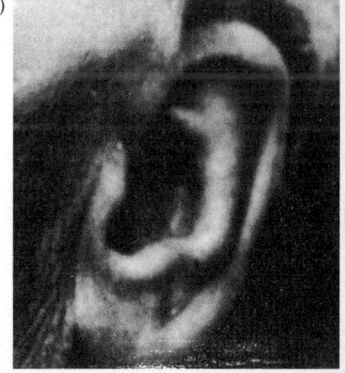

15

analysen aus den Ohrstrukturen. Natürlich läßt sich von den Ohren nicht auf den jeweiligen Beruf einer Person schließen. Interessant ist allerdings, daß sich bestimmte Strukturmerkmale in den einzelnen Berufszweigen häufen. Dies hängt damit zusammen, daß jeder Beruf nicht nur bestimmte physische, sondern auch charakterliche Anforderungen stellt, und diese Charakterzüge finden in den Ohrstrukturen ihre Entsprechung. Zum Beispiel sind unter den Sportlern mehr Kleinohrige anzutreffen, während schöpferisch und künstlerisch begabte Menschen eher große Ohren haben. Die Größe allein gibt aber auch nur wenig Auskunft; erst aus einer sorgfältigen Analyse aller Strukturmerkmale lassen sich einigermaßen verläßliche Aussagen machen. Dazu ist es allerdings erforderlich, daß man sich zunächst etwas mit der Theorie der Ohranalyse beschäftigt.

ABSCHNITT 2
DIE GRUNDFORM DES MENSCHLICHEN OHRES

Landläufig sprechen wir von »großen« oder »kleinen« Ohren und meinen damit die Ohrmuschel. Wir benennen auch noch das Ohrläppchen, aber damit erschöpft sich der übliche Sprachgebrauch auch schon – wenn wir von »Schlitzohren« einmal absehen. Tatsächlich bezeichnen wir also nur den äußeren, sichtbaren Teil des Ohres. Der Mediziner hingegen unterscheidet Außenohr, Mittelohr und Innenohr oder Labyrinth. Hammer, Amboß und Steigbügel, Bogengänge, Schnecke, Trommelfell und was sonst noch zu dem Organ gehört, interessieren aber bei der Ohranalyse nicht. Hier kommt es ausschließlich auf die Struktur des äußeren Ohres an, und dabei sind fünf wesentliche Elemente zu unterscheiden (Abb. 1):

16

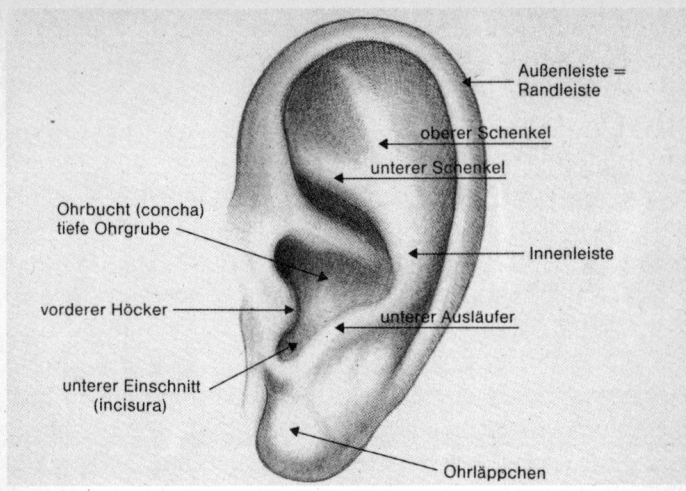

1 Idealform des Ohres

Das Ohr sollte eine *Dreiteilung* aufweisen, der obere Abschnitt sollte am stärksten entwickelt sein.
Die *Außenleiste* sollte nicht zu dick und nicht zu dünn sein und das Ohr gleichmäßig umrunden.
Die *Innenleiste* sollte in ansprechender Form einen möglichst großen *Vorhof* umkreisen und am unteren Ende einen deutlichen *Einschnitt* (Incisura) zeigen.
Das *Ohrläppchen* sollte nicht zu dick und nicht zu breit sein und sich dem Gesamtohr harmonisch anpassen.

Die Ohrstrukturen
müssen im Zusammenhang gesehen werden

- Ohrgröße,
- Ohrform,
- Ohrleisten (Außen- und Innenleiste),
- Ohrbucht (formbestimmend sind hier die Innenleiste, der vordere Höcker sowie der untere Einschnitt, die Incisura) und
- Ohrläppchen.

Nach diesen fünf Merkmalen beurteilt man das Ohr bei der Strukturanalyse. Dabei teilt man es noch in drei Abschnitte ein, den oberen, den mittleren und den unteren Abschnitt. Im oberen Abschnitt stellen sich die Außenleiste und die Schenkel der Innenleiste prägnant dar, der mittlere Abschnitt umfaßt im wesentlichen die Ohrbucht, der untere Abschnitt den Einschnitt und das Ohrläppchen.

Jedes Ohr zeigt diese Dreiteilung; im Idealfall (Abb. 1) sollte das Ohr im oberen Abschnitt am stärksten entwickelt sein und sich zum Ohrläppchen hin leicht verjüngen.

Das Ohr wird von der äußeren Leiste, der Randleiste oder Helix, umrandet. Diese Außenleiste beginnt im allgemeinen in der Mitte der Ohrbucht, verläuft dort fast diagonal aufsteigend, um das Ohr dann in wohlgefälliger Rundung zu umschließen und im Ohrläppchen zu enden. Fast parallel zur Außenleiste verläuft die innere Leiste oder Anthelix. Die Innenleiste teilt sich nach oben in zwei Ausläufer, den oberen und den unteren Schenkel. Zum Wangenansatz hin bildet sie einen Einschnitt, die Incisura. Der untere Ohrabschnitt besteht aus dem Ohrläppchen, das angewachsen oder nicht angewachsen sein kann.

Positive oder negative Wertung –
je nach Strukturniveau des Gesamtohres
Jede Abweichung von der anatomischen Idealform des Ohres beinhaltet beim Menschen auch Abweichungen der We-

senszüge vom sogenannten »Normalen« in positiver oder negativer Richtung. Das muß man wissen, um ein Ohr richtig analysieren zu können. Varianten in Größe, Form oder Struktur lassen sich also sowohl »positiv« wie »negativ« auslegen. Welche Eigenschaften bei den jeweiligen Trägern überwiegen, hängt vom architektonischen Niveau des Ohres ab, also von der Feinheit oder Plumpheit seiner Form. Das Niveau zeigt sich darin, ob ein Ohr zart oder dick ist, ob die Außen- und Innenleiste eine glatte und abgerundete oder eine eckige und krumme Linienführung aufweisen (Abb. 4–10).

Sowenig wie ein einzelner positiver oder negativer Charakterzug zur Beurteilung einer Persönlichkeit ausreicht, sowenig geben auch einzelne negativ zu deutende Merkmale der Ohrstrukturen genügend Aufschluß über die Wesenszüge eines Menschen. Um eine einigermaßen gesicherte Aussage machen zu können, müssen viele Fakten zusammengetragen werden. Form und Strukturunterschiede des menschlichen Ohres können nur bestimmte Hinweise auf Veranlagungen – zum Beispiel im musischen, sportlichen, geistigen oder moralischen Bereich – geben. Auch außergewöhnliche Begabungen lassen sich nur in geringem Umfang herauslesen, ebenso wie die potentielle Neigung zu kriminellen Entgleisungen. Je nach Intelligenzgrad und beruflichem Status können negative Eigenschaften wie Brutalität, Haltlosigkeit oder Kaltblütigkeit bei dem einen dazu führen, hochgesteckte berufliche Ziele rücksichtslos durchzusetzen, ein anderer dagegen kann in kriminelle Gewalttätigkeit abgleiten. Dies sei vorausgeschickt, damit niemand etwa auf den Gedanken kommt, man könne mit Hilfe einer Strukturanalyse der Ohren das Schicksal eines Menschen vorhersagen. Die Ohranalyse kann lediglich dazu dienen, die Grundveranlagung einer Person zu erkennen und daraus auf deren Charakter und Verhaltensmuster zu schließen. Erst die Betrachtung aller Strukturen und ihre gemeinsame

Auswertung erlauben einigermaßen verläßliche Hinweise auf den Charakter.

Wer sich länger mit der Analyse der einzelnen Ohrstrukturen befaßt und darin eine gewisse Übung erworben hat, vermag ziemlich rasch einige verbindliche Aussagen über die Charakterzüge eines Menschen zu machen. Mit einem Blick auf das Ohr seines Partners erfaßt er die wesentlichen Kriterien. In der Regel geht er dabei so vor, daß er zunächst die Größe und die Grundform des Ohres abschätzt, sodann die Außen- und Innenleiste begutachtet, schließlich die Ohrbucht, den unteren Einschnitt und das Ohrläppchen in seine Betrachtungen mit einbezieht. Ein solches systematisches Vorgehen erleichtert auch dem Anfänger den Einstieg in die Technik der Ohranalyse.

ABSCHNITT 3
DIE OHRGRÖSSE

Dem in der Ohranalyse noch Ungeübten fallen zunächst nur die unterschiedlich großen Ohren bei einzelnen Menschen auf. Man kann drei Größen unterscheiden:
- das »große«,
- das »mittelgroße« und
- das »kleine« Ohr.

Die Größe des Ohres bringt das Ausmaß an Lebenskraft und die Fülle der Gedankenflut zum Ausdruck.

Ganz allgemein läßt sich sagen: Je größer das Ohr, um so temperamentvoller, vitaler und explosiver ist der Mensch. Mittelgroße Ohren finden sich bei sachlich bezogenen Menschen und weisen auf eine eher nüchtern ausgerichtete Gedankenwelt hin. Kleinohrige neigen häufig zu stiller Beobachtung und geduldigem Abwägen; sie ordnen sich leichter ein und spielen oftmals ihre körperliche Geschicklichkeit aus.

Menschenohr und Affenohr –
an den Strukturen zeigt sich die geistige Entwicklung
Bei der Festlegung der Ohrform empfiehlt es sich, zunächst die Ohren von Menschenaffen zu betrachten (Abb. 2, 3) und sie in Vergleich zu den Ohren des höher entwickelten Menschen zu setzen: Dabei zeigt sich eindrucksvoll, daß sich mit der Abspaltung der Hominiden vom gemeinsamen Stamm im Laufe von Jahrmillionen auch Verfeinerungen des Ohres herausgebildet haben. Sowohl die Form als auch Außen- und Innenleiste, die Ohrbucht mit dem Einschnitt am unteren Ende und das Ohrläppchen haben sich gegenüber den animalischen Affenohren verändert. Das Affenohr dokumentiert – im Sinne der Ohranalyse – animalische Reaktionen. Sie sind beim Menschen um so ausgeprägter, je affenähnlichere Ohren er hat. Je feiner ziseliert ein Ohr ist, desto deutlicher wird die Zunahme des geistigen und schöpferischen Potentials.

Beim Menschenaffen gibt es zwei Ohrformen, die besonders aufschlußreich sind: Die eine Affengruppe zeichnet sich durch große, weit ausladende Ohren aus, die in allen Abschnitten etwa gleich groß und oft lappenartig entwickelt sind (Abb. 2a, b). Dieses große, quadratische Affenohr ist entweder konturenarm und hat nur eine angedeutete Außenleiste (Abb. 2a), oder es ist konturenstark und zeigt eine krumme, unregelmäßig verlaufende Außenleiste (Abb. 2b). Bei der anderen Affengruppe ist das Ohr klein, auffallend eckig mit kräftigen, stark geknickten Leisten (Abb. 3a), oder es hat eine rundliche Form mit abnorm dicken Leisten, die im Innenbereich verzweigt sind (Abb. 3b). In einer dritten Formvariante sind die lappenartigen Außenleisten nur im oberen Abschnitt entwickelt (Abb. 3c).

Affenähnliche Ohren
drücken animalische Vitalität aus
Nach langjährigen Beobachtungen des Autors zeigen Menschen mit zu großen, lappenförmigen quadratischen Ohren bei fast fehlender oder zu dicker, plumper Außenleiste oder mit stark entwickelten, verbogenen Leisten die Tendenz, sich mehr vom Animalischen leiten zu lassen. Letzteres trifft auch für Menschen mit kleinen, eckigen und rundlich geformten Ohren zu. Die beobachteten Personen schlagen die verschiedensten positiven oder negativen Richtungen ein: Bei kleineren affenähnlichen Ohren mit stark entwickelten Leisten zeigte sich eine auffallend große Vitalität, körperliche Gewandtheit und Geschicklichkeit – übrigens haben auch viele Weltgrößen des Sports ähnlich geformte Ohren.

ABSCHNITT 5
DIE OHRLEISTEN

Die Ohrleisten kennzeichnen Denkweise,
Willensstärke und Darstellungskraft der Persönlichkeit
Bei jedem Ohr unterscheiden wir zunächst zwischen äußerer und innerer Leiste. Ein wohlgeformtes Ohr ist von einer gut ausgebildeten äußeren Leiste umrandet. Die Form dieser Randleiste sagt etwas über die Willensimpulse und die Steuerung der Gedankengänge aus. Kleinere Unregelmäßig-

keiten sowohl in der Dicke als auch im Verlauf der Leiste unterstreichen die persönliche Note. Starke Knicke oder Verbiegungen hingegen deuten auf eine unangenehm auffallende Willensentfaltung hin. Die Randleiste sollte auch nicht zu dünn oder zu dick sein. Bei zu dünner Leiste ist die Steuerung der Gedankengänge herabgesetzt. Damit verbunden ist eine persönliche Überempfindlichkeit, die sich allzu häufig in stark egozentrischem Verhalten oder realitätsfernen Phantastereien äußert. Eine zu dicke Randleiste dagegen verrät eine eher plumpe Gedankenwelt, oft gepaart mit brutalen Willensäußerungen.

Die Innenleiste bringt den Wert einer Persönlichkeit zum Ausdruck. Hierbei kommt es vor allem auf die Konturen und die Linienführung an. Eine im oberen Abschnitt zu breite oder gar verwaschene Innenleiste läßt einen hohen Grad an Unverträglichkeit vermuten, gleichgültig, ob wir es mit einem hochintelligenten Menschen oder einer eher beschränkten Person zu tun haben.

ABSCHNITT 6
DIE OHRBUCHT

Die Form der Ohrbucht gibt Auskunft darüber, ob jemand den Vorgängen des Lebens gegenüber aufgeschlossen ist. Bei einem schön strukturierten Ohr spiegelt sie auch den Sinn für kulturelle, geistige und musische Interessen wider. Ist die Ohrbucht sehr klein, so spricht dies für mangelndes kulturelles Interesse. Häufig sind dabei auch die mitmenschlichen Empfindungen herabgesetzt. Besondere Beachtung verdient der Einschnitt am unteren Ende der Ohrbucht; er zeigt das Ausmaß an Konzentrationsfähigkeit. Ist der Einschnitt eher abgeflacht, dann ist zumeist auch die Konzentrationsfähigkeit reduziert. Menschen mit solchen Ohrbuchten neigen im Positiven zur Großzügigkeit; negativ kann aber auch Labilität und Verschwendungssucht vorliegen. Bei einem sehr tiefen und engen Einschnitt dagegen ist eine hohe Konzentrationsfähigkeit zu erwarten; gleichzeitig zeigt sich Sparsamkeit bis hin zum Geiz. Die hier meist vorhandene Eigenwilligkeit kann sich gelegentlich bis zum Starrsinn und zu gefährlichem Fanatismus steigern.

ABSCHNITT 7
DAS OHRLÄPPCHEN

Im Idealfall ist das Ohrläppchen in Größe und Beschaffenheit der Form des Ohres harmonisch angepaßt. Ist es stark entwickelt, unterstreicht es die emotionalen, gefühlsbetonten Momente einer Persönlichkeit. Ist es dagegen klein und schmal, etwas bandförmig, so kann man davon ausgehen, daß der Mensch eher weniger gefühlsbetont handelt. Ein gut ausgebildetes, deutlich abgesetztes und nicht angewachsenes Ohrläppchen deutet auf eine gewisse Kontaktbereitschaft hin. Bei einem angewachsenen Ohrläppchen hingegen ist die Kontakt- und Kompromißbereitschaft oft stark eingeschränkt.

Nach dem Grundschema der fünf Elemente zeigen fast alle Ohren sowohl positive wie negative Strukturen. Wesentlich für eine einigermaßen zutreffende Charakterschilderung ist das Überwiegen positiver oder negativer Merkmale.

Auf die Summe
positiver oder negativer Merkmale kommt es an
Ein »positiv« zu beurteilendes Ohr (Abb. 4/6/8) sollte weder plump noch fleischig sein. Es sollte eine deutliche Dreiteilung aufweisen und im oberen Anteil ausgeprägte Konturen zeigen. Die Gesamtform beim »positiven« Ohr verjüngt sich leicht nach unten, die Außenleiste ist weder auffällig dick noch dünn und umkreist das Gesamtohr in ansprechender Rundung. Die Innenleiste sollte kräftig ausgebildet sein, eine möglichst große Ohrbucht umranden und am unteren Ende einen schön geformten Einschnitt erkennen lassen.

Das in »negativer« Richtung zu beurteilende Ohr (Abb. 5/7/9/10) ist meist dick und fleischig, der obere Anteil ist wenig, der untere zu stark entwickelt. Es hat eine plumpe Außenleiste, häufig mit Ecken und Verbiegungen, und meist eine breite, verwaschene Innenleiste. Die Ohrbucht ist auffällig klein, der Einschnitt an ihrem Ende fehlt bisweilen fast ganz. Ein solches Ohr weist zunächst einmal auf negative charakterliche Merkmale hin. Allerdings können positive Fähigkeiten oder Begabungen auch hier einen unfreundlichen Charakter überdecken.

Die ersten beiden Fragen, die man sich zu stellen hat, wenn man ein Ohr analysieren will, lauten:
• Ist das Ohr häßlich oder schön?
• Ist das Ohr verbogen oder wohlgeformt?

Das ideale Ohr
hat fast immer eine deutliche Dreiteilung
Damit wird das Niveau der Ohrform bestimmt und gleichzeitig festgelegt, ob die Richtung bei der weiteren Analyse mehr ins Positive oder mehr ins Negative geht. Von einem gehobenen Niveau spricht man bei einem schönen, wohlgeformten Ohr (Abb. 4/6/8). Entsprechend niedriges Niveau haben häßliche, verbogene Ohren (Abb. 5/7/9/10). Auch die sogenannte Konsistenz, die Beschaffenheit des Ohres, ist zu beachten: Ein fleischiges, dickes Ohr spricht für eine wenig feinfühlige Gemütslage. Die Gemütslage eines Menschen mit Ohren von normaler, ebenmäßiger Konsistenz ist eher positiv.

Bei einem normal entwickelten Ohr läßt sich stets eine Dreiteilung erkennen. Der obere Ohrabschnitt, in dem die geistige Größe eines Menschen zum Ausdruck kommt, sollte am stärksten entwickelt sein (Abb. 4/6/8). Der mittlere Abschnitt ist normalerweise weniger stark ausgeprägt. Der dritte oder untere Teil des Ohres umfaßt das Ohrläppchen. Seine Größe gibt Aufschluß über das Ausmaß des Gefühlslebens und die emotionsbetonten Reaktionen. Wenn es mit dem Gesamtohr eine wohlgefällige Einheit bildet und nicht zu groß geraten ist (Abb. 4/6/8), weist dies auf eine Person hin, die ihre Gefühle gut beherrscht.

Das deutlich dreiteilig angelegte Ohr mit einem stärker entwickelten oberen Abschnitt, einem weniger stark ausgebildeten mittleren Abschnitt und einem harmonisch der Gesamtform angepaßten Ohrläppchen sollte sich im Idealfall leicht nach unten verjüngen. Jedes Abweichen von dieser Dreiteilung des Ohres, die Menschenohren von Affenohren unterscheidet, weist auf eine mehr oder weniger starke animalische Komponente in den Wesenszügen hin. Dies kann sich positiv äußern, indem die schöpferischen Impulse verstärkt sind. Im negativen Sinn herrschen unkontrollierte Reaktionen vor.

Quadratisches Ohr: verstärkte vitale Impulse
Fehlt die Verjüngung, so zeigt das Ohr eine mehr quadratische Form. Die Dreiteilung mit der bevorzugten Entwicklung des oberen Ohrabschnitts kann dabei erhalten geblieben sein. Ist bei einem quadratisch geformten Ohr der obere Ohrabschnitt stärker oder zeigt das Ohr im oberen und mittleren Abschnitt eine etwa gleich starke Ausbildung, so bedeutet dies – bei sonst gefälligen Ohrstrukturen – ein verstärktes Ausdrucksvermögen (Abb. 11/12). Sind dagegen die unteren Abschnitte stärker betont, so überwiegen die emotionalen Reaktionen. Das ist besonders bedenklich, wenn der obere Ohrabschnitt deutlich unterentwickelt ist oder das Ohrläppchen gar das halbe Ohr einnimmt (Abb. 5/7/9/81–83/89/90/94). Jede Auffälligkeit des Ohrläppchens im Hinblick auf das Gesamtohr – sei es, daß es zu grob, zu dick, langgezogen oder verbogen ist oder zu stark hervortritt – läßt auf eine Disharmonie des Gefühlslebens schließen. Dabei spielt natürlich das Ausmaß der Mißgestaltung eine Rolle. Die Verhaltensmuster können von verstärkter Vitalität über mangelnde Beherrschung bis hin zu stark animalischer Gemütsregung und Aggressivität reichen.

Bei einer ersten Betrachtung der Ohrform muß auch die Ohrbucht gebührend berücksichtigt werden. Ist sie im Verhältnis zum Gesamtohr auffallend klein, spricht dies – nach allgemeiner Beobachtung des Autors – selbst bei einem sonst gut strukturierten Ohr für mangelndes musisches Interesse sowie ein Defizit an menschlicher Wärme (Abb. 45/58/66/67/87–90).

Schon bei der ersten Betrachtung des Ohres läßt sich also die Richtung festlegen, die bei der weiteren Charakteranalyse einzuschlagen ist, und man kann einige grobe Wesenszüge erkennen. Dazu muß man zunächst folgende Fragen beantworten:

• Schönes oder häßliches Ohr?
• Wohlgeformtes oder verbogenes Ohr?
• Ansprechende oder fleischig dicke Konsistenz?
• Harmonische Dreiteilung mit stärkerer Entwicklung der oberen Ohrabschnitte oder Disharmonie mit bevorzugter Entwicklung der unteren Ohrabschnitte?
• Schön geformte Ohrbucht oder unförmige bzw. sehr kleine Ohrbucht?

ABSCHNITT 10
GRÖSSE DES OHRES UND GRUNDZÜGE DES CHARAKTERS

Den drei Ohrgrößen
• großes Ohr (Abb. 4/5),
• mittelgroßes oder sogenanntes normalgroßes Ohr (Abb. 6/7),
• kleines Ohr (Abb. 8/9/10),
lassen sich, wie schon angedeutet, bestimmte grundsätzliche Wesenszüge zuordnen:

Ein *großes Ohr* spricht allgemein für Vitalität, Aktivität, Ideenreichtum und Begeisterungsfähigkeit. Das *mittelgroße Ohr* steht eher für Nüchternheit und Konzentrationsfähigkeit. Menschen mit *kleinem Ohr* entfalten gewöhnlich weniger Willenskraft und Persönlichkeit, dafür sind aber Reflexstärke, körperliche Gewandtheit und manuelle Geschicklichkeit oft stark ausgeprägt.

Diese Grundzüge können sich bei allen Ohrgrößen in die verschiedensten Richtungen entwickeln. Ob der Ideenreichtum eines Großohrigen zum Beispiel zu großen schöpferischen Leistungen führt oder aber zu eher menschenfeindlichem Verhalten, gepaart mit krimineller Energie, hängt vor allem vom Niveau und den Strukturen des Ohres ab. Die Variationsbreite bei der Auslegung von Wesenszügen, die sich aus der Ohrgröße ergibt, zeigen die nachfolgenden Tabellen. Meist ist ein Nebeneinander an positiven und weniger positiven Zügen gegeben, und es ist mitunter schwierig, das Dominierende herauszufinden. Welche Charakterzüge jeweils überwiegen, hängt ganz entscheidend von der Gesamtstruktur des Ohres ab.

Hier ist eine Übersicht der Wesenszüge beim »Großohrigen«, »Mittelgroßohrigen« und »Kleinohrigen« mit der Variationsbreite vom extrem Positiven bis zum extrem Negativen:

Das große Ohr

Charakterliche Wesenszüge	besonders positiv	allgemein	besonders negativ
Ideenreichtum	schöpferisch gestaltend entwickelnd	phantasievoll redselig ausdrucksstark	ideenflüchtig unkonzentriert abartig größenwahnsinnig schizophren
Begeisterungsfähigkeit	einsatzfreudig hilfsbereit gefühlvoll	geltungsbedürftig selbstbewußt	kritisch unlogisch haltlos

Charakterliche Wesenszüge	besonders positiv	allgemein	besonders negativ
Aktivität	fleißig ausdauernd zielstrebig ehrgeizig	regsam ungeduldig rechthaberisch	nervös aggressiv herrschsüchtig unbeherrscht
Kompromiß-fähigkeit	verständnis-voll	nachgiebig mißtrauisch	naiv unentschlos-sen
Lebens-bejahung	gesellig humorvoll	gemütvoll angeberisch	egoistisch
Eigensinn	kämpferisch	starrsinnig	unbeeinfluß-bar
Großzügigkeit	sehr ausgeprägt	übertrieben	verschwen-derisch
Vitalität	lebensfroh unterhaltend	genießend labil	animalisch brutal

Das mittelgroße (normalgroße) Ohr

Charakterliche Wesenszüge	besonders positiv	allgemein	besonders negativ
Logik	aufbauend forschend	umsichtig organisations-begabt	kaltherzig egoistisch
Konzentration	unbeirrbar	stabil zuverlässig	materialistisch
Willensstärke	zielstrebig selbstbewußt	unbeugsam	rücksichtslos überheblich
Vitalität	rhythmisch sportlich	reflexstark	pedantisch geizig

Das kleine Ohr

Charakterliche Wesenszüge	besonders positiv	allgemein	besonders negativ
Konzentration	beharrlich beobachtungsstark	aufmerksam geduldig	pedantisch
Reflexstärke	sportlich begabt	körperlich gewandt	impulsiv
Sensibilität	musisch musikalisch feinfühlig	freundlich hilfsbereit	naiv labil
Aktivität	bescheiden taktvoll	eingeengt	faul egoistisch
Lebenseinstellung	mutig ausdauernd geduldig	unkompliziert sich unterordnend	kritiklos aggressiv

ABSCHNITT 11
DAS GROSSE OHR

Übersicht über die Grundeigenschaften bei großem Ohr

Bei vorwiegend positiven Merkmalen (Abb. 4)	Bei vorwiegend negativen Merkmalen (Abb. 5)
1. vital	disziplinlos
2. aktiv	brutal
3. großzügig	hemmungslos
4. phantasievoll	entgleisend
5. eigensinnig	rücksichtslos
6. begeisterungsstark	naiv
7. beharrlich	starrsinnig

Bei vorwiegend positiven Merkmalen (Abb. 4)	Bei vorwiegend negativen Merkmalen (Abb. 5)
8. zielstrebig	verbissen
9. ehrgeizig	überheblich
10. konservativ	moralisierend
11. vorsichtig	feige

Zwischen diesen Extremen sind entsprechende Kombinationen und Variationen möglich.

Das große Ohr ist das Ohr des vitalen, aktiven Menschen. Sind Ohr und Konturen schön geformt, so spricht dies für Beschaulichkeit, Phantasie, Fleiß, Einsatzbereitschaft, Begeisterungsfähigkeit und Beharrlichkeit. Diese Eigenschaften sind Grundelemente für schöpferische Leistungen, besonders auf dem Gebiet der Kunst, Musik und Literatur. So finden wir die großen, wohlgestalteten, auf schöpferische Leistungen hinweisenden Ohren vor allem bei Künstlern, Musikern, Schauspielern, Regisseuren, Wissenschaftlern und Schriftstellern (Abb. 11/21/22/26/31).

Große Ohren – große Begeisterungsfähigkeit
Auch Menschen anderer Berufe können natürlich positiv auszulegende große Ohren haben, vornehmlich wenn sie sich durch Ideenreichtum, Begeisterungsfähigkeit und Einsatzkraft auszeichnen (Abb. 38–40). Seine Phantasie und Begeisterungsfähigkeit verleitet den Großohrigen gern zu schnellem, bisweilen vorschnellem Handeln und zu unbeherrschten Äußerungen. Sie beflügeln ihn aber auch, und er verfolgt ein angestrebtes Ziel konsequent. Sein Ehrgeiz vermag dabei Berge zu versetzen.

Die Begeisterungsfähigkeit des Großohrigen steht bisweilen im Widerstreit zu einer durchaus nüchternen Denkweise und Logik, die ihm gleichermaßen zu eigen ist. Das

Handeln des ideenreichen Großohrigen zeichnet sich durch Unbeirrbarkeit und Zielstrebigkeit bis hin zu einem gewissen Eigensinn aus, wird andererseits aber durch Großzügigkeit und spontanes Verhalten häufig gestört.

Diese positive Bewertung trifft, wie gesagt, nur zu, wenn die Grundform und Struktur des Ohres als schön und harmonisch anzusprechen ist. Dann ist der obere Ohranteil stark entwickelt, die wohlgeformten Außen- und Innenleisten zeigen starke Konturen, die Ohrbucht ist schön geschwungen und das nicht zu große Ohrläppchen der Ohrform harmonisch angepaßt.

Anders ist die Beurteilung bei dicken, fleischigen Ohren (Abb. 5/82/83/87/88). Die hierdurch zum Ausdruck kommende mangelnde Sensibilität sowie fehlende Gemütsregungen – manchmal auch eine gewisse Primitivität – lassen die Vitalität und Einsatzkraft nicht selten in unangenehme Aggression umschlagen. Insbesondere sind dabei allzu kräftige Randleisten sowie ein zu starkes Ohrläppchen (Abb. 81–83/89/90/93/94) oder auch eine fast fehlende Randleiste als Zeichen unkontrollierter Gedankengänge zu werten (Abb. 91/92).

Die Skala der Wesenszüge des Großohrigen reicht also – je nach struktureller Gestaltung des Ohres – von extrem schöpferisch bis extrem gewalttätig. Hält man an der Grundvorstellung fest, daß schöne, gut konturierte gerundete Außenleisten (Abb. 4/21/22/30/31/35–40) positiv zu bewerten sind, während plumpe, übermäßig breite Randleisten, noch dazu mit Knickbildungen (Abb. 5/60/81/82), eher negative Urteile herausfordern, so ist bereits die Richtung gekennzeichnet, in die sich die Analyse bewegen wird. Auch eine zu schmale oder fehlende Randleiste (Abb. 91) sowie ein fleischiges, dickes Gesamtohr oder gar ein lappiges Ohr mahnen immer zu besonderer Vorsicht. Ist zudem der obere Ohranteil schwach entwickelt, so sind die geistige und moralische Haltung ebenfalls eher negativ zu bewerten.

Das quadratische Großohr –
eine häufige Abweichung

Eine der häufigsten Abweichungen des großen Ohres von
der Norm ist die quadratische Form, d. h. die fehlende Verjüngung des Ohres nach unten. Diese Quadratform ist bei
allen Ohrgrößen anzutreffen, nur fällt sie beim großen Ohr
besonders auf und hat auch besonderes Gewicht. Beim quadratisch geformten Großohr kann die Dreiteilung mit bevorzugter Entwicklung des oberen Ohranteils erhalten sein.
Der ebenfalls stark entwickelte mittlere Abschnitt hebt dabei die Verjüngung des Ohres nach unten auf, wodurch die
Quadratform betont wird. Ist der obere Ohrabschnitt im
Verhältnis zum mittleren und unteren Ohranteil eher
schwach ausgebildet, so stellt dies ein bedenkliches negatives Merkmal dar.

Wie bei allen Ohrgrößen gibt es auch beim quadratisch
geformten Großohr zwei Hauptvarianten:
• das quadratisch wohlkonstruierte Ohr (Abb. 11/24) und
• das quadratisch häßliche, plumpe und fleischige Ohr mit
bevorzugter Entwicklung der unteren Ohranteile (Abb.
82/93).

Das quadratisch wohlkonstruierte Ohr finden wir in imponierender Formschönheit bei dem Ohr des weltberühmten Pianisten Friedrich Gulda (Abb. 11). Linienführung und
Form aller Details des Ohres, die Außen- und Innenleiste,
die Ohrbucht, der Einschnitt und das Ohrläppchen weisen
auf hohe Begabung im musischen Bereich hin, die sich sicher auch auf anderen Gebieten als der Musik hätte entfalten können. Die quadratische Form deutet die Verstärkung
animalischer Impulse des Schaffens an. Sie erinnert an das
Affenohr, und das gilt selbst für das wohlkonstruierte quadratische Großohr. Die Persönlichkeitsentfaltung wird hier
durch eine animalisch-vitale Komponente mitgeprägt. Das
kann sich in vielen Bereichen, besonders in der Ausdruckskraft eines Künstlers, positiv auswirken. Das Gefühlsleben

ist dann intensiver und vitaler. Das bringt ein impulsives Grundverhalten mit sich, das die schöpferische Kraft durchaus zu bereichern vermag. Die positiv zu wertende quadratische Ohrform drückt auch dann Positives aus, wenn bei insgesamt schöner Ohrstruktur die Außenleiste eine leichte Knickbildung aufweist (Abb. 23/24).

Knicke können Originalität,
aber auch abwegiges Verhalten bedeuten

Im allgemeinen deuten Knickbildungen stets auf verstärkten Eigensinn und egozentrisches Verhalten hin. Bei hoch einzustufenden Persönlichkeitswerten – wie sie etwa durch schöne, gut konturierte Leisten, bevorzugte Entwicklung des oberen Ohranteils, eine große wohlgeformte Ohrbucht sowie ein nicht zu großes, der Ohrform harmonisch angepaßtes Ohrläppchen zum Ausdruck kommen – sind sie jedoch als Bereicherung der Originalität und der Ausdruckskraft anzusehen (Abb. 16/17). Knickbildungen der Außenleisten lassen dagegen bei weniger gut strukturierten Ohren eine Entgleisung der Gedankengänge ins Irreale befürchten (Abb. 87–94). Das führt oft zu den verschiedensten unangenehmen Verhaltensweisen.

Das häßliche quadratische Großohr ist fleischig und dick und hat plumpe, unschöne Leisten (Abb. 82/87–89/90/93). Der obere Ohranteil ist hier unterentwickelt, die Ohrbucht klein und verzerrt, und es schließt sich ein breites, übergroßes Ohrläppchen an. Menschen mit solchen Ohren werden in ihrem Denken und Tun von animalischen Impulsen und unüberlegten Reaktionen beherrscht. Ihr ganzes Streben ist stark auf die Befriedigung der eigenen Interessen ausgerichtet. Zusätzliche Verbiegungen und Knickbildungen (Abb. 87/88), ein übergroß entwickeltes Ohrläppchen (Abb. 82/89/90) oder der völlig fehlende Einschnitt (Abb. 82) als Ausdruck von Hemmungslosigkeit unterstreichen das negative Gesamtbild noch.

Zwischen den beiden extremen Bewertungsmöglichkeiten gibt es die verschiedensten Übergänge und Varianten. Meistens lassen sich, trotz des Nebeneinanders von positiven und negativen Wesenszügen, aber gewisse Grundtendenzen erkennen.

Großohrige haben viel Phantasie –
im Schöpferischen wie im Kriminellen
Zusammenfassend kann man das große Ohr als das Ohr des Aktiven bezeichnen, des Unermüdlichen und Begeisterungsfähigen. Menschen mit solchen Ohren können höchste schöpferische Leistungen vollbringen, oder aber – bei niedrigem geistigen und moralischen Niveau – zu bedenklichen Entgleisungen neigen. Angehörige großohriger Volksstämme verfallen leicht in religiösen Wahn, u. a. bedingt durch fehlgeleitete Phantasien, Naivität, Leichtgläubigkeit und ein unkontrolliertes Begeisterungsvermögen. Auch die Verbreiter gefährlicher Ideologien sind durch große Ohren gekennzeichnet. Führer mit einer kompromißlosen, irrealen und alles zerstörenden Grundhaltung haben fast ausnahmslos große Ohren. Ihre Ohrstrukturen zeigen häufig zahlreiche negative Komponenten wie Plumpheit oder starke Knickbildungen der Leisten, besonders der Innenleisten, sowie eine abnorm kleine Ohrbucht, ein pathologisches Ohrläppchen und einen extrem tiefen Einschnitt (Abb. 66). Dies alles läßt auf Brutalität, Starrsinn und Gefühlskälte schließen.

Der Großohrige mit einem hohen Strukturniveau und wohlgefälligen Formen ist dagegen meist ein besonders liebenswerter, großmütiger, sensibler und schöpferischer Mensch, der über viele hervorragende Eigenschaften verfügt.

Übersicht über die Grundeigenschaften bei mittelgroßem Ohr

Bei vorwiegend positiven Merkmalen (Abb. 6)	Bei vorwiegend negativen Merkmalen (Abb. 7)
1. konzentriert	verbissen
2. logisch	illusionsarm
3. nüchtern	gefühlsarm
4. stabil	rücksichtslos
5. umsichtig	berechnend
6. weitsichtig	egozentrisch
7. energisch	brutal
8. beherrscht	starrsinnig

Zwischen diesen Extremen sind alle denkbaren Kombinationen und Variationen möglich.

Der Mittelgroßohrige: eher nüchtern als phantasievoll
Das mittelgroße Ohr empfinden wir als normal groß (Abb. 6/7). Sein Träger ist dem Großohrigen meist an Phantasie, Begeisterungsfähigkeit und schöpferischer Gestaltungskraft unterlegen. Ist das mittelgroße Ohr formschön und gut strukturiert (Abb. 6), so spricht das in verstärktem Maß für Logik, Begabung für rechnerisch Erfaßbares wie Mathematik, Physik oder Biochemie, Umsicht, Konzentrationsfähigkeit, Stabilität und ein Gefühl für Rhythmus. Mittelgroßohrige reagieren überlegt, besonnen und abwägend. Explosive Einsatzkraft und Gefühlsstärke oder besondere Ausstrahlung sind bei ihnen kaum zu beobachten. Dagegen verschaffen Beherrschung, Weitsicht und Energie sowie sicheres Auftreten diesen Menschen Ansehen und Respekt. Diskus-

sionen führen sie nicht laut, wohl aber treffend und überzeugend. Ihr Verantwortungsbewußtsein ist ausgeprägt, ihre Zuverlässigkeit beachtenswert.

Positiv ist auch die quadratische Form beim mittelgroßen Ohr zu bewerten, wenn die Dreiteilung mit bevorzugter Entwicklung des oberen Ohrabschnitts erhalten geblieben ist oder aber alle Ohrabschnitte gleichstark entwickelt sind (Abb. 12). Dann fehlt die Verjüngung, aber die Strukturen zeigen eine ansprechende, schöne Linienführung. Diese Formveränderung bedeutet – ähnlich wie beim wohlgefälligen quadratischen Großohr –, daß wir es mit einer sehr dynamischen Person zu tun haben, bei der die vitalen Impulse verstärkt sind. Herzlichkeit und menschliche Wärme werden allerdings durch animalische Reaktionen überlagert.

Bei häßlicher Grundform und den bereits bekannten disharmonischen Strukturen wie Knickbildungen, plumpen Leisten, starken Ohrläppchen usw. (Abb. 81/92/94) verschiebt sich die Bewertung ins Negative. Einzelne Formveränderungen in dieser Richtung sind bei fast allen Menschen anzutreffen und – wie bereits mehrfach erwähnt – im Zusammenhang mit den jeweiligen Komponenten zu werten. Je mehr negative Komponenten auftreten, desto ungünstiger muß die Beurteilung ausfallen. Über der gefeierten Begabung eines Schauspielers, Künstlers, Sportlers oder Wissenschaftlers (Abb. 19b) wird oft übersehen, daß die übrigen Wesenszüge der hochgeachteten Persönlichkeit manchmal weniger nachahmenswert sind.

Ist bei der quadratischen Form des mittelgroßen Ohres der obere Ohrabschnitt unterentwickelt und sind die unteren Ohranteile stärker ausgebildet, so ist das negativ Animalische vorherrschend (Abb. 81/92/94). Zu dünne oder gar fehlende Außenleisten deuten wie beim Großohrigen auf Gefühlsarmut. Sie lassen bei zusätzlichen Knickbildungen der Randleisten auf bedenkliche, wenig menschenfreundliche Gedankengänge schließen (Abb. 92).

Zusammenfassend kann man für negativ zu beurteilende mittelgroße Ohren sagen, daß die Kombination eines fleischigen, dicken Ohres mit Knickbildungen und Verbiegungen, mit groben, breiten Außen- und Innenleisten sowie einem übermäßig großen oder langgezogenen Ohrläppchen auf nicht viel Positives hinweist und zur Vorsicht mit diesen Menschen rät.

ABSCHNITT 13
DAS KLEINE OHR

Übersicht über die Grundeigenschaften bei kleinem Ohr

Bei vorwiegend positiven Merkmalen (Abb. 6)	Bei vorwiegend negativen Merkmalen (Abb. 7)
1. mutig	rücksichtslos
2. beobachtend	unsicher
3. nüchtern	kaltherzig
4. reflexstark	animalisch
5. geschickt (körperlich, manuell)	instinktreich
6. sich anpassend	sich unterordnend
7. rhythmisch	aggressiv

Zwischen diesen Extremen gibt es alle möglichen Kombinationen und Variationen.

Menschen mit kleinen Ohren können sich in der Regel persönlich weniger gut darstellen als Großohrige. Sie zeigen auch weniger Ehrgeiz und Selbstbewußtsein sowie einen Mangel an phantasievoller, schöpferischer Tätigkeit. All dies haben die Großohrigen im Übermaß. Die Einstellung des Kleinohrigen zur Lebensführung und zum Beruf wird hingegen kaum durch gemütvolle oder illusionäre Gedankengänge beeinflußt. Dies befähigt ihn zu erhöhter Konzentration und guter Beobachtung. Die positiven Seiten des Kleinohrigen äußern sich in erster Linie in handwerklichem Können sowie im technischen und musikalischen Bereich. Kleinohrige sind meist gute Sportler, bei entsprechenden geistigen Voraussetzungen auch erfolgreiche Musiker und Experimentierer.

Kleine Ohren – Reflexstärke

Beim kleinen Ohr verdienen die Strukturen ganz besondere Beachtung: Ist die Randleiste, die u. a. Vitalität, Ausdauer und Willensstärke zum Ausdruck bringt, kräftig, bis zum Ohrläppchen durchgezogen und nicht zu breit, so spricht dies für bemerkenswerte Reflexe. Das zeigt sich vor allem im Sport. Eine sportliche Begabung ist um so ausgeprägter, je mehr die Struktur dem Kleinohr des Affen ähnelt. Ecken und Knickbildungen – ein Zeichen von Eigensinn – verraten beim kräftig konturierten Kleinohr zusätzlich Begabung für rhythmische Bewegung (Abb. 69/75). Ohren dieser Art finden wir deshalb bevorzugt bei männlichen Spitzensportlern, worauf noch ausführlich eingegangen wird (s. Kapitel III, 6).

Eine wohlgerundete, zart ausgebildete Außenleiste bei Kleinohrigen deutet dagegen eine erhöhte Sensibilität an. Die Innenleiste charakterisiert die Persönlichkeitsgestaltung sowie das Ausmaß an Selbstbewußtsein und Einsatzkraft. Zeigt sie in ihren Ausläufern eine ebenmäßige, schwungvolle Linienführung und stellt sich die Ohrbucht, die Auskunft über Aufgeschlossenheit gibt, in gefälliger Größe dar (Abb. 8/18), so kann dem Träger eines solchen Kleinohres viel Positives zugeordnet werden. Solche Menschen zeichnen sich u. a. durch vielseitige Interessen, Musikalität und Feinfühligkeit aus.

Stark positiv ist das »gerade noch kleine« mittelgroße

Ohr zu deuten, wenn es eine feine, gut ausgebildete und scharf konturierte Außen- und Innenleiste aufweist. Das ist das Zeichen einer kulturell und geistig hochstehenden Persönlichkeit. Zeigt sich in einer gefälligen Ohrbucht noch vielseitiges Interesse sowie in einem schmalen, der Ohrform harmonisch angepaßten Ohrläppchen eine gewisse überlegene Beherrschtheit, so kommen hier fast alle positiven Eigenschaften zusammen (Abb. 33). Die starken Konturen sowie das harmonische Zusammenspiel der Form und der Strukturen drücken auch hier eine beachtliche Konzentrationsfähigkeit und Beobachtungsgabe aus. Die Kombination von überdurchschnittlicher Beobachtungsgabe, Konzentration und geistiger Größe befähigt einen kleinohrigen Menschen, selbst schwierige Zusammenhänge, etwa im experimentellen wissenschaftlichen Bereich, zu erfassen und weiterzuentwickeln. Auch erfindungsreiche Bastler haben oft ähnliche Ohren.

Wenig entwickelte Strukturen bei kleinen Ohren
grenzen den Persönlichkeitswert ein

Bei der überwiegenden Mehrzahl der Kleinohrigen finden sich jedoch weniger gut entwickelte Strukturen, oder das Ohr ist auffallend klein. Von diesen Menschen sind keine großen Taten zu erwarten. Sie greifen nicht nach den Sternen, besitzen aber meist die Fähigkeit, sich in fast allen Berufen ein- und unterzuordnen. Ihr »Gruppendrang«, oft verbunden mit Kritiklosigkeit, macht sie auch häufig zu Mitläufern aller erdenklichen Strömungen.

Ist die Struktur eines kleinen Ohres unterentwickelt, zum Beispiel, wenn es eine schwache Außenleiste hat oder diese fast fehlt, so deutet das auf einen sehr schwachen Lern- und Arbeitswillen und auf moralische Instabilität hin. Wie bei allen Ohrgrößen sind auch beim kleinen Ohr plumpe, dicke und geknickte Randleisten Ausdruck eines gestörten Gefühlslebens (Abb. 9/10/59). Das ist besonders zu beachten, wenn das kleine Ohr von dicker Konsistenz ist und von einer abgerundeten, aber viel zu dicken und breiten, etwas überlappenden Randleiste umzogen wird, die gleichsam die ganze Ohrform beherrscht. Man denkt dabei unwillkürlich an ein kleines Bild in einem zu großen Rahmen (Abb. 10/59). Ein solches Ohr kennzeichnet eine stark animalische Lebensführung, die zur Vorsicht mahnt. Mangelnde Sensibilität bis hin zu extremer Gefühlskälte sind zu erwarten. Das trifft insbesondere dann zu, wenn zusätzlich die Ohrbucht sehr klein ist und die plumpe Randleiste noch Verbiegungen und Knicke aufweist (Abb. 9/59). Der negative Gesamteindruck wird allerdings etwas gemildert, wenn eine große Ohrbucht mit schöner Umrandung vorliegt.

Das sehr kleine Ohr ähnelt häufig stark dem Affenohr (Abb. 3 a–c) und spricht für deutlich ausgeprägte animalische Instinkte. Solche Menschen besitzen Reflexstärke und körperliche Gewandtheit und lassen sich leicht durch Äußerlichkeiten beeindrucken. Oft beurteilen sie ihre Mitmenschen falsch, doch ist dies bei ihrer unbeschwerten Lebensart für ihren beruflichen Erfolg – vor allem bei Sportlern – meist ohne Nachteile.

Extrem kleine Ohren
lassen oft Aggressivität vermuten
Bei Menschen mit extrem kleinen Ohren trifft man häufig auf persönliche Unsicherheit und mangelndes Selbstbewußtsein. Zeigt ein solches Ohr feine, wohlgeformte Strukturen, so können wir bei seinem Träger mit Hypersensibilität bis hin zu depressiven Verhaltensweisen rechnen. Bei starken, wohlgeformten Leisten kommt die körperliche Gewandtheit und manuelle Geschicklichkeit dagegen stärker zum Ausdruck. Plumpe, geknickte oder verbogene Leisten mahnen – wie schon beim kleinen Ohr beschrieben – zur Vorsicht. Die Unsicherheit schlägt hier leicht in Aggression um. Diese Menschen versuchen sich Geltung in der Gesell-

schaft zu verschaffen. Sie schließen sich schnell den verschiedensten Gruppen an – seien diese radikal oder auch nur außerhalb der Normen. Besonders gefährlich sind Menschen mit sehr kleinen Ohren und plumpen, geknickten Randleisten oder einer Unterentwicklung des oberen Ohrabschnitts. Da es ihnen meist an geistigen und moralischen Voraussetzungen mangelt, bewirken sie als Einzelgänger unter Verkennung ihres Umfeldes oft sinnlose Aktionen. Sie sind zum Beispiel leicht als Mitläufer für terroristische Anschläge zu gewinnen.

Aus der Größe des Ohres lassen sich Charakterzüge nur grob angeben, und erst die gründliche Auswertung aller Strukturdetails erlaubt eine vertretbare Analyse und Rückschlüsse auf den Charakter einer Person.

Die richtige Einstufung
der Ohrgröße will gelernt sein
Die richtige Einstufung der Ohrgrößen – »groß«, »mittelgroß« oder »klein« – bereitet selbst kriminalistisch Geschulten Schwierigkeiten und fällt oft sehr unterschiedlich aus. Am leichtesten wird noch das große Ohr erkannt. Dennoch sind in Bildarchiven der Polizei auch große Ohren häufig unter »mittelgroß« abgelegt. Umgekehrt werden mittelgroße Ohren bereits als klein bezeichnet. Die Bewertung der Ohrgrößen ist aber eine Grundvoraussetzung für eine richtige Analyse. Man kann das üben und lernen, wenn man zum Beispiel die Ohren von Mitmenschen bei größeren Ansammlungen, etwa in Konzerten, bei Theater-, Sport- und anderen Veranstaltungen genauer betrachtet und vergleicht.

Dabei ist auch das Geschlecht zu berücksichtigen: Frauen haben im allgemeinen etwas kleinere Ohren als Männer. Dies mag daran liegen, daß die muskuläre Entwicklung der Frau schwächer und die kampfbetonte Lebensführung weniger stark ausgeprägt ist. Größere Ohren bei Frauen sprechen daher meist für ein kraftvolles, resolutes Auftreten. Im Berufsleben fallen Frauen mit großen Ohren nicht selten durch egozentrisches und eigensinniges Verhalten auf.

Im Spitzenbereich zahlreicher rhythmus- und reflexbetonter Sportarten ist auffällig, daß Frauen im Vergleich zu Männern relativ große Ohren haben. Dies ist wohl ein Relikt erhöhter Kampfbereitschaft.

Im übrigen gelten für die Beurteilung von Frauenohren die gleichen Kriterien wie bei Männern.

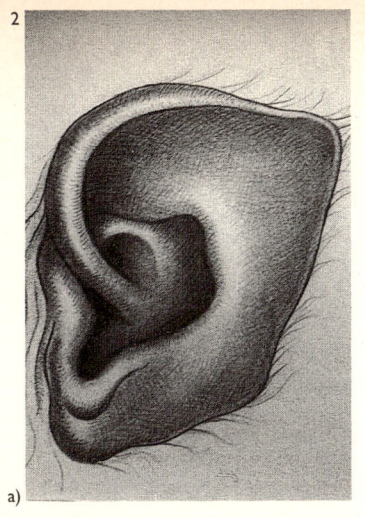 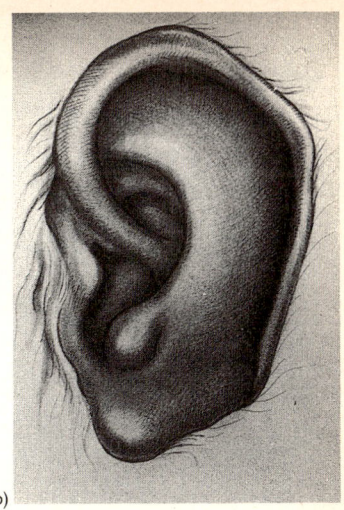

2 Das große Ohr bei Menschenaffen

a) Großes, lappenförmiges Ohr fast ohne Konturen. Außenleiste fast fehlend, nur im Anfangsteil plump entwickelt.

b) Großes, lappenförmiges Ohr mit plumper, unregelmäßig und eckig verlaufender Außenleiste.

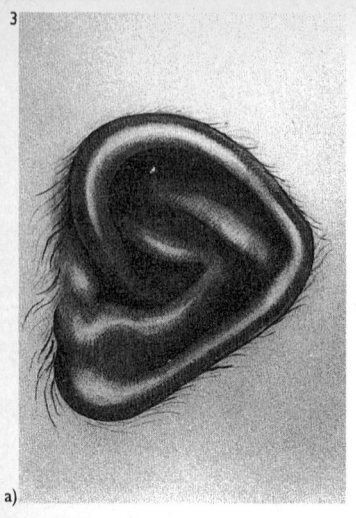 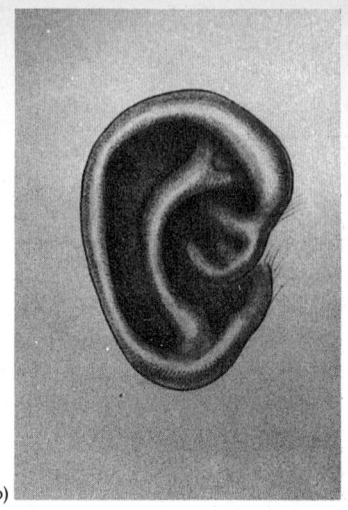

3 Das kleine Ohr bei Menschenaffen

a) Kleines Ohr, charakterisiert durch den eckigen Verlauf der stark entwickelten Leisten.

b) Kleines Ohr, charakterisiert durch den runden Verlauf der stark entwickelten Leisten. Doppelter Beginn der Außenleiste im Bereich der Ohrbucht. Das Ohrläppchen wird durch die Außenleiste ersetzt.

46

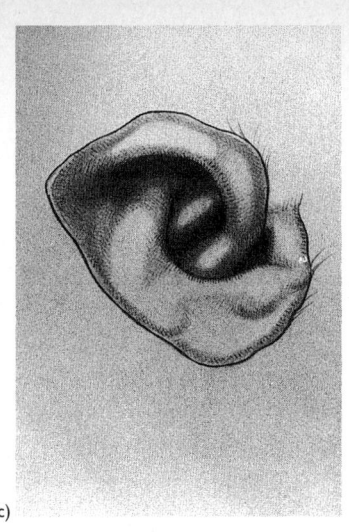

c) Kleines Ohr, charakteri-
siert durch das Fehlen der
Außenleiste im mittleren
und unteren Abschnitt.
Breiter, plumper Beginn der
Außenleiste.

Einige charakteristische positive und negative Merkmale der Ohrstrukturen

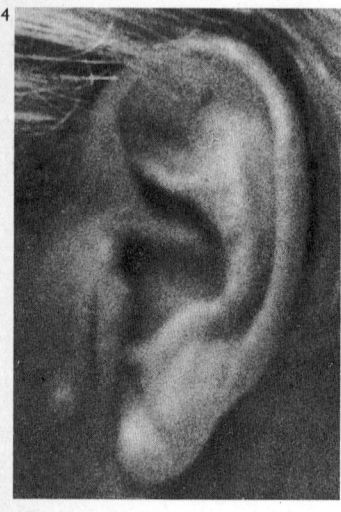

4 Das große Ohr

Positive Merkmale:
a) Dreiteilung der Ohrform mit bevorzugter Entwicklung des oberen Ohrabschnitts und Verjüngung nach unten bei wohlgefälliger Gesamtstruktur: bedeutet harmonische, moralische Lebensführung.
b) Außenleiste mit horizontalem Beginn in der Mitte der Ohrbucht, ausgeprägt entwickelt, formschöne Rundung: bedeutet Wille, Verstand und Gefühle bewegen sich in geordneten Bahnen.
c) Innenleiste gut konturiert, mit elegantem Verlauf im unteren Abschnitt: bedeutet zielstrebige, menschenfreundliche Persönlichkeitsdarstellung.
d) Große, formschöne Ohrbucht: bedeutet vielseitiges Interesse, gute Beobachtungsfähigkeit.
e) Einschnitt am unteren Ende der Ohrbucht wohlgeformt, nicht zu tief und auch nicht zu abgeflacht: bedeutet stabile Lebensführung, Kompromißbereitschaft.
f) Ohrläppchen mittelgroß, der Gesamtform des Ohres harmonisch angepaßt, nicht angewachsen: bedeutet warmherziges Gefühlsleben.

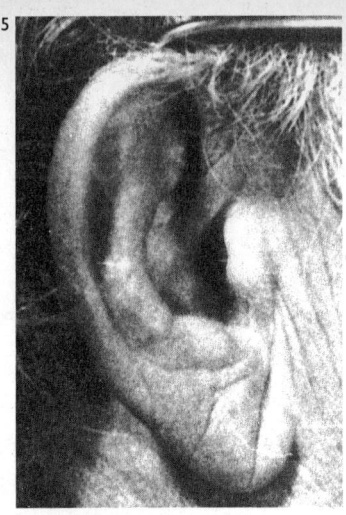

5 Das große Ohr

Negative Merkmale:
a) Fehlende Dreiteilung der Ohrform, oberer Abschnitt unterentwickelt, unterer Abschnitt überentwickelt, bei plumper Gesamtstruktur des Ohres: bedeutet disharmonische, moralisch bedenkliche, ausgeprägt egozentrische Lebensführung.
b) Sehr dicke, plumpe Außenleiste: bedeutet Wille und Gedanken egoistisch. Gefühlsleben rücksichtslos.
c) Innenleiste im ganzen Verlauf plump, ohne Linienführung: bedeutet unbeherrschte Persönlichkeit.

d) Ohrbucht abnorm klein: bedeutet niedriges geistiges Niveau, Kaltherzigkeit.
e) Einschnitt am unteren Ende der Ohrbucht fehlt: bedeutet mangelnde Stabilität der Lebensführung, Hemmungslosigkeit.
f) Ohrläppchen im Verhältnis zum Gesamtohr zu groß, dick, fleischig und ohne Harmonie zur Ohrform: bedeutet mangelnde Beherrschung, animalische, emotionale Aggressivität.

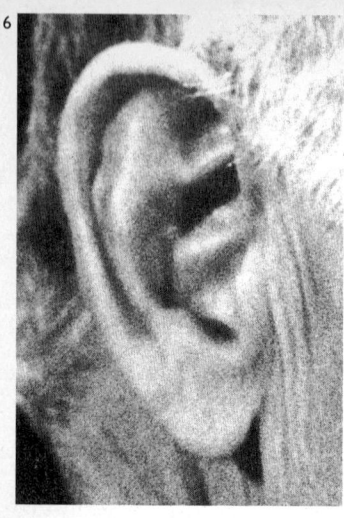

6 Das mittelgroße Ohr

Positive Merkmale:
a) Dreiteilung der Ohrform mit bevorzugter Entwicklung des oberen Ohranteils und eleganter Verjüngung nach unten bei wohlgefälliger Gesamtstruktur: bedeutet harmonische, moralische Lebensführung.
b) Gut entwickelte und wohlgerundet verlaufende Außenleiste: bedeutet, daß Wille und Verstand sich in geordneten Bahnen bewegen.
c) Im oberen Abschnitt sehr breite, aber gut konturierte, im unteren Abschnitt elegant verlaufende Innenleiste: bedeutet sehr selbstbewußte, ideenreiche Persönlichkeit.
d) Ohrbucht gut ausgebildet: bedeutet Beobachtungsgabe, vielseitiges Interesse.
e) Gefällig geformter Einschnitt am unteren Ende der Ohrbucht: bedeutet stabile Lebensführung, Kompromißbereitschaft.
f) Mittelgroßes, formschönes, der Gesamtform des Ohres harmonisch angepaßtes Ohrläppchen, nicht angewachsen: bedeutet gefühlsstarke, kontaktreiche Persönlichkeit.

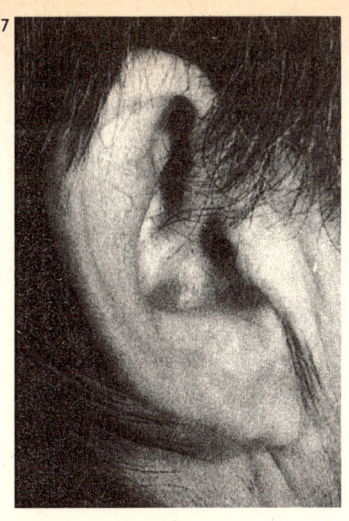

7 Das mittelgroße Ohr

teren Bereich gerade verlaufend, ohne Linienführung: bedeutet brutale, hemmungslose Behauptung der Persönlichkeit.

d) Ohrbucht etwas klein: bedeutet Gemütsarmut.

e) Einschnitt am unteren Ende der Ohrbucht fehlt: bedeutet labile, hemmungslose Lebenseinstellung.

f) Ohrläppchen viel zu groß, fast die Hälfte des Ohres einnehmend, bandförmig angewachsen: bedeutet extreme, höchst animalische, ungehemmte Aggressivität.

Negative Merkmale:

a) Fehlende Dreiteilung der Ohrform, oberer Ohrabschnitt unterentwickelt, unterer Abschnitt überentwickelt, bei plumper Gesamtstruktur: bedeutet disharmonische, moralisch bedenkliche Lebensführung, ausgeprägter Egoismus.

b) Außenleiste zu stark, breit und überlappend mit Knickbildung im Kurvenverlauf: bedeutet Denken und Willen rücksichtslos, egozentrisch.

c) Innenleiste sehr breit, verwaschen, konturlos im un-

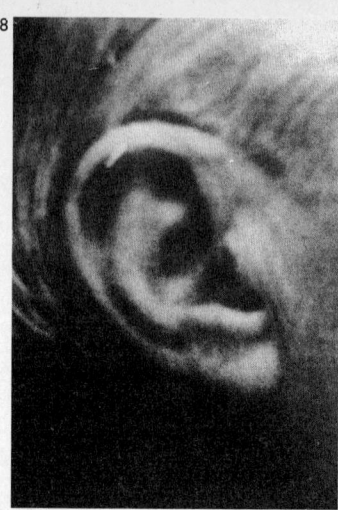

8 Das kleine Ohr

Positive Merkmale:
a) Gefällige Dreiteilung mit bevorzugter Entwicklung des oberen Ohrabschnitts und Verjüngung nach unten bei schöner Gesamtstruktur des Ohres: bedeutet harmonische, moralische Lebensführung.
b) Außenleiste kräftig, formschön, gut abgerundet: bedeutet Willensstärke, hoher Verstand.
c) Innenleiste zu Beginn breit, aber gut konturiert, mit eleganter Linienführung im unteren Abschnitt: bedeutet sehr selbstbewußte,
ideenreiche Persönlichkeit.
d) Ohrbucht groß, wohlgeformt: bedeutet Beobachtungsgabe.
e) Einschnitt am unteren Ende der Ohrbucht ausgeprägt: bedeutet stabile, konzentrierte Persönlichkeit.
f) Ohrläppchen klein, der Ohrform harmonisch angepaßt: bedeutet nüchtern, emotionslos, ausgesprochener Verstandesmensch.

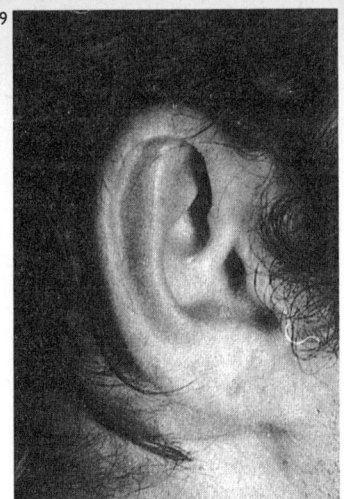 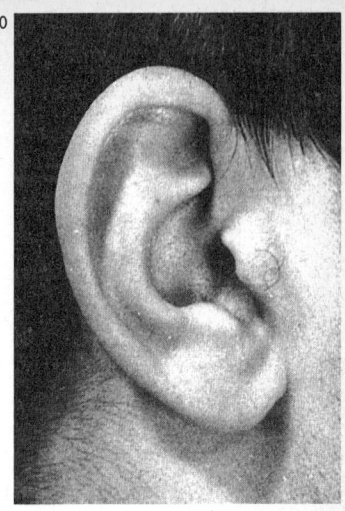

9 Das kleine Ohr

10 Das kleine Ohr

Negative Merkmale:
a) Dreiteilung fehlt, oberer Ohranteil unterentwickelt, unterer Ohrabschnitt überentwickelt, bei plumper Gesamtstruktur: bedeutet Fehlen moralischer Stabilität.
b) Außenleiste mit bolzenförmigem Beginn, breit und plump: bedeutet rücksichtslose Gedanken- und Willensimpulse.
c) Ohrläppchen viel zu groß, breit, bandförmig angewachsen: bedeutet ungehemmte, stark animalisch-emotionale Aggressivität.

Negative Merkmale:
a) Dreiteilung fehlt bei übermäßig dicker Konsistenz des Ohres: bedeutet moralischen Defekt.
b) Außenleiste zu breit, überlappend, die gesamte Ohrform beherrschend, bolzenförmiger Beginn und Knickbildung: bedeutet animalische, rücksichtslose Willens- und Gedankenimpulse.
c) Einschnitt am unteren Ende der Ohrbucht aufgelöst: bedeutet labile, unbeherrschte, vergnügungssüchtige Persönlichkeit.

d) Ohrläppchen sehr groß, breit, fleischig: bedeutet hemmungslose Emotionalität.
e) Gesamtohr dick und fleischig: bedeutet Primitivität der Gedanken- und Gefühlswelt.

Das quadratische Ohr begabter Menschen

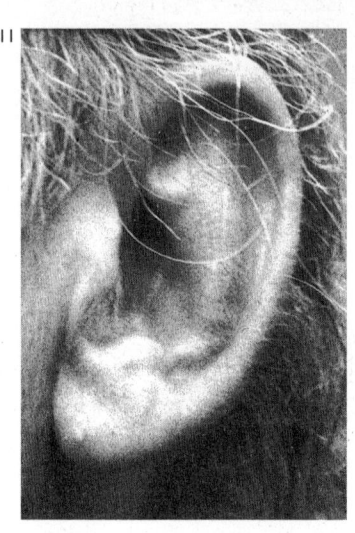

11 Friedrich Gulda, einer der genialen Pianisten unserer Zeit

Positive Form eines großen quadratischen Ohres, das durch die schöne, ebenmäßige Gesamtform und die elegante Linienführung aller Details auffällt: spricht für hohe Musikalität und außergewöhnliche Interpretationsfähigkeit.
Außenleiste kräftig, in imponierender, gefälliger Rundung bis zum Ohrläppchen durchgezogen: spricht für

Willensstärke, Konzentration, Ausdauer und gefühlvolle Ausdruckskraft. Innenleiste im oberen Abschnitt breit und konisch, anschließend schmaler mit elegantem Kurvenverlauf: spricht für schöpferische Genialität, die aufgrund der Formschönheit aller Ohrdetails und insbesondere der großen Ohrbucht mit dem markanten Einschnitt im musischen Bereich zu suchen ist. (Die Breite der Innenleiste drückt aber auch Selbstherrlichkeit und störenden Eigensinn aus.) Wohlgefälliges, nicht zu großes, der Ohrform harmonisch angepaßtes, nicht angewachsenes Ohrläppchen: spricht für Kontaktfreude und Selbstbewußtsein.

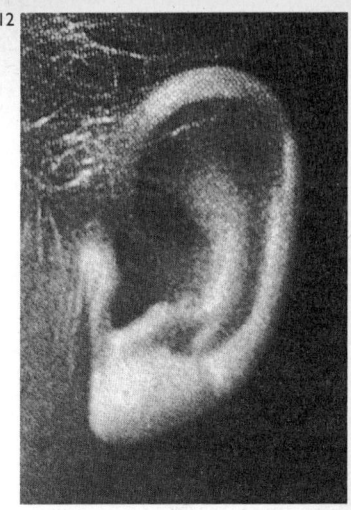

12 Maurizio Pollini, weltberühmter italienischer Pianist

Maurizio Pollinis Ohr zeigt ebenfalls die positive Form eines mittelgroßen, quadratischen Ohres, da alle Strukturen formschön mit wohlgerundeter Linienführung. Außenleiste kräftig, ebenmäßig mit elegantem Kurvenverlauf und bis zum Ohrläppchen durchgezogen: spricht für gefühlsstarke Interprctationskraft, Konzentrations- und Willensstärke. Imponierend geformte Innenleiste mit konischem Beginn, feiner Linienführung

nach unten und markantem
Einschnitt: spricht für
ideenreichen, schöpferi-
schen Menschen von großer
Stabilität (markanter Einschnitt) der Lebensführung.
Sehr große, wohlgeformte
Ohrbucht: spricht für Begabung im künstlerischen und
musischen Bereich.
Ohrläppchen ausgeprägt,
der Ohrform harmonisch
angepaßt: spricht für Aktivität, Ausdauer und Fleiß.
Die kräftigen Leisten und
die Breite der Innenleiste
sprechen aber auch für
einen sehr selbstbewußten,
eigensinnigen Menschen,
der unbeirrt seiner Wege
geht und Einflüssen von außen kaum zugänglich ist.

Kapitel II

Strukturdetails und ihr Aussagewert für die Charakteranalyse

Größe, Form und Beschaffenheit bilden die zunächst auffällige Grobstruktur eines Ohres. Allgemein läßt sich sagen, daß Großohrige phantasievoller und begeisterungsfähiger sind als die nüchternen, eher sachlich orientierten Menschen mit mittleren, normalgroßen Ohren. Das kleine Ohr hingegen deutet auf praktisches und handwerkliches Können hin. Diese sehr verallgemeinernden Aussagen helfen natürlich bei einer Charakteranalyse kaum weiter. Sie können lediglich die Richtung andeuten, in der wir uns bei der Analyse der Feinstrukturen bewegen sollten.

Fünf Strukturdetails sind für die Ohranalyse wichtig
Jede der fünf folgenden Detailstrukturen kennzeichnet für sich wiederum einen großen Bereich im Wesen eines Menschen. So steht zum Beispiel
• die Außenleiste oder Helix für die Gedankenwelt, das Gefühlsleben und die Vitalität,
• die Innenleiste oder Anthelix für die Selbstdarstellung, Geltungsgröße und Kampfkraft,
• die Ohrbucht oder Concha für das Interesse, die Neugierde und Beobachtungsgabe,
• der untere Einschnitt oder die Incisura für die Konzentration, Beherrschung und Beharrlichkeit,
• das Ohrläppchen für die Emotionskraft und das Gefühlsleben.
Vergleichen wir die genannten Ohrstrukturen mit denen

von Affenohren (Abb. 2 a–3 c), so wird verständlich, daß insbesondere die Feinstruktur Auskunft über die geistig-moralische Größe eines Menschen geben kann. Beim Affen sind die oben beschriebenen fünf Strukturdetails kaum entwickelt, was für instinktiv-animalisches Verhalten spricht. Je mehr ein Menschenohr dem des Affen ähnelt, desto stärker sind auch bei seinem Träger animalische Wesenszüge anzutreffen. Diese können sich sowohl im geistigen Bereich als auch in körperlichen Reaktionen zeigen. Im positiven Sinn bedeutet dies Dynamik, Darstellungskraft, Rhythmus und Reflexstärke. Negativ äußert sich das Animalische u. a. in mangelnder Beherrschung, egozentrischem Verhalten und unkontrollierten Emotionen. An diesem Beispiel sieht man, daß bei noch so sorgfältiger Analyse der Detailstrukturen immer auch die Gesamtform des Ohres in die Betrachtung mit einbezogen werden muß. Selbstverständlich spielt dabei auch die Größe des Ohres eine Rolle. Und wenn im folgenden versucht werden soll, einzelne Eigenschaften isoliert zu betrachten und den jeweiligen Strukturen zuzuordnen, darf doch das Zusammenspiel aller Faktoren für eine relevante Aussage nie außer acht gelassen werden.

ABSCHNITT 1
DIE AUSSENLEISTE (RANDLEISTE)

Die Außenleiste, auch Randleiste oder Helix genannt, spiegelt die Variante des Denkens, des Gefühls, der Willensstärke und der Ausdauer wider. Als Leitlinie für die Beurteilung gilt dabei die Stärke der Randleiste von »dünn« bis »zu dünn« oder von »kräftig« bis »zu kräftig«. Je nachdem, ob die positive oder negative Gesamtstruktur überwiegt, ergeben sich dabei folgende Kriterien:

Außenleiste kräftig

Bei vorwiegend positiver Gesamtstruktur (Abb. 4/46)	Bei vorwiegend negativer Gesamtstruktur (Abb. 5/60)
1. Denkweise: konzentriert, beharrlich, zielstrebig	egoistisch
2. Gefühlsleben: unerschrocken, eigensinnig	überheblich
3. Willenskraft: dynamisch, ausdauernd	rücksichtslos, hemmungslos

Außenleiste zart, schmal

Bei vorwiegend positiver Gesamtstruktur (Abb. 17/30/37)	Bei vorwiegend negativer Gesamtstruktur (Abb. 92)
1. Denkweise: sensibel, verschlossen, introvertiert	gesellschaftsfeindlich
2. Gefühlsleben: musisch, aufgeschlossen	enthemmt
3. Willenskraft: sozial ausgerichtet	revolutionär, labil

Außenleiste sehr dünn oder fast fehlend

Bei vorwiegend positiver Gesamtstruktur (Abb. 18)	Bei vorwiegend negativer Gesamtstruktur (Abb. 91)
1. Denkweise: sehr sensibel, zu Depressionen neigend	ausufernd, entgleisend

Bei vorwiegend positiver Gesamtstruktur (Abb. 18)	Bei vorwiegend negativer Gesamtstruktur (Abb. 91)
2. Gefühlsleben: eingeengt	kaltherzig
3. Willenskraft: eingeschränkt	hemmungslos, labil

Außenleiste zu stark entwickelt, plump

Bei vorwiegend positiver Gesamtstruktur (Abb. 13–15)	Bei vorwiegend negativer Gesamtstruktur (Abb. 82/87/88)
1. Denkweise: egoistisch, eigensinnig	rücksichtslos
2. Gefühlsleben: explosiv, ausdrucksstark	abwegig, entgleisend
3. Willenskraft: herrschsüchtig	brutal

*Die Außenleiste
bestimmt das Denken, Fühlen, Wollen*

Die Außenleiste sollte von der Mitte der Ohrbucht ausgehen, den oberen Teil des Ohres in einem wohlgefälligen, halbkreisförmigen Bogen umranden und sich nach unten bis zum Ansatz des Ohrläppchens ziehen (Abb. 1/4/6/8). Sie ist um so positiver zu bewerten, je eleganter und abgerundeter die Kurve verläuft und je länger sie ist. Keinesfalls sollte die Außenleiste fehlen, wie es bei den Ohren einer Menschenaffengruppe der Fall ist (Abb. 2 a). Und auch eine zu dünne Außenleiste spricht eher für mangelnde Steuerung der Gedankengänge, wenig entwickeltes Gefühlsleben und unbeherrschte Reaktionen (Abb. 91/92). Umkreist die

Außenleiste das Ohr zu regelmäßig, sozusagen »aalglatt« (Abb. 57/58), so fehlt die »persönliche Note« des Trägers. Die Persönlichkeit kommt nämlich u. a. durch Varianten im Verlauf der Außenleiste zum Ausdruck (Abb. 21–30/35–42). Eine zu dick und zu breit entwickelte Randleiste ähnelt wiederum dem Ohr einer Affengruppe (Abb. 5/7/59/63/87/88) und weist dementsprechend auf eine gewisse Plumpheit des Gefühlslebens hin. Das kann von vitalem, energiegeladenen Durchsetzungsvermögen bis hin zum rücksichtslosen Verfolgen der eigenen Ziele gehen.

Eine gut ausgebildete, formschöne, das Ohr in gefälliger Kurve umrandende Leiste spricht für Willensstärke, Konzentration und Ausdauer. Dies besagt bei einem *großen Ohr*, daß sich der dem Großohrigen eigene Ideenreichtum in geordneten Bahnen bewegt. Die Gedanken- und Gefühlswelt äußert sich überwiegend positiv, bis hin zu schöpferischer Gestaltungskraft (Abb. 21–24/35–40). Wir finden solche Ohren häufig bei künstlerisch begabten Menschen.

Beim *mittelgroßen Ohr* steht die formschöne Außenleiste für eine klare Geisteshaltung, die überwiegend von der Logik beherrscht wird (Abb. 6/25/46/48). Solche Ohren sind bei führenden Persönlichkeiten auf allen Gebieten der Wissenschaft, der Wirtschaft und Politik häufig. Die Fähigkeit, ihre Gedankengänge zu ordnen, sowie Konzentration und Ausdauer lassen diese Menschen eine erstaunliche Produktivität entfalten, und sie zeigen imponierende organisatorische Leistungen. Ihre Gemütsregungen erscheinen beherrscht; oft wird allerdings eine gewisse Großzügigkeit und Herzlichkeit vermißt. Die Einengung der Gefühle erstreckt sich auf viele Bereiche. In Gelddingen kann das zum Beispiel zu absonderlichen Formen der Sparsamkeit führen, bis hin zu pathologischem Geiz.

Das *kleine Ohr* charakterisiert bereits durch seine Kleinheit einen gewissen Mangel an Persönlichkeitsentfaltung, Begeisterungsfähigkeit und Willenskraft. Es läßt jedoch

durch eine schöne Umrandung, begleitet von einer wohlgestalteten Ohrbucht, viele positive Wesenszüge erkennen.
Formschön strukturierte kleine Ohren sprechen für musisches Empfinden, gute Beobachtungsgabe und körperliche
Gewandtheit (Abb. 8/33/71). Ein Sinn für Rhythmus und
Reflexstärke macht erklärlich, weshalb wir diese Ohrform
häufig bei Musikern, aber auch bei Sportlern antreffen. Positionen, die Dynamik und Vitalität erfordern, werden – vom
Sport einmal abgesehen – von Kleinohrigen weniger oft ein-
genommen.

Einer formschönen Außenleiste begegnen wir im wesentlichen in zwei Varianten,
- der kräftig entwickelten und
- der zart entwickelten Leiste.

Die Außenleiste kann
zart oder kräftig entwickelt sein
Beide zeigen einen ebenmäßigen, bogenförmigen Verlauf
ohne Verbiegungen oder plumpe Verdickungen (Abb.
4/6/8). Bei der kräftig ausgebildeten Variante (Abb.
38–42/46–49) findet man Willensstärke, Beharrlichkeit,
Zielstrebigkeit bis zum Eigensinn und Kampfbereitschaft
vor. Je stärker die Randleiste entwickelt ist (Abb. 46/48/49),
desto mehr fehlt die Rücksichtnahme beim Verfolgen der
eigenen Ziele.

Eine zarte, schmale Randleiste hingegen spiegelt Feinfühligkeit wider (Abb. 17/21/37). Ist sie gut ausgeprägt, so werden beim *Großohrigen* die ihm eigene Phantasie und der
Ideenreichtum durch erhöhte Sensibilität noch verstärkt.
Menschen mit solchen Ohren zeichnen sich gewöhnlich
durch Warmherzigkeit, Großzügigkeit und lebensbejahen-
des Verständnis für die Schwächen ihrer Mitmenschen aus.
Zwar neigt der Großohrige durch seine Empfindsamkeit
dazu, Situationen und Worte überzubewerten und unange-
messen darauf zu reagieren, eine freundliche Grundeinstel-

lung bringt ihn aber schnell wieder ins Gleichgewicht. Im Wechsel zwischen Gutgläubigkeit und einem aus Übersensibilität entstehenden Mißtrauen zögert er oft Entscheidungen hinaus. Diese Unschlüssigkeit gereicht ihm aber meist zum Vorteil, weil er bedeutungsvolle Situationen gründlich überlegt und verhängnisvolle Fehlentscheidungen vermeidet.

Beim *Mittelgroßohrigen* weist eine schmale, zarte Randleiste darauf hin, daß die ihn charakterisierende Härte seiner logischen Denkart durch Feinfühligkeit und menschliche Wärme gemildert wird (Abb. 33/55). Die durch die Randleiste zum Ausdruck kommende Sensibilität zeigt sich häufig auch in Reaktionen von Überempfindlichkeit verschiedenen Ausmaßes.

Beim *Kleinohrigen* verstärkt eine zarte Außenleiste noch die ihm eigenen Hemmungen, seine Persönlichkeit zu entfalten. Übertriebenes Taktgefühl und übergroße Bescheidenheit bringen ihn dann leicht um die Früchte des Erfolges. In Kombination mit einer großen, wohlgeformten Ohrbucht ist – insbesondere bei zurückgezogener Lebensweise – ein starkes musisches Interesse zu erwarten. Diese zartbesaiteten Menschen neigen nicht selten zu depressivem Verhalten (Abb. 18).

Neben diesen zwei Hauptformen einer positiv zu wertenden Außenleiste sind drei Formen mehr negativer Art zu erwähnen:
• die zu dünne, fast fehlende oder zu kurze Außenleiste,
• die zu stark entwickelte plumpe, breite oder knotige Leiste,
• die dicke, unregelmäßig entwickelte Außenleiste mit Knickbildungen und Verbiegungen.

Bei zu dünner und zu dicker Außenleiste finden sich meist Knickbildungen, Unebenheiten, zu kleine Ohrbuchten, und es fehlt die Dreiteilung – alles zusammen negative Merkmale. Ist die Außenleiste fast gar nicht vorhanden, unterentwickelt oder zu schmal, so ist gewöhnlich auch das Gefühlsleben und das mitmenschliche Empfinden unterentwickelt. Es fehlt die gedankliche Steuerung, weshalb es oft zu abwegigen Handlungen kommt.

Zu dünne Außenleiste: Gefühlskälte

Bei *Großohrigen* mit zu dünner oder fast fehlender Außenleiste kann das Denken ins Phantastische, ja bis in den Bereich schizoider Vorstellungen abgleiten. Die fehlende oder unterentwickelte Gedankenbremse äußert sich u. a. in Kritiklosigkeit, Irrealität, Überheblichkeit, Gefühlskälte, Labilität, Hemmungslosigkeit usw. (Abb. 91). Die Kombination von überschießender Phantasie und Selbstherrlichkeit oder Kritiklosigkeit kann das Ausdrucksvermögen im musischen Bereich, zum Beispiel bei Künstlern, aber positiv beeinflussen (Abb. 32).

Bei *Mittelgroßohrigen*, deren Impulsstärke gegenüber den Großohrigen gewöhnlich herabgesetzt ist, bedeutet eine zu dünne oder fast fehlende Außenleiste eine oft gefährliche Einschränkung der positiven Persönlichkeitsentfaltung (Abb. 92). Die an sich bei Mittelgroßohrigen anzutreffende Logik und Nüchternheit wird dann zurückgedrängt. Darunter leiden häufig die Leistungsfähigkeit und der Leistungswillen. Diese negative Einstellung zum Leben richtet sich mitunter gegen die eigene Person mit entsprechenden depressiven Reaktionen.

Beim *Kleinohrigen*, dessen Vitalität und Darstellungskraft ohnehin meist schwach ausgebildet sind, spricht eine zu dünne Randleiste für eine Einbuße an Persönlichkeit. Hier ist die Entfaltung sehr stark gehemmt, und es kann zu mehr oder minder schweren depressiven Verhaltensweisen kommen (Abb. 18).

Zu dicke, plumpe und breite Randleisten drücken in der Regel ein eingeschränktes Gefühlsleben aus (Abb. 5/7/9/10). Beim *Großohrigen* (Abb. 5/82) bedeutet dies ein geringeres geistiges Niveau und eine gewisse Begrenztheit der Gefühlsebene. Dadurch kann es bei der ihm eigenen Vitalität und Phantasie und überwiegend negativen Merkmalen (Abb. 5/63/82) zu gefährlichen Entgleisungen kommen. Zusätzliche, unregelmäßige Verdickungen und Knickbildungen im Kurvenverlauf der Randleiste führen häufig zu unbeherrschten Reaktionen (Abb. 87/88). Sind sonst keine weiteren negativen Strukturen vorhanden, dann bedingen solche Unregelmäßigkeiten der Randleiste zum Beispiel bei Künstlern oft eine erhebliche Steigerung ihrer Darstellungskraft (Abb. 13–15). Der Umgang mit solchen Menschen bereitet allerdings meist gewisse Schwierigkeiten.

Zu dicke Außenleiste: Rücksichtslosigkeit
Bei *mittelgroßen Ohren* und zu dicken, breiten Randleisten, die sich überlappen, ist die Gefühls- und Gedankenwelt ebenfalls deutlich ins Animalische verlagert (Abb. 19 b/ 60/81). Trotz eines stark ichbezogenen Gefühlslebens zeigen sich Mittelgroßohrige im allgemeinen aber beherrschter und kontrollierter als die Großohrigen, und ein Gefühlsausbruch nimmt bei ihnen nie so eruptive Formen an.

Bei *kleinen Ohren* und plumper Außenleiste sind die Aktivitäten verstärkt und oft triebhaft gesteuert (Abb. 9/10/59). Dies kann unangenehme Formen annehmen und hängt u. a. damit zusammen, daß Kleinohrige ihren überwiegend animalischen Gefühlsregungen nur wenig verstandesmäßige Kontrolle entgegenzusetzen haben.

Die breite, vorwiegend negativ zu beurteilende Außenleiste sollte allerdings nicht mit der starken und kräftigen, bis zum Ohrläppchen durchgezogenen Leiste verwechselt werden. Eine solche Randleiste treffen wir häufig bei kleinen bis mittelgroßen Ohren von Sporttalenten an, doch sind deren Ohren in allen Abschnitten scharf konturiert (Abb. 75/76).

Besonders zu beachten ist die im ganzen Verlauf zu breite, etwas überlappende Außenleiste (Abb. 10/59) bei einem dicken Ohr. Sie ist in allen Abschnitten zu kräftig entwickelt und drückt die Ohrform zusammen wie ein zu breiter Rahmen ein kleines Bild. Eine solche Randleiste weist bei einem kleinen Ohr auf ein wenig differenziertes Gefühlsleben hin.

Eine weitere auffällige Form ist die breite, nach innen umgeklappte flache Leiste. Sie weist darauf hin, daß die Willensimpulse und das Gefühlsleben ziemlich stark instinktbetont sind. Die Kritikfähigkeit, vor allem gegenüber der eigenen Person, ist meist herabgesetzt. Das persönliche Auftreten ist daher ungeniert, häufig überheblich und selbstherrlich. Diese wie ein Tuch gefaltete Leiste spricht aber auch für erhebliche Lebensfreude und Vitalität (Abb. 15) sowie für ein hohes Maß an rhythmischem Empfinden und sportlicher Begabung (Abb. 76). Die Unbefangenheit im Auftreten und die Neigung zur Geselligkeit bringen in vielen Berufen Vorteile.

Die Knickbildungen
sind besonders zu beachten

Knickbildungen deuten bei allen Größen der Außenleiste auf Eigensinn und Egoismus sowie ein von der Norm abweichendes Denken hin. Im Positiven kann sich das bis zu einer gewissen Originalität steigern, negativ spricht man eher von egozentrischem Verhalten. Für eine richtige Auslegung sind Konsistenz und Größe des Ohres, die Form der Strukturen, die Ohrbucht und der Einschnitt sowie die Anzahl und der Verlauf von Knicken von Bedeutung. Alle diese Kriterien müssen beachtet werden. Kann man das Gesamtohr als gefällig und harmonisch beurteilen, insbesondere bei einer ordnungsgemäßen Dreiteilung und bevorzugter Entwicklung des oberen Ohranteiles, dann unterstreicht ein Knick die Originalität der Persönlichkeit (Abb. 16/17/25–30/

35–38). Bei solchen Ohren, die für intelligente, moralisch stabile Menschen sprechen, ist die Knickbildung als ein die Persönlichkeit hervorhebendes Merkmal zu werten. Der Knick drückt in diesen positiven Fällen neben Originalität auch Vielseitigkeit aus. Wichtig für die entsprechende Einordnung bei der Ohranalyse ist es also abzuwägen, ob die positiven Merkmale bei der Ohrform und den Strukturen überwiegen.

Ist der Knick im oberen Abschnitt so, daß die Außenleiste anschließend senkrecht verläuft, dann deutet die fehlende Rundung darauf hin, daß auch die Gefühle und Gedanken nicht »rund« sind, sondern ein ausgeprägter Eigensinn vorherrscht. Diese Eigensinnigkeit kann bei einem sonst wohlgeformten Ohr aber auch eine positive Eigenschaft sein (Abb. 16/17/25–30/35–38). Bedenklich ist ein solcher Wesenszug nur bei Ohren mit überwiegend negativen Merkmalen (Abb. 88–90/92–94), da er sich hier negativ verstärkt. Wenn ein auffälliger oder mehrere auffällige Knicke bei stark ausgeprägter Außenleiste auftreten, kann das dadurch angezeigte egozentrische Verhalten geradezu unangenehme Formen annehmen (Abb. 19 b/60/62/63). Bei einer häßlichen, plumpen Außenleiste verraten Knickbildungen eine starke Ichbezogenheit, die sich mitunter in bedenklichen Gefühlsausbrüchen äußert (Abb. 7/9/87/88/94). Extrem dünne Außenleisten mit Knickbildungen deuten hingegen auf Gefühlsarmut und eine irreale Gedankenwelt hin (Abb. 91/92).

In jedem Fall bedeuten Knickbildungen der Außenleiste eine Verstärkung der animalischen Seite; das kann von originellem Ideenreichtum bis zu einem menschenunfreundlichen, gefühlsarmen Verhalten reichen. Letzte Aufschlüsse für die Beurteilung geben erst die Gesamtform des Ohres, die Dicke und die Strukturen.

Verbiegungen mahnen zur Vorsicht

Neben den Knickbildungen kommen auch Verbiegungen des Ohres vor. Sie sind nicht mit abstehenden oder anliegenden Ohren zu verwechseln. Man versteht darunter Formverziehungen einzelner oder mehrerer Ohrabschnitte, die in jedem Fall eine Störung des Gefühlslebens ausdrücken (Abb. 87/88).

Bei zarten, an sich gut strukturierten Ohren finden wir mitunter eine Verbiegung, wobei sich der äußere Ohranteil nach hinten umklappt. Dies spricht für eine Unsicherheit der Gefühle und eine Neigung zu depressiver Verhaltensweise (Abb. 18). Der für die Vitalität und das Gefühl so wichtige Randabschnitt des Ohres ist hier etwas unterentwickelt und sozusagen »verbogen«.

Eine besondere Art der Knickbildung bietet das Ohr der Schauspielerin Romy Schneider (Abb. 19 a). Das knapp mittelgroße, relativ zart strukturierte Ohr weist auf einen sensiblen Menschen hin. Die starken Knickbildungen der Außenleiste und des oberen Abschnitts der Innenleiste machen auf empfindliche Störungen der Gedanken- und Gefühlswelt sowie des Selbstbewußtseins aufmerksam.

Der Unsicherheit in der Bewertung ihrer eigenen Person stehen erhebliche Eitelkeit und Geltungsbedürfnis gegenüber. Die Außenleiste, anfangs etwas breit und überlappend, spricht für Vitalität. Im mittleren Abschnitt aber wird sie sehr dünn und endet vorzeitig, sie bricht sozusagen ab. Das ist ein untrügliches Zeichen einer depressiven Grundhaltung.

Die persönliche Unterbewertung, gekennzeichnet durch den waagrechten Verlauf des oberen Teiles der Innenleiste, und die abrupte Knickbildung weisen weiterhin auf die depressive Gemütslage hin, die in dieser Form leicht zu Kurzschlüssen führt.

Den den Depressiven eigenen Wunschtraum nach Anerkennung spiegelt die relativ kleine Ohrbucht wider. Der markante Einschnitt verrät Konzentration und moralische Stabilität.

Ganz in das Bild paßt das kleine Ohrläppchen, das in dieser Form einen Mangel an lebensfroher Illusionskraft und warmherziger Kontaktbereitschaft erkennen läßt.

Bei unschönen dicken Ohren mit wulstiger Außenleiste sind Verbiegungen beunruhigend, besonders wenn sie im Bereich des oberen oder unteren Ohrabschnitts auftreten. In jedem Fall mahnt ein stark verbogenes Ohr zur Vorsicht und verlangt eine sehr genaue Analyse.

Zusammenfassend kann man sagen, daß eine schön abgerundete, glatt bogenförmig verlaufende Außenleiste bei einem gut ausgebildeten oberen Ohrabschnitt mit harmonischer Verjüngung nach unten für Intelligenz, schöpferische Fähigkeiten, Feingefühl und Geschmack spricht (Abb. 4/6/8/35–40/46).

Vorsicht bei zu stark ausgebildeter
Randleiste
Eine kräftige Randleiste zeigt an, daß die vitalen Impulse oft zu Lasten der Herzlichkeit ausgeprägt sind. Menschen mit solchen Ohren besitzen ein starkes Selbstbewußtsein und eine imponierende Willensstärke (Abb. 35/39/46).

Plumpe, dicke und häßliche Außenleisten sprechen für animalische Reaktionen, wobei das moralische und geistige Niveau eher unterdurchschnittlich ist (Abb. 5/7/9/10/57–63/87/88). Zusätzliche Knickbildungen, Verbiegungen und andere Unregelmäßigkeiten der Ohrform verstärken diese negative Einschätzung noch.

Eine zu dünne, fast fehlende oder nur im oberen Ohrabschnitt gut entwickelte Außenleiste weist auf mangelnde Steuerung der Gedankengänge hin. Das kann sich in Phantastereien, unbeherrschten Reaktionen und Fehleinschätzungen von Situationen äußern. Menschen mit solchen Ohren sind oft labil, meist ohne Ehrgeiz und orientierungslos.

Ihr Gefühlsleben ist mitunter bis zur Gefühlskälte erstarrt. Darauf weisen bereits die Ohrstrukturen in ihrer Gesamtheit hin (Abb. 91/92).

Eine dünne, zart und fein entwickelte Randleiste, deren Kurvenverlauf im mittleren Ohrabschnitt endet, läßt bei einem kleinen und mittelgroßen Ohr auf eine geradezu außergewöhnliche Sensibilität schließen. Ist das Ohr zudem als Ganzes sehr zart, so weist dies auf einen bedenklichen Mangel an Selbstbewußtsein hin. Dann offenbaren sich auch die verschiedensten Formen depressiven Verhaltens, die oft erst in späteren Jahren zum Durchbruch kommen (Abb. 18/19 a).

Abschnitt 2
Die Innenleiste (Gegenleiste)

Die Innenleiste, auch Gegenleiste oder Anthelix genannt, ist bei der Beurteilung einer Persönlichkeit besonders zu beachten. Ihre Struktur gibt u. a. Auskunft über die Darstellungskraft einer Person, die Gedankengänge im moralisch-ästhetischen und musischen Bereich sowie über den Grad mitmenschlichen Empfindens. Außerdem dokumentiert die Innenleiste das Ausmaß an Selbstbewußtsein, Ehrgeiz und Geltungssucht. Wie bei der Außenleiste ist auch hier für die Ohranalyse wichtig, ob die Innenleiste sehr dünn oder kräftig ausgebildet ist. Je nach überwiegend positiver oder negativer Gesamtstruktur gelten folgende Kriterien:

Innenleiste sehr dünn

Bei vorwiegend positiven Merkmalen	Bei vorwiegend negativen Merkmalen
1. Denkweise: bescheiden	antriebsarm
2. Gefühlsleben: sensibel	unsicher
3. Willenskraft: eingeengt	labil

Innenleiste dünn, aber gut konturiert

Bei vorwiegend positiven Merkmalen (Abb. 17/18)	Bei vorwiegend negativen Merkmalen (Abb. 9/10)
1. Denkweise: aufgeschlossen	wenig interessiert
2. Gefühlsleben: angepaßt	gleichgültig
3. Willenskraft: unauffällig	einsatzschwach

Innenleiste stark

Bei vorwiegend positiven Merkmalen (Abb. 21/22/25–31/35–42)	Bei vorwiegend negativen Merkmalen (Abb. 19/57–60)
1. Denkweise: ehrgeizig, zielstrebig, vielseitig interessiert, rechthaberisch	egozentrisch
2. Gefühlsleben: selbstbewußt, unnachgiebig	überheblich
3. Willenskraft: sehr aktiv, herrschsüchtig	aggressiv, kompromißlos

Innenleiste besonders im oberen Abschnitt breit,
verwaschen

Bei vorwiegend positiven Merkmalen (Abb. 13–15)	Bei vorwiegend negativen Merkmalen (Abb. 57/62/66/68 b)
1. Denkweise: sehr ehrgeizig	extrem geltungsbedürftig
2. Gefühlsleben: egozentrisch	rücksichtslos, kaltherzig
3. Willenskraft: sehr aktiv	bedenklich aggressiv

Die innere Leiste verläuft parallel zur Außenleiste. Sie umgrenzt die Ohrbucht und teilt sich nach oben in zwei Schenkel. Nach unten bildet sie eine Einbuchtung, die Incisura, die am Wangenansatz endet (vgl. Abb. 1). Beide Schenkel, der Einschnitt sowie die Ohrbucht sind zwar eine Einheit, doch müssen sie im Detail getrennt behandelt werden.

Die Innenleiste
verrät viel über die Persönlichkeit
Die Entwicklung vom Animalischen zur geistigen und moralischen Größe des Menschen spiegelt sich eindrucksvoll in der Linienführung der Innenleiste und der von ihr umgrenzten Ohrbucht wider (Abb. 2/3/4/6/8). Ist die Innenleiste stark ausgeprägt und markant und sind die beiden oberen Schenkel deutlich konturiert (Abb. 6/8/38/43/46–49), so weist das auf beachtlichen Ehrgeiz, Geltungsbedürfnis und unerschütterliches Selbstbewußtsein hin. Menschen mit solchen Ohren zeigen eine wenig kompromißbereite Haltung. Inwieweit die Persönlichkeitsstärke mehr zum Positiven oder Negativen neigt, entscheiden Form- und Kurvenverlauf der Leiste sowie das Gewicht positiver und negativer Merkmale der übrigen Ohrstrukturen. Eine feine,

scharfkonturierte Innenleiste, die glatt bogenförmig verläuft und eine große, wohlgeformte Ohrbucht umrandet (Abb. 17/21/22/25), spricht für Musikalität, Kunstverständnis, Gefühlsstärke und vielseitige musische Interessen. Je größer das Gesamtohr erscheint, desto stärker entfaltet sich die dadurch zum Ausdruck kommende musische Begabung.

Ist die Innenleiste in ihrem gesamten Verlauf dagegen breit, kräftig und bis zur Wange durchgezogen, so steht eigensinniges, egozentrisches Verhalten im Vordergrund (Abb. 45/60/61/63). Häufig haben führende Persönlichkeiten aus Wirtschaft und Politik solche Ohren. Diese Menschen setzen sich durch, sie sind beredsam und können ihre Ansichten wirkungsvoll vortragen. Wegen mangelnder Kompromißbereitschaft und geringer Rücksichtnahme gelten sie allerdings oft als schwierige Partner.

Bei außergewöhnlich begabten und einfallsreichen Menschen finden sich manchmal besondere Formen einer dikken Innenleiste. Diese ist dann im oberen Abschnitt, vom oberen Schenkel bis zum unteren Drittel, abnorm breit. Sie beginnt senkrecht und läuft *konisch* aus, um dann im unteren Drittel normale Konturen anzunehmen und in einem schönen Einschnitt zu enden. Das übrige Ohr ist durch zahlreiche positive Merkmale charakterisiert – etwa durch schöne Dreiteilung, elegante Außenleiste, große Ohrbucht und einem dem Gesamtohr angepaßten Ohrläppchen. Die breite, konisch verlaufende Innenleiste besagt, daß das Selbstbewußtsein des Ohrträgers sehr ausgeprägt und sein Verhalten außergewöhnlich ichbezogen ist. Durch eine gewisse Introvertiertheit und Abgeschlossenheit kann sich die schöpferische Vorstellungswelt unbeirrt entfalten. Wir finden ein solches Ohr zum Beispiel bei dem Dichter Thomas Mann (Abb. 26), den Schriftstellerinnen Simone de Beauvoir (Abb. 27) und Agatha Christie (Abb. 29) sowie den Physikern Albert Einstein (Abb. 30) und Otto Hahn (Abb. 31).

Während eine starke, wohlkonturierte Innenleiste positive Seiten der Willenskraft zum Ausdruck bringt, trifft man bei zu dicken, geknickten und verbogenen Innenleisten eher auf eine negative Willensentfaltung (Abb. 19 b /59/60/82/87/93).

Gefährliche Herrschsucht bei
breiter, verwaschener Innenleiste ohne Einschnitt
Ist die innere Leiste in ihrem gesamten Verlauf verwaschen und im Bereich des oberen Schenkels fast konturlos, haben wir es mit einer wenig greifbaren, eher diffusen Persönlichkeit zu tun (Abb. 82/91–93). Im Gegensatz zur positiv zu bewertenden breiten Leiste mit konischer Form finden wir die negativ zu beurteilende breite Leiste fast immer auch in Verbindung mit einer häßlichen Ohrform. Der Einschnitt am unteren Leistenende ist dann häufig schwach oder gar nicht ausgebildet (Abb. 5/7). Dies weist auf mangelnde Stabilität und Hemmungslosigkeit hin. Die Handlungen von Personen mit solchen Ohren sind oft unbeherrscht, und zwar um so mehr, als gleichzeitig negative Merkmale vorhanden sind. Ist bei einem negativ zu beurteilenden Ohr die Innenleiste plump und durch einen tiefen Einschnitt markiert (Abb. 81/89/91), so bedeutet dies zunächst einmal Unbeirrbarkeit bis Engstirnigkeit. Bei überwiegend negativen Merkmalen handelt es sich dann um einen eiskalt planenden Menschen. Ist das Ohr dazu noch groß und fleischig und hat es eine dicke, unförmige Außenleiste, ein unschönes Ohrläppchen und eine kleine Ohrbucht, so weist dies auf eine Aggressivität hin, die gefährlich werden kann.

Gestörtes Gefühlsleben
bei Knicken der Innenleiste
Knickbildungen im Verlauf der inneren Leiste sprechen – ähnlich wie bei der Außenleiste – für eine Abweichung des Gefühlslebens vom Normalbereich. Knickbildungen der

Außenleiste lassen sich – je nach der Grundform des Ohres – als Ausdruck origineller Gedanken werten, die bis zu irrealen, gefährlichen Vorstellungen reichen können. Bei der Innenleiste deuten Knicke mehr auf eine Störung der Persönlichkeitsentfaltung hin.

Ist die Innenleiste schön gestaltet, bei einem wohlgefälligen, zarten kleinen oder mittelgroßen Ohr, so läßt die Knickbildung eine übermäßige Sensibilität vermuten. Man kann damit eine gewisse Schwäche der Persönlichkeit bis hin zu einem depressiven Wesenszug in Verbindung bringen (Abb. 18/19 a). Bei plumper, breiter Innenleiste trifft man dagegen auf ein eher eingeschränktes Gemütsleben (Abb. 59/60/87/88).

Ob ein Knick positiv oder negativ zu bewerten ist, hängt – wie bei der Analyse aller Strukturen – von der Grundform des Ohres ab. Negative Auslegungen sind insbesondere dann angebracht, wenn die Knickbildungen oder Verbiegungen sich nicht nur auf die Innenleiste beschränken, sondern auch die Außenleiste und das Ohr Knicke und Verbiegungen aufweisen.

ABSCHNITT 3
DIE OHRBUCHT (CONCHA)

In der Ohrbucht kommen im wesentlichen die Aufnahmebereitschaft und das Interesse für die Lebensvorgänge, insbesondere für Kunst, Musik, Literatur und Architektur zum Ausdruck. Aber auch die Liebe zur Natur und die Zuneigung zu Tieren zeigt sich in einer wohlgeformten Ohrbucht. Die folgende Übersicht stellt die Abhängigkeit der Grundeigenschaften von der Größe der Ohrbucht dar:

Ohrbucht extrem klein

Bei vorwiegend positiven Merkmalen (Abb. 65)	Bei vorwiegend negativen Merkmalen (Abb. 5/59/66/87/89)
1. Denkweise: amusisch, berechnend, geltungssüchtig	egoistisch, zynisch
2. Gefühlsleben: stark eingeschränkt	kaltherzig, asozial
3. Willenskraft: ohne besonderen Aussagewert, materiell	rücksichtslos, brutal

Ohrbucht klein

Bei vorwiegend positiven Merkmalen (Abb. 45/49)	Bei vorwiegend negativen Merkmalen (Abb. 61/67/90–94)
1. Denkweise: Verständnis für Kunst, Literatur, Architektur usw. eingeschränkt	Verständnis für Kunst usw. stark eingeschränkt, ebenso für die Feinheiten und Schönheiten des Lebens
2. Gefühlsleben: gefühlsarm	unterentwickelt
3. Willenskraft: bewegt sich in Bahnen nüchterner Berechnung	vorwiegend in Richtung der Befriedigung persönlicher Eitelkeiten

Ohrbucht groß

Bei vorwiegend positiven Merkmalen (Abb. 8/12/ 24/38–42/46–48)	Bei vorwiegend negativen Merkmalen (Abb. 10/19/60/82)
1. Denkweise: interessiert an allen Vorgängen des Lebens, insbesondere an Kunst, Musik, Natur, Architektur, Beobachtungsgabe	vielseitig interessiert bei egozentrischer Steuerung der Gedanken
2. Gefühlsleben: ausgeprägt	vital
3. Willenskraft: aktiv, unternehmungslustig	impulsiv

Ohrbucht sehr groß

Bei vorwiegend positiven Merkmalen (Abb. 11/ 17/21/22/24/27/32/34)	Bei vorwiegend negativen Merkmalen (Abb. 63)
1. Denkweise: Begabung im musischen, literarischen, architektonischen Bereich	vielseitig interessiert auf niederem Niveau
2. Gefühlsleben: meist einseitig in Richtung der Begabung	begeisterungsstark für wenig anspruchsvolle Gebiete des Lebens
3. Willenskraft: ausdauernd, unermüdlich	sehr aktiv, unruhig

Die tabellarischen Übersichten (siehe S. 76/77) zeigen: Eine große Ohrbucht steht für interessierte, aufnahmebereite Einstellung zum Leben bei erheblichem Niveauunterschied. (Hohes Niveau: Abb. 21–24/35–43, niederes Niveau: Abb. 10/19 b/60/82).

Je kleiner die Ohrbucht, desto größer ist der Mangel an menschlicher Wärme, und egozentrische Wesenszüge überwiegen (Abb. 59/67/89–94). In der Regel spricht eine kleine Ohrbucht für Gefühlsarmut, eine große Ohrbucht für Aufgeschlossenheit.

Die Größe der Ohrbucht verrät
musisches Interesse
und Beobachtungsgabe

Die Ohrbucht spiegelt vor allem auch die musische Komponente einer Persönlichkeit wider. Unabhängig von der Größe des Ohres spricht eine große, wohlgeformte Ohrbucht mit einer schönen, glatten Umrandung für einen geistig regen, vielseitig interessierten Menschen (Abb. 17/21–24/38/39/72). Selbst bei einer mehr oder weniger schlechten Ohrform mildert eine große Ohrbucht mit einem wohlgefälligen unteren Einschnitt die negative Charakterisierung (Abb. 19 b). Ist die Ohrbucht klein oder sehr klein, so spricht dies für einen Mangel an musischem Verständnis und eine reduzierte Herzlichkeit im Umgang mit Mitmenschen. Träger solcher Ohren haben meist eine sehr nüchterne, nicht selten stark egozentrische Einstellung zu den Situationen im Leben. Eine auffallend kleine Ohrbucht bei einem großen Ohr, das eigentlich für Phantasie und Aktivität in den verschiedensten Richtungen steht, bedeutet hier eher eine gewisse Kaltschnäuzigkeit bei allen Unternehmungen. Auf amusische Einstellung und Egozentrik läßt die kleine Ohrbucht bei einem mittelgroßen Ohr schließen, das ohnehin auf eine mehr nüchterne und phantasiearme Denkart hinweist.

Beim kleinen Ohr ist die kleine Ohrbucht oft nur eine gewisse Anpassung an die Ohrgröße. Die Ohrbuchtgröße beim Kleinohr zu bestimmen, verlangt daher eine genaue Betrachtung aller Details. Ein zartes, gut konturiertes kleines Ohr weist zunächst einmal auf Sensibilität und gute Beobachtungsgabe hin. Ist die Ohrbucht dabei auffallend klein, so bedeutet dies ein vermindertes musisches Interesse, erhöhte Konzentrationsfähigkeit und Geltungssucht. Menschen mit solchen Ohren lassen sich in der Verfolgung ihrer Ziele durch äußere Einflüsse nicht so leicht ablenken. Die heiteren und schönen Dinge des Lebens dagegen sind ihrem Wesen, das durch eine nüchterne Denkart bestimmt ist, eher fremd. Oft finden wir unter den Kleinohrigen manuell geschickte Handwerker sowie penible, akkurate Kaufleute.

Im allgemeinen mahnt aber eine sehr kleine Ohrbucht bei einem kleinen Ohr zur Vorsicht. Der Grad der Gefühlsarmut läßt sich allerdings nur nach sehr sorgfältiger Analyse der Ohrstrukturen ergründen.

ABSCHNITT 4
DER EINSCHNITT (INCISURA INTERTRAGICA)

Der Einschnitt charakterisiert vor allem die Stabilität der Lebensführung, die Beharrlichkeit und Ausdauer sowie die Konzentration und Kompromißbereitschaft eines Menschen. Hier gibt es natürlich, wie bei anderen Merkmalen auch, alle Variationen. Welche Eigenschaften sich nach der Tiefe des Einschnitts entdecken lassen – immer im Zusammenhang mit den übrigen Strukturen gesehen –, zeigt die folgende Übersicht:

Einschnitt aufgehoben, fehlend

Bei vorwiegend positiven Merkmalen (Abb. 34)	Bei vorwiegend negativen Merkmalen (Abb. 5/7/82/83/85)
1. Denkweise: freiheitlich	verschwenderisch, undiszipliniert
2. Gefühlsleben: waghalsig	rücksichtslos
3. Willenskraft: unbeschwert	hemmungslos

Einschnitt abgeflacht

Bei vorwiegend positiven Merkmalen (Abb. 21/31/46)	Bei vorwiegend negativen Merkmalen (Abb. 19/60/88)
1. Denkweise: aufgeschlossen, interessiert	labil
2. Gefühlsleben: weit gespannt	unbeherrscht
3. Willenskraft: sehr aktiv	entgleisend

Einschnitt gut ausgebildet

Bei vorwiegend positiven Merkmalen (Abb. 4/6/8/17/22/23–26/37/42/48/70/71/72/77)	Bei vorwiegend negativen Merkmalen (Abb. 9/87/93/94)
1. Denkweise: stabil	konzentriert
2. Gefühlsleben: beherrscht	materiell
3. Willenskraft: ausgeprägt	aktiv

Einschnitt tief

Bei vorwiegend positiven Merkmalen (Abb. 29/38–40/53/69/71/75)	Bei vorwiegend negativen Merkmalen (Abb. 60/81/90)
1. Denkweise: sehr konzentriert, gutes Gedächtnis	egozentrisch
2. Gefühlsleben: eigensinnig	rechthaberisch
3. Willenskraft: ausdauernd	kompromißarm

Bei vorwiegend positiven Merkmalen (Abb. 35/36/44/45/49–51/54–56/64/73/76)	Bei vorwiegend negativen Merkmalen (Abb. 66/67/89/91)
1. Denkweise: zielstrebig, unnachgiebig	starrsinnig, nörglerisch, streitsüchtig
2. Gefühlsleben: eingeengt	kaltherzig
3. Willenskraft: unermüdlich, kämpferisch	egozentrisch, aggressiv

Der Einschnitt oder die Incisura liegt im unteren Kurvenverlauf der Innenleiste am Übergang zur Wange, also am Tiefpunkt der Ohrbucht. Je tiefer und markanter dieser Einschnitt ist, desto stärker ausgeprägt sind Beharrlichkeit, Konzentrationsfähigkeit und Ausdauer, aber auch Eigensinn und Unnachgiebigkeit. Über die Intelligenzgröße sagt der Einschnitt nichts aus. Menschen mit einem tiefen Einschnitt am unteren Ende der Ohrbucht lassen sich in ihrer Gedankenwelt und ihren Tätigkeiten nicht leicht ablenken. Ist der Einschnitt sehr tief, so spricht dies für Ehrgeiz und Verbissenheit sowie für Eigensinn, der bis zum Starrsinn gehen kann. Diese Eigenschaften finden in sportlicher Betätigung oft ihren positiven Ausdruck (Abb. 69/71/73/75/76).

Der Einschnitt beeinflußt Denkweise,
Gefühlsleben und Willenskraft
Negativ kann ein tiefer Einschnitt aber auch bedeuten, daß Eigensinn und die Unfähigkeit zum Kompromiß vorherrschen. So sind Fanatiker verschiedenster Ideologien fast ausnahmslos durch einen sehr tiefen, engen Einschnitt am un-

teren Ende der Ohrbucht geprägt. Dies ist ein Zeichen für Starrsinn, unbeirrbares Festhalten an unlogischen, irrealen, mitunter menschenfeindlichen Gedankengängen (Abb. 66/67). Besonders bedenklich ist es, wenn noch eine sehr kleine, auf Gefühlskälte hinweisende Ohrbucht hinzukommt.

Ein wohlgeformter Einschnitt bei einer ebenso wohlgeformten Ohrbucht (Abb. 22–26) spricht für das Gegenteil von Engstirnigkeit und Verbissenheit. Es ist ein Zeichen für verständnisvolles Erfassen aller Lebensvorgänge und für eine positive Einstellung zum Leben. Je flacher der Einschnitt ist, desto großzügiger ist die Lebensauffassung; sie reicht bis zur Labilität.

Bei einem schön strukturierten Ohr darf man den leicht abgeflachten Einschnitt auch als Ausdruck einer positiv zu wertenden Großzügigkeit ansehen. Dies äußert sich dann oft in Hilfsbereitschaft, starkem sozialen Engagement und Kompromißbereitschaft.

Die Großzügigkeit kann jedoch auch als Verschwendungssucht, Labilität oder Hemmungslosigkeit auftreten, was bei jedem weiten Einschnitt zu bedenken ist. Erst die übrigen Ohrstrukturen geben einen Hinweis darauf, in welcher Richtung die Großzügigkeit ausgelegt werden darf.

Fehlt der Einschnitt völlig (Abb. 5/7/82/83/85), so fehlt jeglicher Lebenshalt; der Hemmungslosigkeit sind in bedenklichem Maß Tür und Tor geöffnet. Menschen mit solchen Ohren sind sehr labil, und häufig ist jede Achtung vor einer geregelten Gesellschaftsordnung und den Gesetzen aufgehoben.

In jedem Fall ist ein wohlabgerundeter Einschnitt bei einem feinen und schön strukturierten Ohr besonders positiv zu bewerten. Weisen die übrigen Ohrstrukturen auf einen willensstarken, von berechnender Logik beherrschten Menschen hin, so spricht ein eleganter Ohrbuchteinschnitt doch für ein beachtliches Maß an Aufgeschlossenheit und

Lebensbejahung. Die vorhandene Strenge und Nüchternheit des Charakters wird dadurch gemildert (Abb. 37/39/43/46).

Abschnitt 5
Das Ohrläppchen (Lobus auriculae)

Das Ohrläppchen charakterisiert das Emotionale, das Vitale und den Freiheitsdrang in seiner ganzen Bandbreite positiver und negativer Richtungen. Es kann klein oder groß, angewachsen oder nicht angewachsen, breit, langgezogen, dick oder dünn sein – die Vielfalt seiner Formen läßt sich hier nur in einigen wesentlichen Grundzügen deuten:

Ohrläppchen klein

Bei vorwiegend positiven Merkmalen (Abb. 8/34/55/69/71/75/77)	Bei vorwiegend negativen Merkmalen (Abb. 91)
1. Denkweise: nüchtern, phantasiearm, illusionslos, konzentriert	berechnend
2. Gefühlsleben: beherrscht	gefühlskalt
3. Willenskraft: emotionsfrei	eingeschränkt

Ohrläppchen mittelgroß
bis groß

Bei vorwiegend positiven Merkmalen (Abb. 17/21/22/ 30/35/39/46/72–74)	Bei vorwiegend negativen Merkmalen (Abb. 59/63)
1. Denkweise: freiheitsliebend, illusionsstark	phantasievoll, naiv
2. Gefühlsleben: emotionsstark	unbeherrscht
3. Willenskraft: ausdauernd	herrschsüchtig

Ohrläppchen sehr groß

Bei vorwiegend positiven Merkmalen (Abb. 28/36/40/ 44/49–52/76/79)	Bei vorwiegend negativen Merkmalen (Abb. 5/10/60)
1. Denkweise: überschäumende Phantasie	rücksichtslos
2. Gefühlsleben: stark emotional, vital, Abenteuerlust	hemmungslos, entgleisend
3. Willenskraft: sehr aktiv	aggressiv

Ohrläppchen zu groß, bandförmig oder quadratisch breit

Bei vorwiegend positiven Merkmalen (Abb. 45/53/54)	Bei vorwiegend negativen Merkmalen (Abb. 5/7/9/ 10/57/58/66/67/81–83/ 85/86/88–90/92–94)
1. Denkweise: selbstherrlich	egoistisch, unüberlegt
2. Gefühlsleben: emotional	unbeherrscht, animalisch
3. Willenskraft: sehr aktiv, ungewöhnliches Stehvermögen	aggressiv, wenig menschenfreundlich

Generell läßt sich sagen: Je größer das Ohrläppchen ist, desto ausgeprägter sind die emotionalen Empfindungen. Dann überwiegt die Abenteuerlust, und alle Formen geregelter Lebensführung werden abgelehnt oder zumindest in Frage gestellt. Die starke emotionale Komponente zeigt sich positiv in Begeisterungsvermögen, Illusionskraft und Phantasie, negativ kann sie sich oft in mangelnder Beherrschung, Neigung zum Jähzorn und Rechthaberei äußern.

Je kleiner und schmaler das Ohrläppchen ist, desto stärker treten illusionäre Gedanken und spontane Reaktionen in den Hintergrund und machen einem eher nüchternen, beherrschten Verhalten Platz. Kleine Ohrläppchen finden wir also bevorzugt bei kühlen, beherrschten Menschen, große Ohrläppchen bei begeisterungsfähigen Personen und die übergroßen Ohrläppchen bei emotional überdeckten Persönlichkeiten.

Am Ohrläppchen erkennt man Vitalität,
Phantasie und Ehrgeiz

Ob es sich bei einem großen Ohrläppchen um einen positiv gefühlsbetonten oder negativ emotionsgeladenen Menschen handelt, bei einem kleinen Ohrläppchen um einen beherrschten oder gefühlsarmen, läßt sich nur aus allen Strukturen zusammen erkennen. Dabei kommt es auf das Größenverhältnis zum Gesamtohr sowie auf die Form des Ohrläppchens an. Zu berücksichtigen ist auch, ob das Ohrläppchen angewachsen ist oder nicht.

Als Grundregel gilt, daß ein angewachsenes Ohrläppchen geringere Kontaktbereitschaft und herabgesetztes Begeisterungsvermögen signalisiert. Das nicht angewachsene Ohrläppchen läßt dagegen stärkere Kontaktfreude und entsprechende Aufgeschlossenheit erwarten. Die mangelnde Kontaktfähigkeit beim angewachsenen Ohrläppchen kann erhöhte Konzentration, aber auch Ichbezogenheit und mangelnde menschliche Wärme bedeuten. Beim nicht angewachsenen Ohrläppchen reicht die Skala der Eigenschaften von Großzügigkeit bis zu Labilität und Verschwendungssucht. Genauere Analysen erlaubt auch hier nur die Betrachtung der Gesamtstruktur des Ohres.

Bei einem Ohr mit einem hohen Strukturniveau ist ein in Größe und Form dem Gesamtohr harmonisch angepaßtes angewachsenes Ohrläppchen positiv zu bewerten. Das hohe geistige Potential, das sich durch eine wohlgefällige Außen- und Innenleiste mit schön ausgeprägter Ohrbucht anzeigt, wird hier sehr konzentriert und beherrscht vorgebracht (Abb. 17/25/37/38/40). Ein sehr großes, angewachsenes Ohrläppchen, das durch seine Größe die Harmonie des Ohres stört und somit auch das Gleichgewicht des Gefühlslebens, ist negativ zu bewerten. Es spricht selbst bei einem wohlkonturierten Ohr für mangelnde Kontaktfähigkeit, Gefühlsarmut, Selbstherrlichkeit und egozentrisches Verhalten.

Bei einer häßlichen Ohrform mit dicken, plumpen Leisten oder Verbiegungen bedeutet ein *angewachsenes Ohrläppchen* extreme Kontaktarmut und eingeschränktes Gefühlsleben. Ohren mit einer unschönen Struktur haben fast ausnahmslos auch deformierte Ohrläppchen (Abb. 81–93). Ein *nicht angewachsenes Ohrläppchen* zeigt beim wohlgeformten Ohr Lebensfreude, Kontaktbereitschaft, Mitteilsamkeit und eine großzügige Grundeinstellung an (Abb. 21/22/35/36/39). Bei negativ zu bewertendem Ohr, zum Beispiel bei zu dicken, krummen Leisten oder einer zu kleinen Ohrbucht, bedeutet es eher Hemmungslosigkeit, die sogar gefährliche Ausmaße annehmen kann (Abb. 86–88/90/92).

Bei jeder Analyse muß also – neben der Feststellung, ob das Ohrläppchen angewachsen ist oder nicht – besonders darauf geachtet werden, daß es dem Gesamtohr harmonisch angepaßt ist. Das Ohrläppchen sollte in Größe und Beschaffenheit zum Gesamtohr passen und keine von der Norm abweichende Form haben. Im wesentlichen lassen sich nach Größe und Form fünf Varianten unterscheiden:

• das *nicht angewachsene* Ohrläppchen
bei wohlstrukturiertem Ohr (Abb. 4/6/21/22/35/36/39),
bei weniger schön strukturiertem Ohr (Abb. 5/57/58/63);

• das *angewachsene* Ohrläppchen
bei wohlstrukturiertem Ohr (Abb. 25/33/34/38/40),
bei weniger schön strukturiertem Ohr (Abb. 53/54);

• das *viel zu große*, fast die Hälfte des Ohres einnehmende Ohrläppchen (Abb. 81–83/90);

• das große, zu dicke, quadratisch geformte, vom mittleren Abschnitt nicht abgesetzte Ohrläppchen (Abb. 57/89/93);

• das sehr große, nach unten langausgezogene Ohrläppchen (Abb. 86/88/94).

Das nicht angewachsene Ohrläppchen

Ein nicht angewachsenes Ohrläppchen
bedeutet vor allem Kontaktbereitschaft

Bei Menschen mit großen, nicht angewachsenen Ohrläppchen sind die Emotionen wesentlich stärker entwickelt als bei kleinen angewachsenen Ohrläppchen. Die im großen Ohrläppchen zum Ausdruck kommende Gemütsstärke und Kontaktbereitschaft können einem Menschen, je nach seiner Grundeinstellung und seinen geistigen und moralischen Fähigkeiten, positive Impulse geben. Andererseits werden oft auch sehr gefühlsbetonte Handlungen ausgelöst. Bei intelligenten, ideenreichen Menschen mit einem wohlstrukturierten großen bis mittelgroßen Ohr deutet ein relativ großes nicht angewachsenes Ohrläppchen auf Ehrgeiz neben einer gemütvollen Lebenseinstellung hin (Abb. 4/6/22/23/30/35/36/39). Solche Menschen sind sehr freiheitsliebend, und Zwänge sind ihnen unerträglich. Sie stehen menschlichen Schwächen verständnisvoll gegenüber und hassen kleinkariertes Verhalten. Mit Nachdruck setzen sie sich für die Freiheit in allen Bereichen des Lebens ein und wehren sich gegen jede Reglementierung, mitunter auf zu emotionale Weise. Insbesondere bei schöpferischen Menschen in Kunst und Wissenschaft, vereinzelt auch in der Politik, fällt das große, schön strukturierte Ohr mit dem harmonisch angepaßten, gut ausgebildeten, nicht angewachsenen Ohrläppchen auf (Abb. 26/27/28/30/31/35–37). Menschen mit solchen Ohren besitzen die Fähigkeit, sich eine Traumwelt zu schaffen und die schönsten Dinge des Lebens auch in den kleinsten Nebensächlichkeiten zu erfassen und sich daran zu erfreuen. Dabei lassen sie allerdings die Realität manchmal leicht außer acht.

Bei einem unschön strukturierten Ohr mit starken Knickbildungen sowie allen anderen, bereits genannten negativen Strukturmerkmalen unterstreicht ein großes Ohr-

läppchen die negativen Komponenten (Abb. 66/67/
81–90/92–94). In solchen Fällen sind emotionale Entgleisungen, Haltlosigkeit, mangelnde Beherrschung und fehlgesteuerte Vitalität zu erwarten. Das trifft besonders dann zu,
wenn gleichzeitig der Einschnitt am unteren Ende der Ohrbucht fehlt (Abb. 82).

Übermäßig große Ohrläppchen:
gestörte,
oft hemmungslose Aktivität
Drei Formen übermäßig entwickelter, nicht angewachsener
Ohrläppchen verdienen besondere Aufmerksamkeit:
• das viel zu große, mindestens die Hälfte des Ohres einnehmende Ohrläppchen (Abb. 5/58/90/93),
• das zu große, fleischige, quadratisch geformte Ohrläppchen, das vom mittleren Abschnitt nicht abgesetzt ist (Abb.
10/57/89/92),
• das große, nach unten langgezogene, schräg angesetzte
Ohrläppchen (Abb. 86).
Diese drei Formen treffen wir fast ausnahmslos bei Ohren mit häßlichen Strukturen und mehr oder weniger starken Deformierungen an.
Die zu groß angelegten Ohrläppchen drücken hier oft abwegige, animalische Verhaltensweisen aus. In Verbindung
mit der negativ zu bewertenden Ohrstruktur verstärkt sich
das noch (Abb. 5/58/90/93). Träger solcher Ohren sind
meist sehr ïchbezogen und zeigen wenig positives Sozialver-
halten. Das Gesamtohr ist – wie bei der Mehrzahl der zu
Entgleisungen neigenden Menschen – auffallend groß,
Grundform und Strukturen sind häßlich. Häufig fehlt am
unteren Ende der Ohrbucht der Einschnitt (Abb. 5). Dies
verrät eine stark triebhafte Ausrichtung des Gefühlslebens
sowie geringe mitmenschliche Empfindungen. Bei der Verfolgung ihrer Ziele kennen Träger solcher Ohren keine
Hemmungen.

Quadratisches und schräg verlaufendes
Ohrläppchen:
abnorme Formen und abnormes Verhalten

Das zu große quadratische, dicke und fleischige Ohrläppchen stellt ebenfalls eine abnorme Form dar, die auf die oben beschriebenen Charakterzüge bei übergroßen Ohrläppchen hinweist. Es zeigt keine Abgrenzung vom mittleren Ohrabschnitt. Da das Ohrläppchen Auskunft über die Gemütslage gibt, muß man hier auf stark animalische Impulse schließen, die kaum kontrolliert werden. Eine Verbiegung des Ohrläppchens nach vorn unterstreicht diese negative Komponente noch. Ohren, deren Gesamtstruktur als negativ bezeichnet werden muß, zeigen häufig diese Form (Abb. 5/57/89/92).

Auch das langgezogene, große, schräg verlaufende Ohrläppchen bei schräggestelltem Ohr weist auf abnormes Verhalten hin (Abb. 86). Die Schrägstellung ist nicht auf das spitz auslaufende Ohrläppchen begrenzt, sondern erstreckt sich auf die Stellung des Gesamtohres zum Kopf. Wie bei den vorher geschilderten zwei Sonderformen handelt es sich auch hier um unschön strukturierte Ohren mit Unebenheiten und Knickbildungen der Außen- und Innenleiste sowie bolzenförmigem Ansatz der Außenleiste und kleiner Ohrbucht. Selbst wenn die übrigen Strukturen nicht ohne weiteres negative Charakterzüge erkennen lassen, deutet das schräg verlaufende Ohrläppchen bei schräggestelltem Ohr auf bedenkliche Gefühlsausbrüche hin.

Allen drei beschriebenen Sonderformen ist eine stark animalische Impulsivität zuzuordnen. Das heißt, man muß in diesen Fällen mit Gemütsentladungen verschiedensten Ausmaßes rechnen. Erhalten Personen mit solchen Prägungen jedoch die Chance, ihre vorhandenen Aggressionen im Beruf abzubauen, so wird sich ihre Lebensführung positiv gestalten.

An diesem Beispiel zeigt sich, daß die Ohranalyse nur ein

Hilfsmittel zur Erkennung einer Persönlichkeit sein kann. Die Struktur eines Ohres ist keine Determination, keine unausweichliche Vorherbestimmung charakterlichen Verhaltens, sondern sie gibt nur Aufschluß über den Grundcharakter einer Person.

Das angewachsene Ohrläppchen

Wie beim nicht angewachsenen Ohrläppchen unterscheiden wir auch hier zwei Größen: Das kleine angewachsene Ohrläppchen deutet eine nüchterne Denkweise an, während das große eine mehr emotionsgeladene Verhaltensweise dokumentiert. Dabei sind folgende Grundformen zu beachten:

• das angewachsene Ohrläppchen bei *wohlstrukturiertem* Ohr (Abb. 8/16/18/25/33/34/38/55/71/72),
• das angewachsene Ohrläppchen bei *unschön strukturiertem* Ohr (Abb. 53/54),
• drei negativ auszulegende Sonderformen des Ohrläppchens, nämlich
• das *zu große*, mindestens die Hälfte des Ohres einnehmende *bandförmige* Ohrläppchen (Abb. 81/82),
• das *quadratische, breite* Ohrläppchen (Abb. 83/87/89),
• das *langgezogene, schräg verlaufende* Ohrläppchen (Abb. 84/85/94).

Angewachsenes Ohrläppchen:
herabgesetzte
Kontaktfreudigkeit
Wie bereits geschildert, kommt dem Ohrläppchen u. a. eine Aussagekraft über Kontaktfreudigkeit zu. Sie ist vermindert, wenn das Ohrläppchen angewachsen ist. Bei einem wohlstrukturierten Ohr, das auf ein hohes geistiges Niveau schließen läßt, ist diese Kontaktschwäche oft dahingehend

zu interpretieren, daß das Gefühlsleben zu kurz kommt. Menschen mit solchen Ohren hängen kaum Träumen und Illusionen nach. Bei einem großen, schön strukturierten Ohr würde das angewachsene Ohrläppchen darauf hinweisen, daß sein Träger eher verstandesmäßig und nüchtern reagiert und gewisse Hemmungen hat, sich gehenzulassen (Abb. 18/38). Die mit häßlichen Strukturen verbundenen primitiven Gefühlsregungen sind bei angewachsenem Ohrläppchen meist noch verstärkt. Die Kontakt- und Gefühlsarmut kann dann bis zu menschenunfreundlichem, hemmungslosem Verhalten ausufern (Abb. 81–85/87/89/94).

Bei Trägern mittelgroßer, wohlstrukturierter Ohren stehen nüchterne und klare Überlegungen im Vordergrund (Abb. 25/33). Ist das Ohrläppchen aber angewachsen, so wird das ohnehin eingeschränkte Gefühlsleben noch mehr gebremst. Zwar handeln Menschen mit solchen Ohren ziemlich konstant und berechenbar, aber es fehlt ihnen doch an herzlicher Ausstrahlung. Ehrgeiz und Zielstrebigkeit überwiegen, Großzügigkeit und menschliche Wärme sind eher selten. Viele herausragende Persönlichkeiten in Wirtschaft, Politik, Kunst und Wissenschaft haben solche Ohren. Häßliche Strukturen beim mittelgroßen Ohr und damit verbundene negative, stark animalisch ausgerichtete Charakterzüge werden durch ein angewachsenes Ohrläppchen noch verstärkt (Abb. 7/94).

Ein kleines, wohlstrukturiertes Ohr (Abb. 8/18/34) drückt zunächst einmal eine Minderung der Persönlichkeitsentfaltung aus. Ist das Ohrläppchen auch noch angewachsen, dann haben Träger solcher Ohren Schwierigkeiten, ihren Gefühlen freien Lauf zu lassen und z. B. liebevolle Zuneigung zu zeigen. Sie sind gehemmt. Dieser Mangel an Kontaktfähigkeit kann bis zu ausgesprochener Kontaktarmut gehen. Fälschlicherweise wird diese zurückhaltende, eher introvertierte Verhaltensweise als »Beherrschung« bewundert.

Bei einem kleinen Ohr, das insbesondere bei unschöner Struktur auf einen eher verbogenen Charakter schließen läßt, spricht ein angewachsenes Ohrläppchen zusätzlich für mangelnde Sensibilität, die bis zur Gefühlskälte reicht (Abb. 9).

Zu großes bandförmiges, quadratisches
oder langgezogenes Ohrläppchen:
krankhafter Ehrgeiz, gefährlicher Egoismus

Die drei genannten Sonderformen des Ohrläppchens – das zu große, fleischige, das quadratische und das langgezogene (Abb. 81–85/87/89/94) – finden wir fast ausschließlich bei größeren, meist häßlich strukturierten Ohren. Die negative Komponente dieser Ohren wird dadurch noch unterstrichen. Unabhängig von der Größe des Ohres muß auch mit einem gestörten Sozialempfinden gerechnet werden, wenn eine der drei Sonderformen des Ohrläppchens auftritt. Nur beim wohlstrukturierten Ohr ist die Auslegung ins Negative abzuschwächen; hier bedeuten die Sonderformen Unruhe und höchste Aktivität sowie Selbstherrlichkeit und ein unstetes Gefühlsleben.

Zusammenfassend läßt sich sagen, daß ein angewachsenes Ohrläppchen ein gewisses beherrschtes Verhalten zum Ausdruck bringt. Gleichzeitig sind aber auch Kontaktfreudigkeit, Herzlichkeit und die Gabe, Träumen nachzuhängen, eingeschränkt. Diese Hemmung an Gefühlsäußerung ist nicht selten mit einem hohen Maß an Eitelkeit verbunden. Ist das Ohr häßlich, so verstärkt ein angewachsenes Ohrläppchen noch das dadurch zum Ausdruck gebrachte Gefühlsniveau. Diese Gefühlsminderung ist bei einem wohlstrukturierten Ohr eher im Sinne einer stabilen Lebensführung zu deuten. Bei mittelgroßen und kleinen Ohren kann die herabgesetzte Gefühlsäußerung bis ins Depressive reichen, insbesondere, wenn gleichzeitig durch eine zarte, zu kurze Außenleiste des Gesamtohres eine Herabset-

zung der Persönlichkeitsentfaltung signalisiert wird
(Abb. 18).

ABSCHNITT 6
DAS SCHMALE, SOGENANNTE »HALBE« OHR

Schmales Ohr:
Schwierigkeiten in der Entfaltung der Gefühle
Eine besondere Ohrform ist das *zu schmale* Ohr. Es scheint,
als sei es in der Breite halbiert. Man kann diese Ohrform
deshalb zutreffend auch als »halbes« Ohr bezeichnen (Abb.
20). Die Reduzierung der Ohrbreite bedeutet in der Regel
auch eine entsprechende Verminderung der natürlichen Lebensentfaltung. Bei Menschen mit halbem Ohr findet man
vielfach eine eingeengte Gefühlslage mit Neigung zu Abkapselung und Verschlossenheit vor. Ihre Lebensführung ist
überwiegend egozentrisch und läßt wenig Raum für Kon-
takte zu Mitmenschen oder zum Berufspartner.

Sind bei schmaler Ohrform zudem Außen- und Innenleisten stark entwickelt und ist das Ohrläppchen groß und
kräftig ausgebildet, so haben wir es mit einem sehr selbstbewußten, eigensinnigen und willensstarken Menschen zu
tun (Abb. 54). In diesem Fall wird das egozentrische Verhalten zur Triebfeder einer beachtlichen Zielstrebigkeit. Häufig ist dabei eine mangelnde Kritikfähigkeit, vor allem
gegenüber der eigenen Leistung, zu beobachten. Solche
Menschen zeigen oft beachtenswerten Fleiß, große Ausdauer und Stehvermögen. Ihr Eigensinn und ihre Selbstherrlichkeit sowie ihre durch nichts zu erschütternden fixierten
Vorstellungen bringen – trotz beeindruckender Leistungen – ihre Umgebung nicht selten in Verlegenheit. Im Beruf
erweist sich ein solches Verhalten aber oft als positiv.

Bei einem schmalen Ohr von zarter Konsistenz und schmaler Außenleiste, was auf eine hohe Sensibilität hinweist, trifft man häufig eine erhebliche Überempfindlichkeit und abwegige, ja irreale Gedankengänge an. Mitunter leiden diese Menschen sehr darunter. Man schätzt den Schmalohrigen wegen seines Mitteilungsbedürfnisses und seines Unterhaltungsdranges als amüsanten Gesellschafter; in Wirklichkeit überspielt er aber nur seine Kontaktschwäche.

ABSCHNITT 7
DIE UNTERSCHIEDLICHKEIT BEIDER OHREN

Die meisten Menschen haben verschieden geformte Ohren. Sowenig wie es eine absolute Symmetrie der rechten und linken Körperhälfte gibt, sowenig gibt es zwei völlig gleiche Ohrformen. Über die Unterschiedlichkeit beider Ohren hat der bekannte Münchner Pathologe Professor Burkhardt in seinen Arbeiten »Zur bilateralen Ähnlichkeit der menschlichen Ohrform« sowie »Zur menschlichen Vererbungs- und Konstitutionslehre« bereits 1949 und 1974 ausführlich berichtet. Burkhardt sieht als wesentliche Faktoren für die Asymmetrie der Ohren die unterschiedliche Anlage der rechten und linken Hirnhälfte und des Gefäßsystems. Für die mehr oder weniger ausgeprägte Verschiedenheit beider Ohren spielt vermutlich auch das von den Eltern übermittelte, sehr unterschiedliche Erbmaterial eine Rolle. In der Regel sind die Unterschiede in den Ohrstrukturen aber gering. Dann deuten sich auch keine widersprüchlichen Charaktermerkmale an, und es ist unwesentlich, ob man das rechte oder das linke Ohr analysiert.

Bei unterschiedlichen Ohren
ist genaues Hinsehen erforderlich

Vorsichtshalber sollte man bei einer Ohranalyse zunächst einmal beide Ohren betrachten. Zeigen sich tatsächlich zwischen beiden Ohren deutlich erkennbare Unterschiede, dann spricht man von »Menschen mit zwei Ohren«. Die Ursache hierfür liegt darin, daß im Embryonalstadium der Ansatz zu einer Teilung in einen Zwilling erfolgte, dieser aber auf die Ohren beschränkt blieb. So finden sich unterschiedliche Ohren vor allem in Familien, bei denen es in vorangegangenen Generationen zu Zwillingsgeburten kam. In seltenen Fällen kann die unterschiedliche Entwicklung der Ohren auch durch eine Behandlung mit Eierstockhormonen während der Schwangerschaft hervorgerufen worden sein.

Bei zwei verschiedenen Ohren haben wir es also mit einem »unvollständigen« Zwilling zu tun. Dementsprechend wird ein solcher Mensch in seinen Gefühlen, Gedanken und Aktivitäten doppelt gesteuert – einmal in die eine, ein anderes Mal in die andere Richtung. Im Grundverhalten zeigen sich, wie bei eineiigen Zwillingen, keine wesentlichen Abweichungen. Dennoch gilt für diese Menschen: »Zwei Seelen wohnen, ach, in meiner Brust.«

Es ist also nicht verwunderlich, wenn bei ihnen häufig eine innere Unruhe vorherrscht, die sich in starker Aktivität und vielseitigem Interesse für die Vorgänge des Lebens äußert. Je nach Grundveranlagung kann das in positive oder negative Richtung gehen. Im allgemeinen zeigen Menschen mit zwei verschiedenen Ohren eine Unsicherheit des Gefühlslebens und häufig wechselnde Einstellungen zu ihrem Umfeld. Von Haus aus mißtrauisch, neigen sie zur Beachtung kleinster Details und zu aggressiver Kritik. Gewöhnlich sind sie ehrgeizig und anspruchsvoll, werden in der Verfolgung ihrer Ziele aber durch ihre innere Unruhe mehr oder weniger stark gestört.

Wenn auf den ersten Blick beide Ohren unterschiedlich erscheinen, sollte man jedes einzelne getrennt analysieren. Man wird meist feststellen, daß die wesentlichen Merkmale für die Charakterzüge in beiden Ohren fast gleich und nur wenige Merkmale in den jeweiligen Ohrstrukturen besonders ausgeprägt sind. Diese verstärkt ausgebildeten Charakterzüge sind genau zu beachten, denn sie dominieren das Verhalten und sind Ursache für die auffällige innere Unruhe.

Weisen die Strukturen beider Ohren zum Beispiel auf einen rechthaberischen, vitalen, willensstarken und herrschsüchtigen Menschen hin, so äußert sich die innere Spannung oft in unkontrolliertem, ja aggressivem Verhalten. Bezeugen zwei unterschiedliche Ohren dagegen Feinfühligkeit, Intelligenz und Aufgeschlossenheit, so kann man davon ausgehen, daß die vorhandene innere Unruhe in dem Bestreben nach Anerkennung und dem Bedürfnis nach verständnisvoller Führung zum Ausdruck kommt.

Der Grundcharakter ergibt sich also ausschließlich aus Form, Größe und Strukturniveau der Ohren. Unterschiedliche Ohren verstärken lediglich die Wesenszüge in die eine oder andere Richtung.

Abwegig geformte Außen-
leiste bei
begabten Musikern

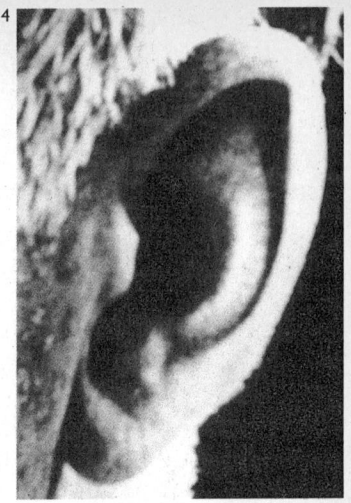

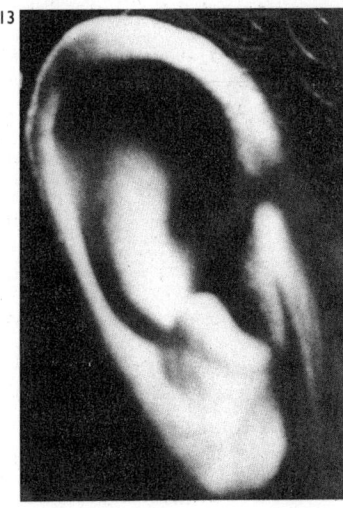

13–15 Drei geniale Musiker

Die Außenleiste dieser drei Ohren ist teilweise oder im gesamten Verlauf viel zu breit, überlappend und zeigt Knickbildungen. Dadurch wird erhebliche Vitalität, eigensinnige Willensentfaltung und Egozentrik ausgedrückt.
Die übrigen Strukturen weisen auf künstlerische, dynamische Entfaltungskraft hin:

Großes Ohr mit deutlicher Dreiteilung: spricht für Phantasie und Begeisterungsvermögen.
Konisch geformter oberer Abschnitt der Innenleiste bei elegantem Kurvenverlauf im unteren Abschnitt: spricht für Ideenreichtum und persönliche Entfaltungskraft.
Große, wohlgeformte Ohrbucht: spricht für hohe Musikalität und vielseitiges musisches Interesse.
Markanter, relativ tiefer Einschnitt am unteren Ende der Ohrbucht: spricht für Ausdauer, Konzentration,

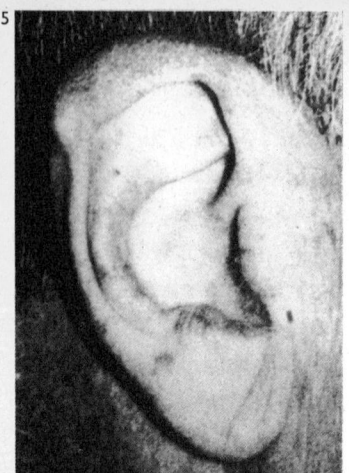

Positiv zu wertende Knickbildungen

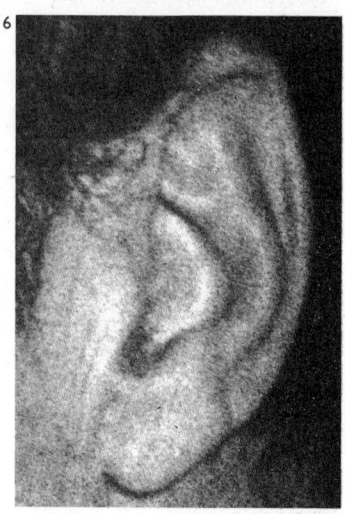

16 Nathan Milstein,
amerikanischer Geigenvirtuose

Beharrlichkeit und Verbissenheit.
Stark entwickeltes, nicht angewachsenes Ohrläppchen: spricht für erheblich emotionales, impulsives, vitales, energiegeladenes Verhalten. Die aus der Außenleiste zu ersehende animalisch-vitale, eigensinnige und wenig rücksichtsvolle Explosivität erschwert zwar den Umgang mit diesen Künstlern, erhöht aber zweifellos ihre musikalische Darstellungskraft.

Positiv zu wertende Knickbildung der Außenleiste, da
• großes formschönes Ohr: spricht für Gefühlsharmonie und begeisterungsstarke Aktivität,
• ebenmäßig geformte Außenleiste: spricht für Sensibilität und Verstand,
• konisch geformte Innenleiste mit elegantem Verlauf im unteren Abschnitt: spricht für ideenreiche Dar-

stellungskraft,
• sehr schöne, große Ohrbucht mit markantem Einschnitt: spricht für hohes kulturelles und musikalisches Niveau,
• wohlgeformtes, der Ohrform harmonisch angepaßtes Ohrläppchen: spricht für gemütvolle Grundeinstellung.
Bewertung: Intelligenz, Feinfühligkeit und großes musisches Interesse. Die Knickbildung mit dem anschließend senkrechten Verlauf der Außenleiste weist auf Beharrlichkeit und Eigensinn hin.

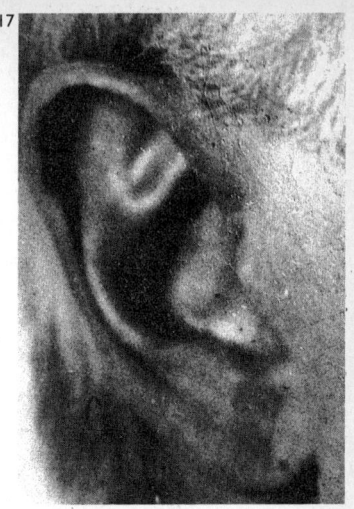

17 Wilhelm Kempff, deutscher Pianist

Positiv zu wertende Knickbildung der Außenleiste, da
• großes, formschönes Ohr mit vorbildlicher Dreiteilung: spricht für schöpferische, phantasievolle Aktivität,
• elegant verlaufende, gut konturierte Außenleiste: spricht für hohen Verstand und Gefühl,
• Innenleiste im oberen Abschnitt konisch, dann kunstvoll geschwungener Verlauf im unteren Teil: spricht für ideenreiche Gestaltungskraft,

• Sehr große Ohrbucht von imponierender Schönheit mit ausgeprägtem Einschnitt: spricht für hohes kulturelles Niveau und musikalische Begabung,

• wohlgeformtes, dem Gesamtohr harmonisch angepaßtes Ohrläppchen: spricht für gefühlvolle Interpretationsfähigkeit.

Bewertung: Das Ohr weist auf geniale Musikalität. Der Knick in der Außenleiste und deren senkrechter Verlauf im mittleren und unteren Abschnitt sprechen für erheblichen Eigensinn.

Positiv zu wertende Knickbildung der Innenleiste

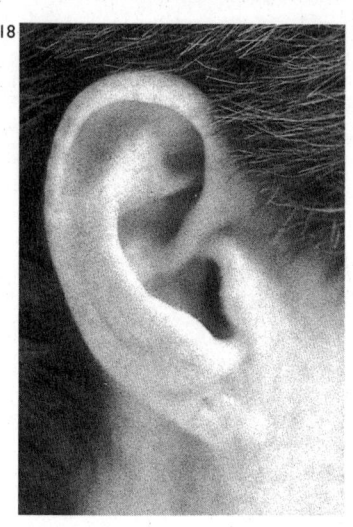

18 Frauenohr

Positiv zu wertende Knickbildung der Innenleiste, da

• zarte Konsistenz des kleinen Frauenohres,

• formschöne Dreiteilung mit eleganter Verjüngung nach unten,

• ebenmäßige, schön geschwungene Außenleiste,

• große Ohrbucht mit markantem Einschnitt.

Bewertung: Die Knickbildung im oberen Bereich der

Innenleiste bedeutet eine Hemmung der persönlichen Darstellungskraft. Dafür spricht auch die zarte Randleiste, die sich nach unten stark verschmälert, ein typisches Zeichen für Neigung zu depressiver Gemütslage. Auch das kleine, angewachsene Ohrläppchen verrät einen Mangel an Emotionalität. Der sehr ausgeprägte Einschnitt steht für Konzentration und eine gewisse Verbissenheit.

Insgesamt handelt es sich bei der Person um einen sehr musischen, feinfühligen Menschen, der sich gerne zurückzieht. Die Lebensvorgänge werden jedoch nüchtern und emotionslos erfaßt.

Indifferent zu wertende Knickbildung der Außen- oder Innenleiste

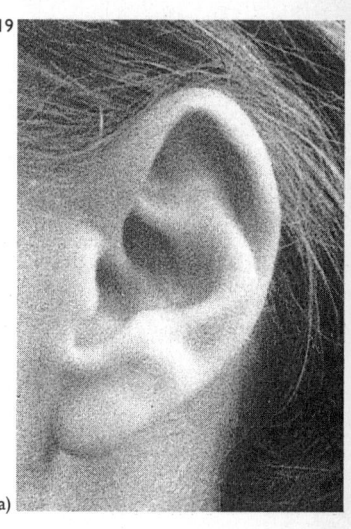

19a) Romy Schneider, weltberühmte Schauspielerin

Indifferent auszulegende Knickbildung der Außen- und Innenleiste, da Knickbildungen zwar erheblich, aber die Gesamtform des Ohres für eine depressive Grundeinstellung bei schauspielerischer Darstellungskraft spricht. Dies ist aus folgenden Merkmalen zu ersehen:

• Außenleiste im mittleren

103

und unteren Drittel sehr dünn, nach hinten umgekippt und vorzeitig beendet: Neigung zu Depressionen.

• Innenleiste im oberen Abschnitt breit, konisch geformt, aber starke Knickbildung im Übergang zum mittleren Abschnitt: Störung der Persönlichkeitsentfaltung (Charakteristikum depressiver Lebenseinstellung).

• Ohrbucht sehr klein: Eitelkeit, Streben nach Anerkennung.

• Einschnitt tief, aber markant: Konzentrationsfähigkeit, Verbissenheit, stabile moralische Haltung.

• Ohrläppchen klein: Mangel an Illusionen und Begeisterungsfähigkeit.

Bewertung: Die depressive Grundeinstellung geht aus der geknickten, vorzeitig endenden Außenleiste und der Knickbildung im oberen Drittel der Innenleiste sowie dem sehr kleinen Ohrläppchen hervor. Die durch die Knickbildungen der Außen- und Innenleiste gekennzeichneten Gefühlsstörungen verstärken die depressive Grundhaltung und waren wohl Anlaß zur Kurzschlußreaktion.

*Negativ zu wertende
Knickbildung
der Außen- und Innenleiste*

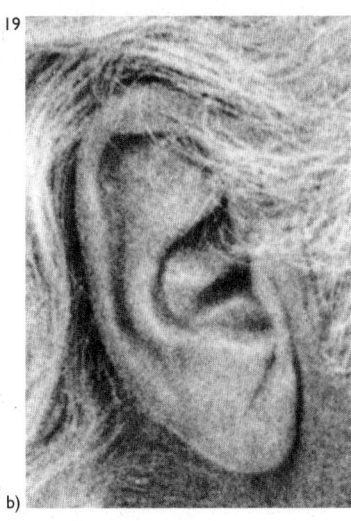

19

b)

19b) Curd Jürgens, weltberühmter
Schauspieler

Negativ auszulegende
Knickbildung der Außen-
und Innenleiste, da
• Dreiteilung mit bevorzug-
ter Entwicklung des oberen
Ohrabschnittes fehlt,
• Knickbildungen zu zahl-
reich bei unregelmäßigen
Verdickungen einer plum-
pen, z. T. überlappenden
Außenleiste,
• im ganzen Verlauf dicke,

plumpe Innenleiste ohne
Einschnitt.
Bewertung: Die große Ohr-
bucht und das große, nicht
angewachsene Ohrläppchen
unterstreichen gemeinsam
mit der kräftigen Innenleiste die künstlerische Darstellungskraft dieses weltbekannten Schauspielers. Die
fehlende Dreiteilung mit
verstärkter Entwicklung des
unteren Ohrabschnittes
spricht für egozentrisches
Verhalten. Die formlos verlaufende starke Innenleiste
und der fehlende Einschnitt
am unteren Verlaufsende
drücken Selbstherrlichkeit
und Rücksichtslosigkeit aus.
Die Außenleiste verrät
durch ihre zahlreichen
Knickbildungen, Verbie-
gungen und unregelmäßi-
gen Verdickungen zudem
animalisch-vitale Denk-
und Willenskraft.

lensstärke, Stehvermögen
Dünne Außenleiste: Sensi-
bilität, Überempfindlich-
keit
Breite Innenleiste: Selbstbewußtsein, Selbstherrlichkeit

20

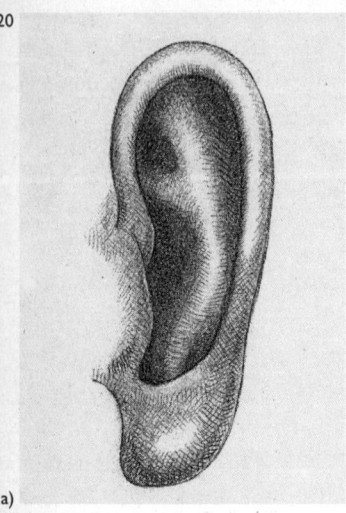

a)

20 Das halbe Ohr

Das schmale, sogenannte
»halbe« Ohr spricht für
• Minderung der natürli-
chen Lebensentfaltung,
• Einengung der Gefühls-
lage,
• Neigung zu Verschlossenheit und Abkapselung.
Die Entfaltung der Willensstärke sowie des Verstandes
ist jedoch ungeschmälert. So
trifft auch für das schmale
Ohr der Aussagewert der
Strukturdetails zu, wie z. B.:
Starke Außenleiste: Wil-

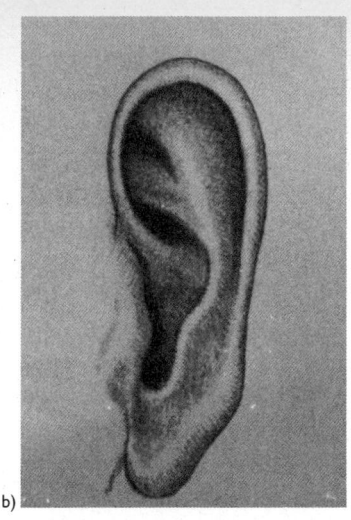

b)

Dünne Innenleiste: mangelnde Persönlichkeitsentfaltung

Große Ohrbucht: Aufgeschlossenheit, musisches Interesse

Kleine Ohrbucht: Geltungssucht, Eitelkeit

Einschnitt tief: Konzentrationsfähigkeit, Verbissenheit

Einschnitt aufgehoben: Großzügigkeit, Mangel an Hemmungen

Ohrläppchen groß: Emotionalität, Vitalität

Ohrläppchen klein: Mangel an Illusionen und Begeisterungsfähigkeit

Kapitel III

Charakterisierung einiger Menschengruppen mit Hilfe der Ohranalyse

ABSCHNITT 1
DIE OHREN SCHÖPFERISCHER MENSCHEN

Aus den Ohrstrukturen eines Menschen kann man einige Wesenszüge ablesen, die zum Beispiel auf besondere Intelligenz oder auf künstlerische Begabung hinweisen. Ob jemand aber »genial« oder »schöpferisch« ist, läßt sich nicht durch ein Strukturraster festlegen. Betrachten wir einmal zwei Gruppen schöpferischer Menschen:

Die eine Gruppe zeichnet sich durch Ideenreichtum und befruchtende Phantasie aus, entweder verbunden mit außergewöhnlicher Logik oder aber vom Logischen abweichend. Die an strenge Logik gebundene Befähigung, Schöpferisches zu entwickeln, finden wir bei Wissenschaftlern und Schriftstellern, die explosive Genialität herausragender Darstellungskraft bieten in erster Linie Künstler, also Maler, Bildhauer, Musiker, Schauspieler und Regisseure. Aber auch Menschen anderer Berufe zeichnen sich oft durch ideenreiche Einsatzkraft aus, darunter häufig erfolgreiche Wirtschaftsmanager, die bei der Entwicklung ihrer Unternehmen sehr kreative Gedanken entfalten.

Die zweite Gruppe der schöpferischen Menschen ist dagegen durch eine ungewöhnliche Beobachtungs- und

Kombinationsgabe ausgezeichnet. Diese befähigt sie, die kompliziertesten Zusammenhänge zu erfassen und weiterzuentwickeln. Wir treffen solche Menschen vor allem unter Mathematikern, Physikern und Wissenschaftlern der verschiedensten Gebiete.

Große Ohren: Ideenreichtum und Phantasie – je nach Struktur

Bei der ersten Gruppe der Genialen findet sich das große Ohr, das den Ideenreichtum widerspiegelt. Ist das Ohr schön geformt, bei bevorzugter Entwicklung des oberen Ohrabschnitts, und zeigt es markante, gut ausgebildete Leisten, eine große, wohlgestaltete Ohrbucht mit einem gefälligen Einschnitt, dann haben wir es mit einem phantasiebegabten Menschen zu tun, dessen Ideenreichtum positiv ausgerichtet ist (Abb. 11/17/21/22/26/30/31).

Leonard Bernstein

Natürlich sind die großen Ohren schöpferischer Menschen nicht von einheitlicher Form. Sehen wir uns zum Beispiel das Ohr von Leonard Bernstein (Abb. 21) an, dem weltbekannten, 1990 verstorbenen Komponisten, so erkennen wir in allen Abschnitten ein hohes Niveau. Die Gesamtform des Ohres mit der ausgewogenen Dreiteilung bei bevorzugter Entwicklung des oberen Ohrabschnitts ist ansprechend, die Strukturen sind gefällig und schön. Die Außenleiste, die auf die Entfaltungsart der Gedanken und Handlungen hinweist und den Grad an Konzentration und Gefühlsleben ausdrückt, ist gut entwickelt. Sie zeigt einen eleganten, abgerundeten Verlauf. Die Innenleiste, Ausdruck der Persönlichkeitsentfaltung, ist in ihren oberen Ausläufern markant, weder plump noch krumm, sondern kraftvoll konturiert. Das spricht für ideenreiche Darstellungskraft, Selbstbewußtsein, Ehrgeiz und Fleiß. Die Musikalität, die Dynamik und schöpferische Begabung kommen besonders in der sehr großen Ohrbucht zum Ausdruck, die eine schöne Umrandung erkennen läßt. Das nicht angewachsene, der Ohrform harmonisch angepaßte Ohrläppchen spricht u. a. für Kontaktfreude, Gefühlsstärke und Verständnis für alle Vorgänge des Lebens.

Anne-Sophie Mutter

Ein gleichfalls in allen Abschnitten eindrucksvoll wohlgeformtes Ohr treffen wir bei der weltberühmten Violinvirtuosin Anne-Sophie Mutter (Abb. 22). Es ist groß und imponiert durch seine kräftigen, elegant geschwungenen Leisten sowie eine große, schön umrandete Ohrbucht. Der markante Einschnitt am unteren Ende ist geradezu kunstvoll, und das Ohrläppchen paßt sich der Ohrform harmonisch an.

Das konturenstarke Ohr weist zunächst auf ein starkes rhythmisches Empfinden hin. Im Unterschied zu Spitzenstars des Sports mit starker rhythmischer Begabung – sie spielen übrigens oft auch ein Instrument – zeigt Anne-Sophie Mutters Ohr zahlreiche Merkmale für gefühlvolle, ideenreiche, ausdrucksstarke Musikalität: Darauf weisen zum einen der elegante Verlauf der Leisten mit der konischen Gestaltung der Innenleiste, die formschöne Ohrbucht mit dem markanten Einschnitt und das wohlgestaltete, nicht angewachsene Ohrläppchen, zum anderen die Außenleiste hin.

Frauenohren sind im allgemeinen etwas kleiner als Männerohren. Haben wir es aber – wie hier – mit einer auffallend großen Form zu tun, so spricht dies für ein hohes Energiepotential, Begeisterungsfähigkeit und Ausdauer – Grundvoraussetzungen für den Erfolg.

Die Außenleiste von Anne-Sophie Mutters Ohr beginnt in der Mitte der Ohrbucht und ist im oberen Abschnitt kräftig, etwas überlappend. Dies deutet auf eine starke vitale Komponente, die bei der schönen Gesamtstruktur des Ohres die musikalische Ausdrucksstärke bereichert. Der mittlere und untere Abschnitt der langgezogenen Außenleiste ist zart, was auf hohe Sensibilität, Gefühlsstärke und – wegen des senkrechten Verlaufs – auch auf erheblichen Eigensinn hinweist.

Die Innenleiste charakterisiert mit ihrer breiten konischen Form im oberen Abschnitt in der Kombination mit der großen, wohlgeformten Ohrbucht den für Kunst, Literatur und Musik begabten ideenreichen Menschen. Daraus ist allerdings nicht zu ersehen, in welche Richtung die Begabung geht (vgl. hierzu Abb. 24–29). Die konische Form der Innenleiste darf immer als Zeichen besonderen Ideenreichtums ausgelegt werden, wenn sie in ihrem unteren Verlauf eine elegante, schwungvolle Linienführung aufweist und sich nicht – breit oder plump – fortsetzt. Im letzteren Fall wäre dies lediglich ein Ausdruck von Selbstherrlichkeit und Rücksichtslosigkeit. Bei Anne-Sophie Mutter präsentiert sich die Innenleiste, das Symbol für die Persönlichkeitsgestaltung sowie die geistige und moralische Festigkeit, aber in eindrucksvoller Schönheit. Das betont eine Persönlichkeit von hohem Niveau und genialer Veranlagung.

Ebenso positiv aussagekräftig ist der Einschnitt, der die Stabilität der Lebenseinstellung widerspiegelt. Er ist weder zu tief noch zu eng – Zeichen geistiger und moralischer Unbeweglichkeit –, noch ist er zu weit – Zeichen von Nachgiebigkeit und Labilität –, sondern markant und anmutig in der Linienführung. Dadurch wird eine stabile Lebensauffassung bescheinigt.

Das harmonisch dem Gesamtohr angepaßte Ohrläppchen steht für Gefühlsstärke sowie eine nüchterne, beherrschte und lebensfrohe Denkart, was in Anne-Sophie Mutters Spiel zum Ausdruck kommt.

111

Eine andere Form des großen Ohres genialer Menschen finden wir bei der weltberühmten Atomphysikerin Lise Meitner (Abb. 23), bei dem bekannten deutschen Ingenieur und Motorenkonstrukteur Karl Maybach (Abb. 24) und dem vielseitigen, weltbekannten Musiker Daniel Barenboim (Abb. 25). Bei deren Ohren fehlt die Verjüngung nach unten, und der mittlere Abschnitt ist verbreitert, so daß sie eine quadratische Form aufweisen. Die quadratische Form erinnert an ein Affenohr, was zunächst bedeutet, daß die Gedanken eine vitale Verstärkung der Impulse erfahren. Weisen aber die übrigen Strukturen des Ohres auf eine intelligente, ideenreiche Persönlichkeit hin, so drückt die Verbreiterung des mittleren Ohrabschnittes eine erhebliche Bereicherung der Gedankenflut und ihrer Entfaltung aus.

Das Ohr Lise Meitners (Abb. 23) weist in seinen Konturen eindrucksvoll auf große Begabung hin. Hervorstechend an dem in allen Abschnitten schön gestalteten Ohr ist die übermäßig große, wunderbar geformte, mit einem weiten gefälligen Einschnitt endende Ohrbucht als Ausdruck besonderer, schöpferischer Gedankenflut. Das schön geformte große Ohr mit wohlgefälliger imponierend großer Ohrbucht treffen wir bei Menschen mit außergewöhnlichem schöpferischen Ideenreichtum auf den verschiedensten Gebieten an, so bei Albert Einstein, dem bedeutenden Mathematiker und Begründer der Relativitätstheorie, und bei Mozart, dessen sprudelnder Ideenreichtum uns trotz seines kurzen Lebens eine unendliche Fülle an Melodien bescherte.

Bei Lise Meitner fallen weiterhin die kräftigen, in abgerundeten, schönen Kurven verlaufende Leisten auf, die auf eine Klarheit des Denkens und beherrschende Logik hinweisen. Der breite Anfangsteil der Außenleiste betont die Vitalität der Gedankengänge, die Verschmälerung im unteren Verlauf der Leiste spricht für persönliche Sensibilität.

Die markante Innenleiste drückt die Schärfe und Sachlichkeit des Denkens aus, frei von Selbstherrlichkeit und Egoismus. Die Beweglichkeit ihres Verstandes zeichnet sich in dem weiten Einschnitt am unteren Ende der Ohrbucht und dem großen, harmonisch der Ohrform angepaßten, nicht angewachsenen Ohrläppchen ab. Das große, kräftige, formschöne Ohrläppchen unterstreicht die Kraft ihrer Phantasie, ihre Illusionsstärke, ihre Ausdauer, Aktivität und Vitalität.

Karl Maybach

Das Ohr Maybachs (Abb. 24) zeigt in seiner schönen, kräftigen Form in der wohlgerundeten, gut ausgebildeten Außenleiste, der stark entwickelten, kantigen Innenleiste, der großen Ohrbucht mit dem wohlgeformten Einschnitt und dem nicht angewachsenen Ohrläppchen das hohe geistige Niveau eines lebensbejahenden Menschen. Ehrgeiz und emotionale Begeisterungsfähigkeit werden durch das große Ohrläppchen noch unterstrichen.

Daniel Barenboim

Bei dem quadratisch geformten Ohr Barenboims (Abb. 25) fällt die architektonische Schönheit aller Strukturdetails auf, die bereits den musischen Charakter verraten. Die kräftige, ebenmäßige und das ganze Ohr umrandende Außenleiste weist auf einen dynamischen Menschen mit unermüdlichem Schaffensdrang hin. Die gleichermaßen kräftige, gut konturierte Innenleiste betont die auf Entfaltung drängende Persönlichkeitsstärke. Das Ohrläppchen schließt die quadratische Form harmonisch ab, ist aber bandförmig und angewachsen. Dies läßt auf herabgesetzte Kontaktfähigkeit und geringes mitmenschliches Interesse schließen, was andererseits die Konzentration auf sein eigenes Schaffen erhöht.

Eine weitere Besonderheit in der Struktur großer Ohren genialer Persönlichkeiten findet sich zum Beispiel bei Thomas Mann (Abb. 26), (aber auch bei Albert Einstein, Abb. 30, Otto Hahn, Abb. 31, oder Rudolf Serkin, Abb. 32, und anderen). Das große Ohr fällt hier durch die besondere Form der Innenleiste auf. Sie ist in ihrem oberen Abschnitt breit, verjüngt sich konisch nach unten und nimmt dabei einen senkrechten Verlauf. Im letzten Drittel geht die breite, konische Leiste in eine normale, kurvenreiche Linienführung über und endet in einem schönen Einschnitt am unteren Punkt der Ohrbucht. Die senkrecht verlaufende konische Innenleiste ohne Krümmung und Verbiegung zeigt sich bei vielen Menschen mit ungewöhnlichen Gedanken und Ideen. Diese Form der Innenleiste spricht bei wohlstrukturierten großen Ohren für ganz außergewöhnliche Leistungen. Zwar besagt eine sehr breite Innenleiste allgemein, daß das Persönlichkeitsbewußtsein stark ausgeprägt ist und ohne Rücksicht auf die Umgebung auf Entfaltung drängt. Eine in ihrem Gesamtverlauf breite, konturenarme, oft verwaschene Innenleiste finden wir häufig bei Ohren mit zahlreichen negativen Merkmalen, die auf eine äußerst unfreundliche Verhaltensweise hindeuten (Abb. 57/58/82/83/89–93). Die konische, senkrecht verlaufende Innenleiste ist damit jedoch nicht zu verwechseln.

An den Ohren Thomas Manns (Abb. 26) können wir die Kombination einer dicken, konischen und gestreckt verlaufenden Innenleiste mit Strukturen sehen, die alles in allem auf einen außergewöhnlichen Menschen hinweisen. Sein Ohr zeigt die Dreiteilung mit bevorzugter Entwicklung des oberen Ohrabschnitts und leichter Verjüngung nach unten in geradezu idealer Weise. Das Ohr wird von einer formschönen, ebenmäßigen Außenleiste umrandet und dokumentiert durch seine Eleganz einen hohen Grad an Intelligenz und Einfühlungsvermögen. Beides befähigte den Dich-

114

ter, tief in das menschliche Gefühlsleben einzudringen und es mitreißend zu schildern. Die starke Verschmälerung der Außenleiste am unteren Ende weist neben der hohen Sensibilität auch auf eine depressive Gemütslage hin. Eine solche Außenleiste ist ein Charakteristikum bei allen endogen Depressiven. Die konische, senkrecht gestreckte innere Leiste präsentiert sich bei Thomas Mann in besonders schöner Kontur als Zeichen produktiver Ideenflut und außergewöhnlicher Darstellungskraft der Gedankengänge. Die große, wohlgeformte Ohrbucht weist auf Vielseitigkeit und große Aufnahmefähigkeit hin. Charakteristisch für den nüchternen, logischen Denker, der Thomas Mann auch war, ist das Ohrläppchen. Es ist relativ klein, der Ohrform harmonisch angepaßt und nicht angewachsen. Dadurch kommt zum Ausdruck, daß die Fülle der Gedanken beherrscht und logisch eingeordnet wird.

Das große, wohlgeformte Ohr Thomas Manns deutet auf genialen Ideenreichtum hin. Allerdings verrät die dicke, konisch geformte und gestreckt verlaufende Innenleiste auch ein hohes Maß an Ichbezogenheit. Diese kann von ausgeprägtem Selbstbewußtsein bis zur Selbstherrlichkeit reichen und gestaltet den Kontakt mit solchen Menschen schwierig.

Thomas' Bruder, Heinrich Mann, hat eine wesentlich zartere Innenleiste. Dies erklärt eindrucksvoll die größere Nachgiebigkeit und Verständnisbereitschaft des Bruders gegenüber Thomas Mann, der hartnäckig und verbissen war – was schon durch die breite Innenleiste zum Ausdruck kommt. In der Literaturgeschichte wird die in den unterschiedlichen Charakteren begründete Auseinandersetzung der beiden Brüder hinlänglich belegt.

Simone de Beauvoir

Ideenreiche und phantasievolle Frauen haben, wie entsprechend begabte Männer, große Ohren. So sind beispielsweise die Ohren von Simone de Beauvoir (Abb. 27) sehr groß. In

Anbetracht der Tatsache, daß Frauen im allgemeinen hormonell bedingt etwas kleinere Ohren haben als Männer, spricht das Ohr Simone de Beauvoirs für ein außergewöhnliches, eher männliches Energiepotential. Die weibliche Anmut wird dadurch etwas zurückgedrängt. Das große Ohr ist, wie gesagt, das Symbol der Phantasie, Illusion, Begeisterungsstärke, des Fleißes und Stehvermögens.

Bei Simone de Beauvoir zeigt es viele Knicke, was als Zeichen eigenwilliger Gedanken zu werten ist, die mitunter menschliche Wärme vermissen lassen.

Die Außenleiste ist in der oberen Hälfte stark entwickelt, in der unteren Hälfte dagegen sehr dünn und zart. Der obere Anteil bekundet kraftvolle Vitalität, der untere Abschnitt Neigung zu depressiver Stimmungslage.

Die Innenleiste zeigt im oberen Abschnitt die für schöpferischen Ideenreichtum charakteristische breite konische Form mit schmaler Linienführung im unteren Verlauf. Der breite obere Abschnitt bezeugt ein höchst eigenwilliges Verhalten, das den persönlichen Umgang mit diesem Menschen schwierig gestaltet. Der untere, schmalere, aber kurvenarme Abschnitt deutet einen Mangel an mitmenschlichen Empfindungen an.

Die Ohrbucht ist auffallend groß und charakterisiert damit vielseitige Interessen. Der Einschnitt am unteren Ende der Ohrbucht ist nicht zu tief und weder zu eng noch zu weit und drückt dadurch Stabilität in der Lebenshaltung aus. Ein kleines, angewachsenes Ohrläppchen charakterisiert die nüchterne, introvertierte, beherrschte Denkart.

Zusammenfassend können wir aus dem sehr großen konturenstarken Ohr Simone de Beauvoirs mit der außergewöhnlich großen Ohrbucht und den auffälligen Knickbildungen beider Leisten auf eine extrem fleißige, ideenreiche und vielseitig interessierte Frau schließen. Ihr Gefühlsleben ist weniger stark ausgeprägt und gleitet leicht ins Depressive ab.

Jean-Paul Sartre

Das sehr große Ohr ihres Lebensgefährten Jean-Paul Sartre (Abb. 28) deutet auf eine sensiblere Denkweise hin. Dafür sprechen die wunderbare Dreiteilung der zarten, wohlgeschwungenen Außenleiste, die sehr schöne Innenleiste mit der besonders wohlgefälligen konischen Form, die große Ohrbucht sowie das kleine Ohrläppchen. Gleichzeitig drückt sich in den Strukturen im Vergleich zu Simone de Beauvoir eine Überlegenheit im Denken aus, so daß Sartre vermutlich der Bestimmende in ihrer beider Beziehung war. Ein sehr tiefer, enger Einschnitt verrät eine auffällige Beharrlichkeit, die bis zu Engstirnigkeit und Verbissenheit gehen kann. Dieser Wesenszug führt bei auftretenden Meinungsverschiedenheiten dazu, sich durchzusetzen – nicht immer der besseren Argumente wegen, sondern aus egozentrischer Dickköpfigkeit.

Agatha Christie

Interessant ist auch das Ohr von Agatha Christie (Abb. 29), der weltberühmten englischen Kriminalschriftstellerin. Es weist ebenfalls eine konische Form im oberen Teil der Innenleiste auf. Das sehr große Ohr dokumentiert Ausdauer, Fleiß, Stehvermögen, Phantasie, Illusionsstärke und Begeisterungsfähigkeit. Im Unterschied zu den Ohren Thomas Manns, Simone de Beauvoirs und Jean-Paul Sartres treffen wir bei Agatha Christie auf ein sehr großes Ohrläppchen. Dies besagt, daß die Produktivität der Gedanken von überschäumender Phantasie und emotionsstarker Vitalität getragen sind. Die Größe des Ohrläppchens unterstreicht ferner Ehrgeiz, unermüdlichen Fleiß und große Willensstärke.

Bemerkenswert ist auch die gut ausgebildete, langgezogene Außenleiste mit Knickbildungen und gebogenem Verlauf, was für einen willensstarken, sehr eigensinnigen Menschen von großer Originalität spricht.

Albert Einstein

Unter den begabten Menschen mit großen, wohlstrukturierten Ohren finden sich auch viele geniale Wissenschaftler. Das große Ohr Albert Einsteins (Abb. 30), des bedeutendsten Physikers im 20. Jahrhundert, imponiert durch seine markanten Strukturen und den Formenreichtum bei wohlgefälliger Dreiteilung mit deutlich bevorzugter Entwicklung des oberen Ohranteils. Dies weist bereits auf einen außergewöhnlich ideenreichen, intelligenten Menschen hin. Unterstrichen wird der imponierende Einfallsreichtum aber noch durch die breite, konisch geformte und gestreckt verlaufende Innenleiste, die nach unten in einer schwungvollen Linienführung ausläuft. Die Leiste bescheinigt durch ihre konische Form einerseits Gedankenreichtum, durch ihre Breite andererseits ein erhebliches Maß an Eigensinn, die den Umgang mit dem Träger eines solchen Ohres schwierig gestaltet.

Die Außenleiste ist formschön, mit gut abgerundetem Kurvenverlauf und relativ schmal. Dies spricht für einen sensiblen und weitsichtigen Menschen. Die sehr große, schöne Ohrbucht weist auf außergewöhnlich vielseitiges Interesse und hohe Musikalität hin. Der tiefe Einschnitt am unteren Ende der Ohrbucht dokumentiert Konzentrationsfähigkeit, Beharrlichkeit sowie eine gewisse Unbeweglichkeit in der Lebensführung. Das große, nicht angewachsene Ohrläppchen ist Ausdruck für einen phantasiereichen, selbstbewußten und gemütvollen Menschen.

Otto Hahn

Bei Otto Hahn, dem Entdecker der Kernspaltung, besticht die Harmonie aller Strukturen des großen Ohres, die vorbildliche Dreiteilung, die elegante Verjüngung, die markanten, wohlgerundeten Leisten, die schön gestaltete große Ohrbucht und das der Gesamtform des Ohres angepaßte Ohrläppchen (Abb. 31). Wie bei Einstein ist daran eine ideenreiche, fruchtbare Phantasie und ein hoher Grad an Intelligenz zu erkennen. Die gut ausgeprägte Außenleiste beginnt tief in der Mitte der Ohrbucht und ist bis zum Ohrläppchen durchgezogen. Dies bezeugt klare, kombinationsreiche Denkart, Ausdauer und Konzentration. Die konische Innenleiste mit ihrem eleganten Auslauf spricht für außergewöhnlichen Gedankenreichtum. Der Einschnitt am unteren Ende der Ohrbucht ist wohlgebildet, nicht zu tief und nicht abgeflacht, wodurch eine stabile Gedankenordnung dokumentiert wird. Die Vielseitigkeit der Ideen, die ungewöhnliche Forschungskraft kommt in der großen, schön geformten Ohrbucht zum Ausdruck. Das große, nicht angewachsene Ohrläppchen läßt darauf schließen, daß wir es mit einem gemütsstarken, vitalen, sehr beweglichen und kontaktfreudigen Menschen zu tun haben, dem es an Selbstbewußtsein nicht mangelt.

Konische Innenleisten bei schöpferischen Menschen treffen wir in allen Berufen. In der Kunst und Musik, in der Literatur und Wissenschaft sowie bei vielen Tätigkeiten, die große Gestaltungskraft erfordern, ist die konische Innenleiste meist mit großen Ohrformen verbunden.

Rudolf Serkin

Der weltbekannte amerikanische Pianist Rudolf Serkin zeigt eine abnorm breite, im Anfangsteil konisch geformte Innenleiste bei einem sonst zart strukturierten Ohr und einer sehr großen wohlgeformten Ohrbucht (Abb. 32). Die Breite der Innenleiste spricht für einen wenig verträglichen, selbstherrlichen Menschen. In Verbindung mit den übrigen gefälligen Ohrstrukturen bezeugt sie aber schöpferischen Ideenreichtum und außergewöhnliche Gestaltungskraft im musischen, hier im musikalischen Bereich. Die Musikalität geht aus der großen Ohrbucht und der zarten Randleiste hervor. Die Randleiste ist in ihrem gesamten Verlauf jedoch zu dünn und betont damit neben der vorhandenen Sensibilität und persönlichen Überempfindlichkeit ein vermindertes Gefühl für die Umwelt und die Mitmenschen. Das relativ kleine, nicht angewachsene und formschöne Ohrläppchen spricht für einen nüchtern denkenden Menschen. Der weite Einschnitt am unteren Ende der Ohrbucht spricht für Unbeschwertheit und Beweglichkeit der Gedankengänge.

Schöpferische Leistungen sind oft von einer dominierenden Teilbegabung abhängig. Daneben können mitunter andere, weniger positive Eigenschaften auftreten. Die Ausdruckskraft begabter Musiker und Maler beispielsweise bewegt sich häufig außerhalb des normalen menschlichen Denkvermögens. Die isolierte Begabung verdrängt die natürliche persönliche Entfaltung, was gelegentlich sogar schizophrene Züge annehmen kann. Sehen wir uns die Ohren dreier bekannter Musiker – Namen tun hier nichts zur Sache – einmal daraufhin an (Abb. 13–15), so zeigt schon die Außenleiste eine Störung des Gefühlslebens. Dadurch mag zwar die Ausdruckskraft im künstlerischen Beruf gesteigert werden, im privaten Bereich ist der Umgang mit diesen Menschen jedoch oft schwierig. Die übrigen Strukturen des Ohres sind aber stets imponierend positiv zu bewerten.

Bei der zweiten Gruppe schöpferischer Menschen sind die Gedankengänge frei von Illusionen und phantasievollen Höhenflügen, wie wir sie sonst von Großohrigen kennen. Statt dessen haben wir es hier mit außergewöhnlicher Beobachtungsgabe und Kombinationsfähigkeit zu tun. Für diese Eigenschaften sprechen mittelgroße, mitunter auch relativ kleine Ohren mit auffallend markanter Strukturierung aller Details, insbesondere der Außen- und Innenleiste, der Ohrbucht, des Einschnitts und Wangenansatzes sowie des Ohrläppchens.

Das Geniale bei Menschen mit solchen Ohren wird bestimmt durch außergewöhnliche Kombinationsgabe, klare Erfassung der Lebensinhalte und ihrer Entwicklungsmöglichkeiten. So finden sich verständlicherweise unter ihnen berühmte Naturwissenschaftler wie Madame Curie, Robert Huber usw. Die Voraussetzungen für ihre hervorragenden Forschungsergebnisse liegen in ihrer Fähigkeit, mit großer Geduld zu beobachten und schlüssig zu kombinieren.

Robert Huber
So ist zum Beispiel das Ohr von Robert Huber (Abb. 33), der durch außergewöhnliche Beobachtungsschärfe und Geduld neue Aufgabenbereiche in den Zellstrukturen erkannte und der – zusammen mit Hartmut Michel und Johann Deisenhofen – 1988 den Nobelpreis für Chemie erhielt, besonders formschön und in allen Details fein strukturiert. Die Dreiteilung dieses Ohres, bei dem der obere Ohranteil überwiegt und sich elegant nach unten verjüngt, ist vorbildlich. Das spricht für einen Menschen mit scharfem Verstand und von hoher Moral. Die ebenmäßige Außenleiste beginnt tief in der Mitte der Ohrbucht, zeigt einen schönen Kurvenverlauf und reicht bis zum Ohrläppchen. Dadurch werden Gedankenschärfe, Konzentrationsfähigkeit und Energie ausgedrückt. Die Innenleiste ist von beeindruckender Architektur, mit konischem Beginn und elegantem unteren Kurvenverlauf, und charakterisiert damit einen ideenreichen Menschen. Die sehr schöne Ohrbucht betont das hohe geistige Niveau. Der tiefe Einschnitt am unteren Ende unterstreicht die Konzentration und Geduld. Auffallend und bezeichnend für Menschen, die Lebensvorgänge frei von Emotionen, illusionslos und nüchtern beobachten, ist das Ohrläppchen: Es ist sehr klein und angewachsen. Bei dem hohen Strukturniveau des Ohres von Robert Huber bedeutet dies kühlen Verstand und höchste Konzentration als lebensbeherrschendes Moment.

In der Gruppe überdurchschnittlich Begabter, die sich durch eine starke Konzentration im Denken und eine ungewöhnliche Kombinationsgabe auszeichnen, sind alle möglichen Berufe vertreten. Hier sind zum Beispiel auch die

Großmeister im Schachspiel zu nennen. Meisterhaft Schach zu spielen setzt voraus, daß man seine Gedankengänge in höchster Konzentration auf ein Ziel richtet und sich nicht durch phantasievolle Planungen und illusionäre Ideen ablenken läßt. Die Kontaktfähigkeit der Meisterspieler zu ihrer Umgebung ist daher deutlich eingeschränkt. Ein großes Ohr, das auf Phantasie und Ideenreichtum hinweist, ist bei ihnen also nicht zu erwarten. Es fehlt ihnen allen ein ansprechendes, frei bewegliches Ohrläppchen als Symbol des Gemütvollen.

Garri Kasparow

Das Ohr des jüngsten Schachweltmeisters aller Zeiten, Garri Kasparow (Abb. 34), ist erwartungsgemäß nicht groß, sondern knapp mittelgroß. Damit deutet sich schon ein illusionsfreies, nüchternes Denken an. Der obere Ohrabschnitt ist schmaler entwickelt als der mittlere; das ist ein Hinweis auf gefühlsarme, instinktive Reaktionsfähigkeit. Die quadratische Ohrform spricht bei positiver Gesamtstruktur des Ohres für vitale Gedankenflut. Die kräftige Außenleiste reicht von der Mitte der Ohrbucht bis zum Wangenansatz, also bis zum unteren Ende des Ohres; dies läßt auf ein außergewöhnliches Maß an Konzentrationsfähigkeit und Willensstärke schließen. Daß sich die Gedanken in geordneten Bahnen bewegen, bezeugt der wohlgerundete Kurvenverlauf. Die breite Innenleiste ist im oberen Abschnitt konisch geformt: Dies spricht für überdurchschnittlichen Ideenreichtum, erhebliches Selbstbewußtsein, Ehrgeiz und auch eine egozentrische Veranlagung. Die Ohrbucht ist auffallend groß und konturiert, wodurch starkes Einfühlungsvermögen und hohes geistiges Niveau charakterisiert sind. Das schmale, angewachsene Ohrläppchen dokumentiert eine emotionsfreie, nüchterne Denkweise, aber auch eine Einschränkung des Gefühlslebens.

Ähnliche, knapp mittelgroße Ohren mit scharf konturierten, gut ausgebildeten Leisten und gefälliger Gesamtform finden wir bei Menschen mit hervorragender Beobachtungsgabe. Sie verfolgen ihre Ziele beharrlich. Die Skala reicht vom erfindungsreichen Bastler bis zum weltberühmten Wissenschaftler.

Trotz scheinbar eindeutiger Merkmale läßt sich Genialität aber nicht am Ohr ablesen. Man kann lediglich Eigenschaften analysieren, die große Leistungen erwarten lassen. Eine überdurchschnittliche Begabung hat auch keinen Einfluß auf die charakterliche Veranlagung eines Menschen. Unter den schöpferischen Menschen dürften ausgesprochen Kleinohrige kaum zu finden sein. Das von phantasievollen Ideen getragene Schöpferische treffen wir fast nur bei Großohrigen an. Genialität, die sich auf Beobachtungsgabe und außergewöhnliche Kombinationsfähigkeit aufbaut, besitzen überwiegend Menschen mit mittelgroßen Ohren. Die auf großer Geduld, Beobachtungsgabe und rechnerischer Vorstellungskraft basierende Begabung kann auch bei Trägern relativ kleiner, scharf konturierter Ohren zum Ausdruck kommen. Im allgemeinen fehlen den Kleinohrigen aber das Phantasievolle und die schöpferische Ideenflut. Die Ohranalyse kann Begabungen übrigens nur bedingt bestätigen, denn diese sind nicht vom Charakter abhängig.

*Ohren begabter
schöpferischer Menschen –
auffällige, aber keine
spezifischen Merkmale*

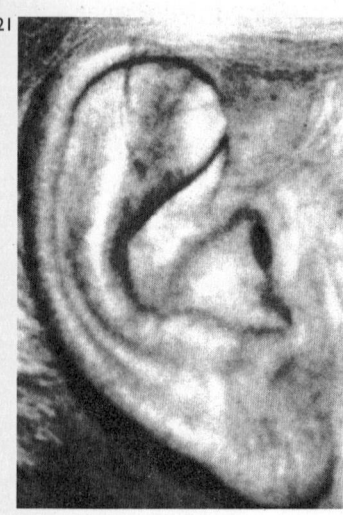

21 Leonard Bernstein,
weltberühmter amerikanischer
Dirigent und Komponist

Großes, in allen Abschnitten wohlkonstruiertes Ohr mit formschöner Dreiteilung und entsprechender Verjüngung nach unten: spricht für einen phantasievollen, begeisterungsfähigen, ideenreichen und schöpferischen Menschen. Wohlgerundete, elegant ver-

laufende Außenleiste: spricht für ein hohes Maß an Gefühl und Sensibilität. Kräftige, aber gut konturierte Innenleiste: spricht für dynamische Entfaltungskraft.

Auffallend große, wohlgeformte Ohrbucht: spricht für hohe Musikalität, vielseitiges Interesse, Lebensaufgeschlossenheit und beachtliches kulturelles Niveau.

Abgeflachter, fast fehlender Einschnitt: spricht für unbeschwertes Auftreten.

Der Ohrform gut angepaßtes, großes, nicht angewachsenes Ohrläppchen: spricht für impulsive, vitale, gefühlvolle, harmonische Grundhaltung.

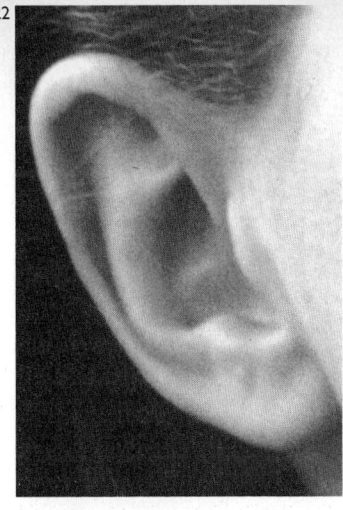

22 Anne-Sophie Mutter, deutsche Geigenvirtuosin

Großes, wohlstrukturiertes Ohr mit kunstvoller Linienführung der Leisten, wohlgeformter Ohrbucht, schönem Einschnitt und Ohrläppchen: spricht für Ausdrucksstärke, hohe musikalische Begabung und außergewöhnliches rhythmisches Empfinden.

Außenleiste im oberen Abschnitt breit und überlappend: spricht für animalisch-vitale Ausdrucksstärke.

Außenleiste im mittleren und unteren Abschnitt schmal und zart: spricht für ein hohes Maß an Sensibilität.

Innenleiste anfangs mit schöner konischer Form (stets ein Zeichen für besondere Begabung): spricht aufgrund des eleganten Verlaufs im unteren Abschnitt und der großen wohlgeformten Ohrbucht für ungewöhnliche Musikalität und Kunstverständnis.

Der markante, elegant geformte Einschnitt am unteren Ende der Ohrbucht betont hohe Konzentrationsfähigkeit.

Das schön gestaltete, nicht angewachsene Ohrläppchen spricht für eine gemütvolle, lebensoffene Einstellung.

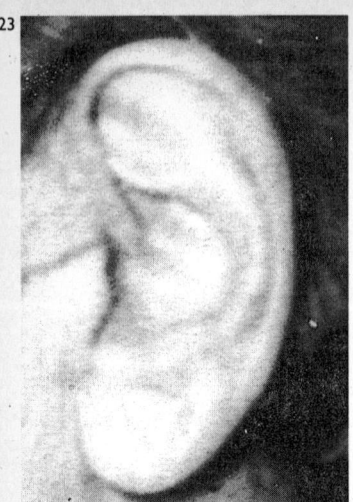

23 Lise Meitner, Atomphysikerin
und Miterfinderin der
Atomspaltung

Großes, in allen Details
wohlstrukturiertes Ohr mit
dem hervorstechenden
Merkmal einer außerge-
wöhnlich großen, form-
schön umrandeten Ohr-
bucht: spricht für genialen
Gedankenreichtum.
Wohlgerundete, im Beginn
starke, breite Außenleiste:
spricht für Vitalität der Gedankengänge, erhebliches
Selbstbewußtsein und Wil-
lenskraft.
Verschmälerung und senk-
rechter Verlauf der Außen-

leiste im mittleren und unteren Abschnitt: spricht für
persönliche Sensibilität und
Eigensinn.
Stark ausgeprägte, kurven-
schöne Innenleiste: spricht
für Klarheit des Denkens,
Ausdauer und Fleiß.
Weiter, gefälliger Einschnitt
am unteren Ende der Ohr-
bucht: spricht für Aufge-
schlossenheit, Beweglich-
keit des Verstandes.
Großes, der Gesamtform
des Ohres harmonisch angepaßtes Ohrläppchen: spricht
für kraftvolle Phantasie, unermüdliche Aktivität, Ehrgeiz und erhebliche Vitalität.

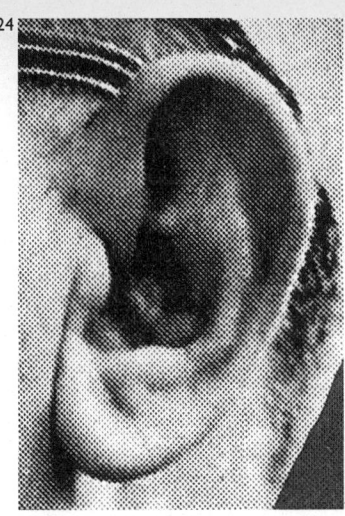

24 Karl Maybach, deutscher
Ingenieur und Motorkonstrukteur

Positiv zu wertendes großes
quadratisches Ohr (vgl. auch
negative quadratische Oh-
ren, Abb. 7/9).

Außenleiste kräftig, ebenmäßig, lang durchgezogen:
spricht für Verstand und
Willenskraft.

Innenleiste kräftig, gut konturiert, im oberen Abschnitt
etwas breit: spricht für
Ideenreichtum und große
Aktivität.

Ohrbucht sehr groß und
formschön: spricht für vielseitiges Interesse.

Einschnitt am unteren Ende
der Ohrbucht markant, gut
ausgeprägt: spricht für Konzentration und Stabilität.

Ohrläppchen sehr groß,
nicht angewachsen: spricht
für einen emotionalen, sehr
aktiven, freiheitsliebenden,
etwas unbeherrschten, aber
gemütvollen Menschen mit
erheblichem Energiepoten-
tial.

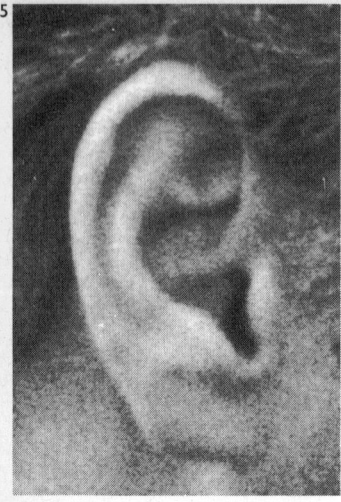

25 Daniel Barenboim, israelischer
Pianist und Dirigent

Wohlkonstruiertes Ohr mit
schöner, quadratischer
Form: spricht für vielseitiges
Interesse und Ideenreich-
tum.
Sehr kräftige, aber ebenmäßig gestaltete und lang
durchgezogene Außenleiste:
spricht für einen willensstarken, konzentrierten,
ausdauernden, dynami-
schen Menschen mit star-
ken vitalen Impulsen.
Kräftige und gut konturierte
Innenleiste: betont die Ausdrucksstärke der Persönlichkeit.

Große, formschön umran-
dete Ohrbucht: spricht für
hohes kulturelles Niveau
und Musikalität.
Tiefer Einschnitt am unteren Ende der Ohrbucht:
spricht für Beharrlichkeit.
Etwas breites, bandförmiges,
angewachsenes Ohrläpp-
chen: weist auf einen nüchternen, eigensinnigen, etwas
introvertierten, schwierigen
Menschen hin.

Ohren schöpferischer Menschen. Charakteristikum: konische Innenleiste bei formschönem großem, mitunter
auch etwas kleinerem Ohr

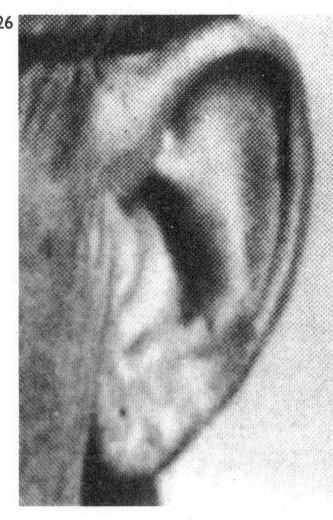

26 Thomas Mann, deutscher Schriftsteller

Großes, in allen Details formschönes Ohr mit eindrucksvoller Dreiteilung unter bevorzugter Entwicklung des oberen Ohranteils und mit eleganter Verjüngung nach unten: spricht für einen intelligenten, phantasievollen,

ideenreichen Menschen. Innenleiste im oberen Anteil konisch geformt, gut konturiert, senkrecht verlaufend mit elegantem Schwung im unteren Abschnitt: spricht für schöpferischen Ideenreichtum, aufgrund der breiten, konischen Leiste aber auch für Selbstherrlichkeit und Egoismus.

Außenleiste am Anfang kräftig, im weiteren Verlauf stark verschmälert: spricht für hohe Sensibilität und depressive Gemütslage.

Große, wohlgeformte Ohrbucht: bringt ein beachtliches geistiges Niveau zum Ausdruck.

Markanter Einschnitt am unteren Punkt der Ohrbucht: bezeugt Konzentration, Eigensinn und Beharrlichkeit.

Ohrläppchen relativ klein: betont verstandesmäßige Ausrichtung sowie emotionsfreies, beherrschtes Verhalten.

*Ohren schöpferischer
Menschen.
Charakteristikum:
konische Innenleiste, großes
Ohr, markante Strukturen*

27 Simone de Beauvoir,
französische Schriftstellerin

ren Abschnitt: spricht für
große Sensibilität und Neigung zu depressiver Ge-
mütslage.
Konisch geformte Innenleiste und große Ohrbucht:
spricht für Ideenreichtum
im musischen Bereich.
Relativ kleines Ohrläpp-
chen: spricht für nüchterne,
gemütsarme, beherrschte
Lebenseinstellung.
Ecken und Knicke des Oh-
res: sprechen für abwegige,
eigensinnige, teilweise gemütsarme Gedankengänge.

Sehr großes Ohr: spricht bei
Frauen für Minderung des
gemütvollen weiblichen
Empfindens, aber auch für
Phantasiereichtum und er-
hebliches Energiepotential.
Außenleiste stark: spricht
für vitale Ausdrucksstärke.
Verschmälerung und Ab-
bruch der Leiste im mittle-

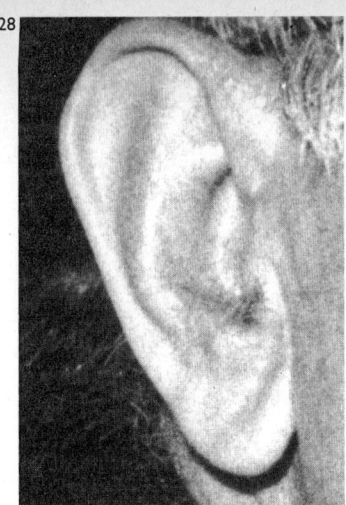

28 Jean-Paul Sartre, französischer
Philosoph und Schriftsteller

Großes Ohr mit starker Entwicklung des oberen Ohrabschnittes und eleganter Verjüngung nach unten: spricht für Phantasie, Illusionskraft und Begeisterungsvermögen.

Außenleiste relativ schmal, lang durchgezogen, im mittleren Abschnitt senkrecht verlaufend: spricht für einen sensiblen, höchst eigensinnigen Menschen.

Innenleiste im oberen Abschnitt breit, konisch geformt, anschließend mit gefälligem Kurvenverlauf: spricht für schöpferischen Ideenreichtum (konische Form), aber auch für Selbstherrlichkeit (Breite).

Große, wohlumrandete Ohrbucht: spricht für vielseitiges Interesse und gute Beobachtungsgabe.

Einschnitt mäßig tief: spricht für Abneigung gegen Reglementierungen.

Ohrläppchen groß, nicht angewachsen: spricht für Beharrlichkeit, Phantasie, große Aktivität und häufig emotionale Verhaltensweise.

131

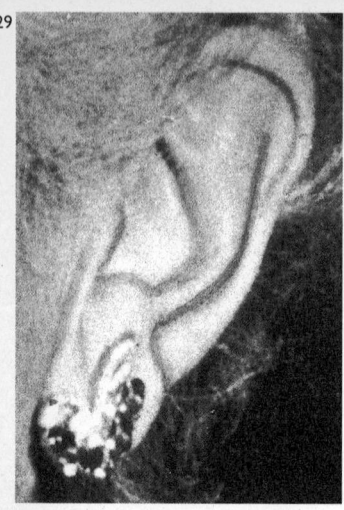

29 Agatha Christie, englische
Kriminalschriftstellerin

Außergewöhnlich großes
Ohr: spricht für übermäßige
Phantasie, wenn auch bei
einer Minderung des weiblichen Charmes.

Außenleiste mit starken
Knickbildungen und Ver-
biegungen: spricht für
höchst eigensinnige und originelle, aber auch sehr egoistische Gedankengänge, die
den Umgang mit der Person
schwierig gestalten.

Innenleiste breit, im oberen
Abschnitt konisch geformt:
spricht für genialen Einfallsreichtum, aber auch Selbstbewußtsein bis zur Selbstherrlichkeit.

Übermäßig großes Ohrläpp-
chen: spricht für Vitalität,
unermüdliche Aktivität und
überschäumende Phantasie,
drückt aber auch erhebli-
chen Ehrgeiz und Unge-
zwungenheit aus.

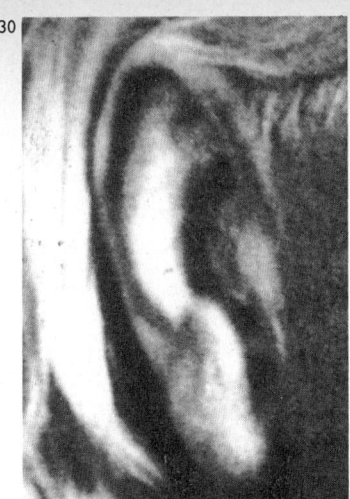

30 Albert Einstein,
deutsch-amerikanischer Physiker
und Nobelpreisträger

Sehr großes, wohlstrukturiertes Ohr mit deutlicher Dreiteilung und Verjüngung nach unten: spricht für einen phantasievollen, intelligenten, ideenreichen Verstandesmenschen.
Innenleiste konisch geformt, gut konturiert und mit schwungvollem, eleganten Verlauf im unteren Abschnitt: spricht für schöpferische Ideenflut,
aufgrund ihrer Breite aber auch für einen sehr selbstbewußten und

eigensinnigen Menschen.
Schön geformte Außenleiste: spricht für Verstand und Ausdauer.
Große, wohlgeformte Ohrbucht: spricht für Musikalität und hohes kulturelles Niveau.
Tiefer Einschnitt am Ende der Ohrbucht: spricht für große Konzentrationsfähigkeit, Beharrlichkeit und scharfe Beobachtungsgabe.
Relativ großes, nicht angewachsenes Ohrläppchen: spricht für einen gemütvollen, selbstbewußten, phantasievollen, sehr aktiven Menschen.

133

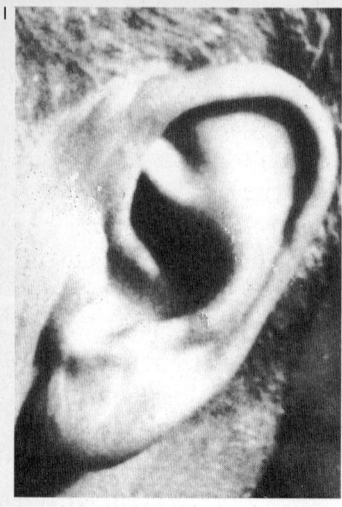

31 Otto Hahn, deutscher Physiker und Nobelpreisträger

Konisch geformte Innenleiste bei großem wohlkonstruiertem Ohr und eleganter Linienführung der Leiste im unteren Abschnitt: spricht für schöpferische Leistungskraft.

Schön geformte Außenleiste: spricht für hohen Verstand und Sensibilität.

Senkrechter Verlauf des mittleren Abschnittes der Außenleiste: spricht für Eigensinn.

Große wohlgeformte Ohrbucht: spricht für außergewöhnliche Auffassungs- und Beobachtungsgabe.

Tiefer Einschnitt am unteren Ende der Ohrbucht: spricht für Konzentration und Unbeirrbarkeit.

Wohlgeformtes, der Ohrform harmonisch angepaßtes Ohrläppchen: spricht für einen sachlichen, gefühlvollen Menschen.

Ohren schöpferischer Menschen. Charakteristikum: konische Innenleiste bei formschönem, großem Ohr

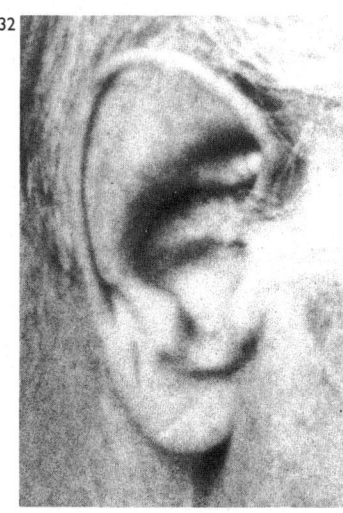

32 Rudolf Serkin, weltberühmter amerikanischer Pianist

Besonders charakteristische Darstellung einer im oberen Anteil konisch geformten, breiten Innenleiste mit elegantem Kurvenverlauf im unteren Abschnitt als Ausdruck schöpferischer Leistungsfähigkeit, aber gleichzeitig auch von Selbstherrlichkeit und Egoismus.
Sehr schmale Randleiste: spricht für einen sehr sensiblen, überempfindlichen Menschen, dessen Gefühlsstärke gegenüber Mitmenschen nur äußerst schwach entwickelt ist.
Sehr große, formschöne Ohrbucht: spricht bei einem großen, wohlgeformten Ohr für hohe Musikalität.
Weiter Einschnitt am unteren Ende der Ohrbucht: spricht für eine gewisse Ungehemmtheit.
Relativ kleines, nicht angewachsenes Ohrläppchen: spricht für Berechnung und nüchterne Denkart.
Wie bei allen Menschen mit breiter Innenleiste darf auch hier ein hohes Maß an Selbstbewußtsein angenommen werden, das den Umgang mit diesen Personen sehr schwierig gestaltet.

Mittelgroße Ohren bei begabten, schöpferischen Menschen.
Charakteristikum: außergewöhnlich konturenstarke Strukturen

33 Robert Huber, deutscher Chemiker und Nobelpreisträger

Knapp mittelgroßes Ohr mit in allen Details schönen, geradezu kunstvollen Strukturen: spricht für einen außergewöhnlich intelligenten Menschen, wobei das relativ kleine Ohr illusionäre Begeisterungsfähigkeit ausschließt.

Schön geformte, von der Mitte der Ohrbucht bis zum Ohrende durchgezogene Außenleiste: spricht für Verstand, Konzentration und Ausdauer.
Konisch geformte Innenleiste: spricht für Ideenreichtum, der sich aufgrund der schönen Gesamtstruktur des Ohres auf hohem Niveau bewegt.
Schön geformte, große Ohrbucht und markanter Einschnitt: betonen das geistige Niveau.
Sehr kleines, bandförmiges, angewachsenes Ohrläppchen: spricht für einen emotions- und illusionsfreien, etwas introvertierten und gemütsarmen Verstandesmenschen.

136

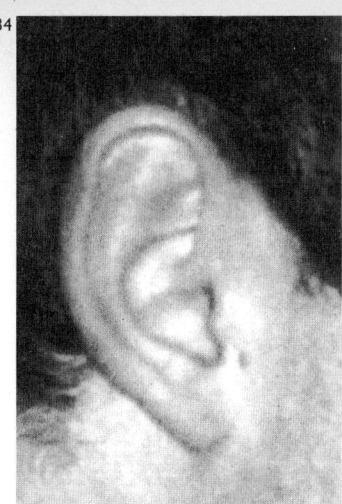

34 Garri Kasparow, jüngster
Schachweltmeister aller Zeiten

Relativ kleines Ohr mit bemerkenswert starker Strukturierung aller Details: spricht für nüchterne, logische, außergewöhnlich konzentrierte Denkweise.
Konische Innenleiste mit elegantem Auslauf: spricht für Ideenreichtum.
Scharf konturierte, bis zum Ohrende durchgezogene Außenleiste: betont außergewöhnliche Konzentrationsfähigkeit, Verstand und Eigensinn.
Sehr große, wohlgeformte Ohrbucht: spricht für schnelle Auffassungsgabe und geistige Beweglichkeit.
Sehr kleines Ohrläppchen: betont den Mangel an Illusionen und die nüchterne, ausschließlich verstandesorientierte Beurteilung aller Situationen.

Politiker haben leider keine für ihren Beruf charakteristischen Ohren. Im nachhinein kann man vielleicht das eine oder andere Merkmal aus der Gesamtstruktur des Ohres auf den beruflichen Erfolg projizieren, aber das hieße, das Pferd von hinten aufzuzäumen. Bei Staatsmännern sind, wie in anderen Berufen auch, sämtliche Formen von großen über mittelgroße bis zu kleinen Ohren vertreten. Auffällig ist allerdings, daß Politiker eher sehr große als kleine Ohren haben. Wie wir gesehen haben, lassen große Ohren bei wohlstrukturierten Formen auf Ideenreichtum, Begeisterungsfähigkeit, Phantasie und Illusionskraft schließen. Mittelgroßohrige und Kleinohrige besitzen solche Eigenschaften in geringerem Maß. Ihre Führungskraft ist auch unter Politikern weniger ausgeprägt als bei Großohrigen.

Bei bedeutenden Persönlichkeiten mit etwa gleich großen Ohren zeigen sich grundlegende Unterschiede: sehr große Ohren zum Beispiel bei Franz Josef Strauß, Hans-Dietrich Genscher und François Mitterrand – drei weltbekannten Staatsmännern. Dennoch sind diese drei Persönlichkeiten in ihrem Charakter völlig verschieden:

Franz Josef Strauß

Das Ohr des verstorbenen bayerischen Ministerpräsidenten Franz Josef Strauß (Abb. 35) weist eine kräftige Entwicklung des Gesamtohres und der Leisten auf. Dies bedeutet, daß es sich um einen Menschen von beeindruckender Dynamik handelt. Die dicken Leisten sprechen zudem für starke Vitalität. Die Außenleiste ist in ihrem gesamten Verlauf breit und bis zum Ende des Ohres durchgezogen, was große Willensstärke, Eigensinn, Durchsetzungsvermögen und Konzentrationsfähigkeit dokumentiert. Die in ihrer gesamten Ausdehnung sehr breite Innenleiste unterstreicht die Darstellungskraft der Gedanken, die Selbstherrlichkeit und den unbeugsamen Willen, sich Geltung zu verschaffen. Der tiefe Einschnitt am unteren Ende der Ohrbucht steht für ein sehr gutes Gedächtnis sowie Beharren auf dem eigenen Standpunkt. Zugleich wird damit aber auch eine gewisse Engstirnigkeit in manchen Bereichen des Lebens ausgedrückt. Die Aufgeschlossenheit für die schönen Dinge des Lebens, für Kultur und Literatur, sowie eine gewisse Warmherzigkeit sind bei Franz Josef Strauß durch die große Ohrbucht gekennzeichnet. Die dadurch zum Ausdruck kommende Lebenseinstellung befähigte ihn, in Verbindung mit den vorher aufgezählten Eigenschaften, den Sinn des Lebens und die Entwicklung der Dinge mit imponierender Weitsicht zu erfassen. Das nicht angewachsene, der kräftigen Ohrform angepaßte große Ohrläppchen verrät eine Neigung zu emotionalen Reaktionen.

Insgesamt haben wir in Franz Josef Strauß einen Menschen von explosiver, lebensbejahender Vitalität vor uns, der in logischer Erfassung der Zusammenhänge alles aus dem Weg zu räumen sucht, was seinen Vorstellungen zuwiderläuft. In Verfolgung seiner Ziele war Strauß – jedenfalls nach seiner Ohrstruktur – von unerschütterlicher Grundsatztreue.

Hans-Dietrich Genscher

Das Ohr des ehemaligen Bundesaußenministers Hans-Dietrich Genscher (Abb. 36) unterscheidet sich von dem des Franz Josef Strauß nicht nur durch seine beeindruckende Größe, sondern auch in den Strukturen. Es ist weniger kräftig angelegt, was darauf hindeutet, daß Vitalität und Explosivität bei ihm längst nicht so ausgeprägt sind wie bei Strauß. Die Dreiteilung des wohlgeformten Ohres ist deutlich zu erkennen, wobei der obere Ohranteil mit der eleganten Verjüngung nach unten ins Auge fällt. Dies deutet auf Intelligenz, Phantasie, Ideenreichtum und Begeisterungsfähigkeit hin. Die Außenleiste ist ausgeprägt und gut konturiert, wenn auch schwächer als bei Franz Josef Strauß. Das heißt, daß Willenskraft und Lebensführung insgesamt sensibler ausgerichtet sind. Auffallend ist der senkrechte Verlauf der Außenleiste im mittleren Abschnitt, ein Zeichen von Eigensinn.

Die Innenleiste ist in ihrem gesamten Verlauf sehr breit, gut konturiert und nicht verwaschen. Das spricht für erhebliches Selbstbewußtsein, Unbeirrbarkeit in der Verfolgung der Ziele und Stehvermögen. Die Ohrbucht ist relativ klein, was auf Eitelkeit und starke Wahrnehmung der eigenen Interessen hindeutet. Der tiefe Einschnitt am unteren Ende der Ohrbucht spricht ebenfalls für Konzentration, Ausdauer und Beharrlichkeit bis zur Verbissenheit.

Das Ohrläppchen ist groß und nicht angewachsen. Dies weist auf ein starkes Gefühlsleben, eine große Aktivität und Ausdauer, Stehvermögen und eine ausgeprägte Herrschsucht hin, wie sie auch in der breiten Innenleiste zum Ausdruck kommt.

Nach der Ohranalyse ist Hans-Dietrich Genscher eine politische Persönlichkeit von hohem geistigen und moralischen Niveau. Beharrlichkeit in der Verfolgung eines gesetzten Ziels zeichnen ihn aus. Begeisterungsfähigkeit und Illusionskraft äußern sich bei ihm in mitunter naiver Gutgläubigkeit. Seine Intelligenz und die von einem gesunden Mißtrauen bestimmte Beobachtungsgabe gleichen daraus resultierende Fehler aber leicht aus.

François Mitterrand

Das Ohr des ehemaligen französischen Staatspräsidenten François Mitterrand (Abb. 37) zeigt eine formschöne Dreiteilung mit sehr deutlicher Entwicklung des oberen Ohranteils. Dies spricht für Ideenreichtum, Illusionsstärke und Begeisterungsfähigkeit. Die zarte Außenleiste weist auf

Feinfühligkeit hin, die sich in weitsichtigem Erfassen der Lebensvorgänge und einer starken Empfindlichkeit gegenüber der eigenen Person äußert. Die Kombination von hohem geistigen Niveau und großer Sensibilität führt häufig zu sozialem Engagement.

Vorteilhaft und hinderlich zugleich ist eine Eigenschaft, die bei Mitterrand durch den senkrechten Verlauf der Außenleiste zum Ausdruck kommt: ein bedeutendes Maß an Eigensinn. Die breite Innenleiste unterstreicht diese Eigenschaft noch. Sie bezeugt starkes Selbstbewußtsein und Kampfgeist. Der tiefe Einschnitt am unteren Ende der Ohrbucht verrät zusätzlich Konzentration, Verbissenheit und Stabilität. Charakteristisch dabei ist die Neigung, an fixierten Vorstellungen festzuhalten. Positiv bedeutet es Beharrlichkeit und Ausdauer in der Verfolgung eines gesetzten Zieles. Das sehr zarte, harmonisch der Ohrform angepaßte, aber angewachsene Ohrläppchen deutet auf eine nüchterne, emotionslose Beurteilung von Lebenssituationen hin.

François Mitterrand ist – nach seinen Ohrstrukturen zu schließen – eine Persönlichkeit von außergewöhnlicher geistiger und moralischer Größe, sehr feinfühlig, Veränderungen gegenüber aber eher zögerlich.

Die Ohren von Konrad Adenauer (Abb. 38), Richard von Weizsäcker (Abb. 39) und George Bush (Abb. 40) zeigen eine fast vollendete strukturelle Harmonie aller Details. Besonders auffällig ist die klare Dreiteilung der Gesamtform mit bevorzugter Entwicklung des oberen Anteiles sowie die elegante Linienführung der Außen- und Innenleiste mit der wohlgeformten Ohrbucht.

Richard von Weizsäcker

Der etwas weite Einschnitt am unteren Ende der Ohrbucht von Weizsäckers Ohr (Abb. 39) verrät eine großzügige Denkweise. Das nicht angewachsene Ohrläppchen unterstreicht Einfühlungsvermögen und Kontaktbereitschaft. Die feine, aber kräftige Struktur der Außen- und Innenleiste zeugt bei der untadeligen Gesamtform des Ohres von einem hohen Maß an Intelligenz, Willensstärke, Einsatzbereitschaft und Selbstbewußtsein. Wir können aufgrund der Ohranalyse Richard von Weizsäcker als einen Menschen von außergewöhnlichem geistigen und moralischen Niveau bezeichnen.

Konrad Adenauer

Konrad Adenauer (Abb. 38) zeigt im Vergleich dazu einige bemerkenswerte Unterschiede: Zunächst ist das Ohrläppchen etwas breiter und angewachsen, wodurch verstärkter Eigensinn und eine geringe Kontaktfähigkeit zum Ausdruck kommen. Der Einschnitt am unteren Ende der Ohrbucht ist stark ausgeprägt; dies drückt Verbissenheit und zuweilen Engstirnigkeit aus. Die kräftigen, geradezu kunstvoll konturierten Leisten mit der eindrucksvollen Dreiteilung bezeugen, wie auch die Ohren von George Bush oder von Richard von Weizsäcker, Intelligenz, Weitsicht, Willensstärke und Stehvermögen.

George Bush

Das Ohr von George Bush (Abb. 40) zeichnet sich zusätzlich durch eine Knickbildung der feingeformten Außenleiste und einen senkrechten Verlauf im mittleren Ohrabschnitt aus. Das spricht für eine egozentrische, eigensinnige Verhaltensweise sowie starke Sensibilität. Das relativ große, nicht angewachsene Ohrläppchen betont Vitalität, Ehrgeiz und Gefühlsstärke.

Man mag zu den drei genannten Politikern stehen, wie man will, die außergewöhnlich schöne Struktur ihrer Ohren bringt auch ein außergewöhnlich hohes geistiges und moralisches Niveau der Persönlichkeiten zum Ausdruck.

Papst Johannes Paul II.

Papst Johannes Paul II. (Abb. 41), der aus Polen stammende Pontifex maximus, spielt auf der politischen Bühne eine weitaus größere Rolle als die meisten seiner Vorgänger. Seine Aktivitäten erregen häufig weltweites Aufsehen, und seine Entscheidungen haben Einfluß auf das Leben vieler Millionen gläubiger Katholiken.

Der Papst hat ein relativ großes Ohr mit eindrucksvoller Dreiteilung, wobei der obere Ohrabschnitt am stärksten entwickelt ist und die Gesamtform sich leicht nach unten verjüngt.

Alle Strukturen, die Leisten, die Ohrbucht, der Einschnitt, das Ohrläppchen zeigen eine wohlgefällige Form, die für einen intelligenten, weitsichtigen, lebensaufgeschlossenen Menschen spricht. Die Größe des Ohres bei der Schönheit der Gesamtstruktur und der bevorzugten Entwicklung des oberen Ohrabschnittes weist auf Gefühlsstärke, Illusionskraft, Begeisterungsvermögen und Lebensfreude hin. Die wohlgeformte, gleichmäßige Außenleiste mit elegantem, abgerundetem Kurvenverlauf bezeugt hohen Verstand und Willensstärke. Die im oberen Abschnitt kräftig entwickelte, scharf konturierte Innenleiste mit elegantem unteren Kurvenverlauf spricht für selbstbewußtes Auftreten, Überzeugungskraft und Durchsetzungsvermögen, aber auch, und darauf weist die Schönheit des unteren Kurvenverlaufes hin, für Taktgefühl und Empfindsamkeit. Die große, wohlgeformte Ohrbucht drückt vielseitiges Interesse sowie ein beachtliches geistiges und kulturelles Niveau aus. Der weite Einschnitt am unteren Ende der Ohrbucht läßt Toleranz und das Verständnis für alle Lebensvorgänge erkennen und deutet darauf hin, daß die bekannte und oft unverständlich erscheinende Unduldsamkeit nicht seinem wahren Wesen entspricht, sondern wohl eher in seinem Auftrag begründet liegt. Das große, nicht angewachsene, der Ohrform harmonisch angepaßte Ohrläppchen un-

143

terstreicht unermüdlichen Einsatz, Unerschrockenheit, Ehrgeiz und Gefühl.

Papst Johannes Paul II. (Abb. 41) ist also, nach seinem Ohr zu urteilen, eine außergewöhnlich intelligente, gefühlsstarke, phantasievolle, höchst ehrenwerte Persönlichkeit von hohem moralischem und geistigem Niveau und starkem sozialem Empfinden.

Zwei Politiker, denen es oft schwerfällt, sich auf der politischen Bühne ins rechte Licht zu setzen, sind Friedrich Zimmermann und Heiner Geißler. Ihre Ohrstrukturen geben vielleicht Aufschluß über ihre »Probleme«:

Friedrich Zimmermann

Friedrich Zimmermanns Ohr (Abb. 42) ist groß, mit gefälliger Dreiteilung unter bevorzugter Entwicklung des oberen Ohrabschnitts, und bezeugt dadurch Illusionsstärke, Ideenreichtum, Begeisterungsfähigkeit und Verstand. Die Außenleiste ist schmal, mit senkrechtem Verlauf im Anschluß an den oberen Kurvenabschnitt. Dies weist einerseits auf ein hohes Maß an Sensibilität, andererseits auf Eigensinn hin. Das große Ohrläppchen verrät eine stark emotionale Denkweise, Ehrgeiz und erhebliche Aktivität. Die nur mittelgroße Ohrbucht mit dem relativ tiefen Einschnitt spricht für stabile Lebensauffassung bei begrenzter Dynamik, die breite Innenleiste dagegen für ein gewisses Maß an Selbstbewußtsein und Ausdauer.

Friedrich Zimmermann ist demnach eine sensible, eigensinnige und gefühlsstarke Persönlichkeit von großer Ausdauer. Die vitale Härte des egozentrischen Erfolgsmenschen fehlt ihm jedoch.

Heiner Geißler

Die Dreiteilung von Heiner Geißlers Ohr (Abb. 43) ist nicht sonderlich ausgeprägt; dies läßt auf mangelnde Phantasie und eine gewisse Illusionslosigkeit schließen. Auch die kräftigen, stark konturierten Leisten mit der wenig eleganten Rundung und den Knickbildungen verraten Nüchternheit und Eigensinn, allerdings gepaart mit einer beachtlichen Energie und organisatorischer Begabung. Die sehr große Ohrbucht spricht für einen aufgeschlossenen, lebensfreudigen Menschen. Das unauffällige, ziemlich kleine und nicht angewachsene Ohrläppchen unterstreicht wiederum die Nüchternheit in der Beurteilung von Situationen, zugleich aber auch eine gewisse Kontaktbereitschaft. Wer also ist Heiner Geißler?

Der Träger dieses Ohres ist ein sachlich ausgerichteter Mensch, der in unerschrockener Offenheit und ohne diplomatische Winkelzüge seine Meinung vorträgt, was in der Politik bekanntlich nicht immer von Vorteil ist.

Rita Süssmuth

Unter Frauen, die sich politisch betätigen, finden sich wie bei männlichen Politikern überwiegend Großohrige, so z. B. Rita Süssmuth (Abb. 44). Wie bei vielen großohrigen Frauen zeigen auch die Ohren dieser Politikerinnen meist wenig zarte Strukturen, wodurch eine gewisse Egozentrik und Gefühlsarmut zum Ausdruck kommen, die sonst eher bei Männern anzutreffen sind.

Das Ohr der Parlamentspräsidentin Rita Süssmuth (Abb. 44) ist im ganzen kräftig, dick und verbogen, was einerseits auf beachtliches Stehvermögen hinweist, andererseits einen Mangel an Feinfühligkeit bedeutet.

Die Außenleiste ist im ganzen sehr stark entwickelt; dies läßt auf erhebliche Willensstärke, Kampfbereitschaft und Durchsetzungsvermögen schließen. Der mittlere Abschnitt zeigt einen gestreckten Verlauf, den wir häufig bei höchst eigensinnigen und rechthaberischen Menschen antreffen. Die sehr stark, aber gut konturierte Innenleiste steht für ein erhebliches Energiepotential, für Verbissenheit und Unerschrockenheit. Die Verbissenheit wird noch durch den sehr tiefen und engen Einschnitt am unteren Ende der Ohrbucht unterstrichen, zugleich drücken sich dadurch aber auch Beharrlichkeit und Unnachgiebigkeit aus.

Das große, nicht angewachsene Ohrläppchen betont eine starke emotionale Kontaktbereitschaft, aber auch großen Fleiß, Ehrgeiz sowie Unnachgiebigkeit.

Grete Schickedanz

Auch Frauen, die in der Wirtschaft zu Erfolg gekommen sind, zeichnen sich meist durch sehr große Ohren aus, die bereits eine gewisse männliche Dynamik verraten. So bietet das große Ohr der Versandhauschefin Grete Schickedanz (Abb. 45) klassische Merkmale vitaler Kampfkraft und ist leicht zu analysieren.

Es ist in den unteren Abschnitten besonders stark entwickelt, was auf eine Minderung mitmenschlichen Empfindens und eine stark ichbezogene Denkweise schließen läßt. Die schmale Außenleiste ist nicht wohlgerundet: Sie zeigt Knickbildungen und verläuft im mittleren Abschnitt gestreckt senkrecht. Die Sensibilität bezieht sich stark auf die eigene Empfindlichkeit. Die Knickbildungen sowie der gestreckte Kurvenverlauf sprechen für eigensinniges Verhalten.

Die Innenleiste ist sehr breit angelegt, was als Zeichen großen Selbstbewußtseins und eines gehörigen Maßes an Egoismus zu werten ist. Dies wird durch die kleine Ohrbucht noch unterstrichen, die zudem darauf aufmerksam macht, daß geschäftliche Interessen vor den musischen rangieren. Der enge und tiefe Einschnitt am unteren Ende der Ohrbucht beweist Beharrlichkeit, verbissene Ausdauer und eine gewisse Unbeweglichkeit, die bis zur Sturheit gehen kann.

Im sehr großen, nicht angewachsenen Ohrläppchen kommen Ehrgeiz, erhebliche Selbstherrlichkeit und beeindruckende Aktivität sowie eine emotional geprägte Vitalität zum Ausdruck.

Den mittelgroßohrigen Politikerinnen und Politikern fehlt in der Regel die begeisterungsstarke, illusionsgetragene und oft phantasievolle Ideenflut der Großohrigen. Bei einer wohlgebildeten Gesamtstruktur aber besticht die dadurch zum Ausdruck kommende überzeugende Logik und Klarheit, mit der sie ihre Gedanken beherrschen und vortragen.

Michail Gorbatschow

So hat zum Beispiel Michail Gorbatschow, der letzte Präsident der ehemaligen UdSSR – nach den Beschreibungen Viktor Suworows ein »gefühlsarmer, von eiskalter Logik beherrschter« Staatsmann, ein mittelgroßes Ohr. Es ist von kräftiger Konsistenz mit dicken, breiten, lang ausgezogenen Leisten (Abb. 46). Die starke, wohlgerundete Außenleiste umrahmt das Ohr in unveränderter Breite bis zum Ohrläppchen. Dies drückt außergewöhnliche Dynamik, Willensstärke, Unerschrockenheit, Beharrlichkeit, Beobachtungsschärfe und Organisationstalent aus. Ein Mangel an menschlicher Wärme ist dennoch nicht zu übersehen. Zusätzlich spricht die kraftvolle, langgezogene Außenleiste für erheblichen Eigensinn und klare Zielstrebigkeit. Ähnlich wie die Außenleiste ist die Innenleiste in ihrem gesamten Verlauf stark und scharf konturiert. Diese kräftige Kontur steht für ein außerordentlich ausgeprägtes Selbstbewußtsein und einen energischen Kampfgeist. Menschen mit solchen Ohren vertreten den eigenen Standpunkt hartnäckig, oft ohne wesentliche Rücksicht auf die Interessen der Gegenspieler. Der etwas abgeflachte Einschnitt am unteren Ende der Ohrbucht deutet an, daß man großzügig über vieles hinweggeht, was sich positiv oder negativ auswirken kann. Das nicht angewachsene, formschöne Ohrläppchen und die große, wohlgeformte Ohrbucht sprechen für ein beachtliches menschliches Verständnis sowie eine emotions- und illusionsfreie Denkart. Gleichzeitig drückt sich darin ein musisches Interesse aus, das die harte Grundeinstellung etwas zu mildern vermag.

Aufgrund der Analyse der Ohrstruktur ist Gorbatschow nicht nur in der Lage, die weltpolitische Situation richtig einzuschätzen, sondern sie auch für seine Ziele zu nutzen. Man muß ihn wohl als pragmatischen Menschen bezeichnen, der einen Sinn für das Machbare hat.

Boris Jelzin

Die Geschehnisse in der Sowjetunion fordern geradezu einen Vergleich der Ohren Gorbatschows und Jelzins heraus. Der Präsident Rußlands, Boris Jelzin (Abb. 47), hat ebenfalls ein mittelgroßes Ohr, das keine deutliche Dreiteilung erkennen läßt, denn alle Ohrabschnitte sind etwa gleichgroß; es fehlt die Verjüngung der Ohrform nach unten. Daraus läßt sich entnehmen, daß wir es bei Jelzin mit einem kühlen, berechnenden, egozentrischen Menschen zu tun haben. Die Außenleiste beginnt nicht in der Mitte, sondern am Rande der Ohrbucht, was auf eine gewisse Gefühlsarmut schließen läßt. Im Anfangsabschnitt ist die Außenleiste stark und breit ausgebildet, was für erhebliche Vitalität und Willensstärke spricht. Im oberen Kurvenverlauf sehen wir einen Knick und eine plötzliche starke Verschmälerung der Leiste, die einen senkrechten Verlauf nach unten einnimmt. Die Knickbildung und der senkrechte Verlauf deuten auf ein beachtliches Maß an Eigensinn und Verbissenheit hin. Die Schmalheit der Leiste im mittleren und unteren Abschnitt spricht für Sensibilität und Weitsicht.

Die Innenleiste ist im gesamten Verlauf, besonders aber im oberen Abschnitt, sehr breit, wenn auch gut konturiert, was auf erhebliches Selbstbewußtsein, Ausdauer, Durchsetzungskraft und Energie schließen läßt. Die große, wohlgeformte Ohrbucht spricht für vielseitiges Interesse und gute Beobachtungsgabe. Der Einschnitt am unteren Ende der Ohrbucht ist sehr tief und dokumentiert damit Verbissenheit, mangelnde Kompromißbereitschaft, zuweilen Engherzigkeit und eine gewisse Unbeweglichkeit. Das Ohrläppchen ist mittelgroß, der Gesamtform des Ohres harmonisch angepaßt und signalisiert hierdurch eine kühle, berechnende Denkart.

Jelzin kann also als eine willensstarke, höchst eigensinnige, unbeirrbare, kampfesfreudige Persönlichkeit bezeichnet werden, deren Aktivitäten von eiskalter Berechnung beherrscht sind. Gorbatschow erscheint nach den Ohren als der ruhigere, stabilere Politiker.

Helmut Schmidt

Auch Altbundeskanzler Helmut Schmidt hat ein mittelgroßes Ohr (Abb. 48). Diesem fehlt die Dreiteilung, es ist in allen Abschnitten etwa gleich stark entwickelt. Wie bei allen Mittelgroßohrigen charakterisiert das eine Minderung der mitmenschlichen Empfindung und Begeisterungsfähigkeit. Im Vergleich zu Gorbatschow haben die Ohren Schmidts eine zarte Gesamtform, die Strukturen sind weniger kräftig ausgebildet. Er besitzt also weniger dynamische Explosivität und Charisma. Die Ohrgröße und die markanten Konturen der Details sprechen für eine ausgeprägte, das Gedankengut beherrschende Logik, klare Zielsetzung und beachtliche Energie. Eine gut konturierte, bis zum Ohrläppchen in gleicher Dicke durchgezogene Außenleiste charakterisiert Willensstärke, Eigensinn und Konzentrationsfähigkeit. Die breite Innenleiste mit den ebenso breiten Ausläufern dokumentiert ein starkes Selbstbewußtsein sowie einen erheblichen Drang zur Persönlichkeitsentfaltung, die sich in Geltungsbedürfnis und Eitelkeit äußern kann. Die große, schön umrandete Ohrbucht läßt Aufgeschlossenheit gegenüber dem Leben erkennen. Der stark ausgebildete Einschnitt am unteren Ende der Ohrbucht verrät Beherrschung, stabile Lebensführung, Unbestechlichkeit, aber auch einen gewissen Mangel an warmherziger Großzügigkeit. Für die mehr verstandesmäßig ausgerichtete Denkweise spricht auch das der Ohrform harmonisch angepaßte, nicht allzu große Ohrläppchen.

Helmut Schmidt ist nach der Ohranalyse als selbstbewußte, klar denkende, beherrschte und energievolle Persönlichkeit einzustufen.

Ronald Reagan

Das mittelgroße Ohr des ehemaligen amerikanischen Präsidenten Ronald Reagan (Abb. 49) mit den ausgeprägten Leisten, dem tiefen Einschnitt am unteren Ende der Ohrbucht und dem kräftigen, der Ohrform angepaßten Ohrläppchen drückt ein hohes Maß an Dynamik und Vitalität aus. Die Ohrgröße mit der gut eingehaltenen Dreiteilung, also einer bevorzugten Entwicklung des oberen Ohranteils mit leichter Verjüngung nach unten, bescheinigt eine phantasievolle, illusionsreiche Geisteshaltung. Die Außenleiste bildet ringsum eine breite, kraftvolle Schiene, die bereits im Anfangsteil ungewöhnlich stark entwickelt ist. Sie zeugt von unbeugsamer Willensstärke und Energie. Ebenso scharf konturiert und kräftig stellt sich die Innenleiste dar, Sinnbild für Ehrgeiz und Selbstbewußtsein. Der tiefe Einschnitt am unteren Ende der Ohrbucht unterstreicht die Konzentration und Hartnäckigkeit in der Verfolgung von Ideen bis ins kleinste Detail. Zugleich drückt sie aber auch eine gewisse Unbeweglichkeit im Urteil aus. Die kleine Ohrbucht zeigt, daß das musische Verständnis nicht sonderlich entwickelt ist. Die lebensfrohe Einstellung Ronald Reagans bewegt sich wohl außerhalb des Musischen. Gefühlsstarke Empfindungen, erheblicher Ehrgeiz und ruheloser Tatendrang werden durch das sehr große Ohrläppchen unterstrichen.

Das gesamte, in allen Strukturen kräftige Ohr Reagans zeigt einen äußerst vitalen, impulsiven und kontaktreichen Menschen. Eiserne Willenskraft, Unbeirrbarkeit und eine oft egozentrische Verbissenheit verstärken sein kämpferisches Naturell. Er ist kein sensibler, schöpferischer Geist, sondern tritt eher fanatisch für Recht und Freiheit ein.

Von Politikerinnen mit mittelgroßen Ohren seien hier Margaret Thatcher, die langjährige Premierministerin Großbritanniens, sowie Monika Wulf-Mathies, die Vorsitzende der Gewerkschaft ÖTV, genannt. In den Ohrformen der beiden Frauen kommt der Unterschied in der Persönlichkeit gut zum Ausdruck.

Margaret Thatcher

Margaret Thatchers mittelgroßes Ohr (Abb. 50) ist wohlstrukturiert und dokumentiert Verstand sowie Nüchternheit der Überlegungen. Das Ohr ist insgesamt schön gestaltet, die Dreiteilung und die leichte Verjüngung nach unten zeigen sich hier vorbildlich. Dies bringt moralische Stabilität der Lebenseinstellung zum Ausdruck.

Die Außenleiste ist kräftig, aber ebenmäßig entwickelt und umrandet das Ohr in wohlgefälliger Rundung. Das bedeutet klare Denkweise und außergewöhnliche Willensstärke. Die breite, sehr schön geformte Innenleiste steht für imponierendes Selbstbewußtsein und Durchsetzungswillen. Auffallend ist der sehr tiefe Einschnitt, der Hartnäckigkeit und Verbissenheit, zugleich aber auch nahezu starrsinnige Unbeweglichkeit ausdrückt.

Margaret Thatchers Ohrläppchen ist groß, und das schmeichelt ihr, denn es beweist doch sehr viel Gemüt, allerdings auch ein gehöriges Maß an Ehrgeiz und Egozentrik. Weiterhin drückt sich darin eine vitale, unermüdliche Kampfkraft aus.

Monika Wulf-Mathies

Das mittelgroße Ohr von Monika Wulf-Mathies (Abb. 51) zeigt eine extrem dünne Außenleiste. Dies ist gewöhnlich ein Beweis für Gefühlsarmut und einen Mangel an warmherzigen, mitmenschlichen Empfindungen. Die stark ausgeprägte Innenleiste ist hervorgehoben, was für Selbstbewußtsein und Überheblichkeit spricht, Eigenschaften, die offensichtlich dominieren. Die sehr große und schön umrandete Ohrbucht weist auf vielseitige Interessen hin. Eine stabile Lebenshaltung zeigt sich im sehr markanten Einschnitt, der allerdings auch wenig Großzügigkeit bedeutet. Das Ohrläppchen ist dem Gesamtohr harmonisch angepaßt, angewachsen und deutet somit auf nüchterne, eher illusionslose Denkweise.

Lothar Späth

Politiker mit sehr kleinen Ohren gibt es kaum. Man kann eher von »relativ« kleinen Ohren sprechen, wie beim Ohr des ehemaligen baden-württembergischen Ministerpräsidenten Lothar Späth (Abb. 52). Hier fällt eine im Anfangsteil sehr breite, überlappende, eckig verlaufende Außenleiste auf. Sie spricht für starke Vitalität bei geringer Sensibilität. Die Knickbildung der Leiste mit dem anschließenden senkrechten Verlauf weist auf Eigensinn und stark egozentrische Verhaltensweisen hin. Die Innenleiste ist sehr gut konturiert. Sie umschließt eine große, wohlgeformte Ohrbucht. Dies bedeutet, daß wir es mit einer sehr selbstbewußten Persönlickeit zu tun haben, die den Vorgängen des Lebens und auch allen kulturellen Belangen mit viel Verständnis gegenübersteht. Dafür spricht auch der weite Einschnitt am unteren Ende der Ohrbucht. Das große, nicht angewachsene Ohrläppchen signalisiert Emotionalität, unternehmerische Aktivität und Kontaktfreude.

Lothar Späth ist demnach eine pragmatisch ausgerichtete, starke, von sich überzeugte Persönlichkeit mit entsprechend ausgeprägtem Selbstbewußtsein. Kontaktfreude und mitmenschliche Empfindungen erleichtern es ihm, sich in der Gesellschaft durchzusetzen. Konstruktiver Ideenreichtum ist aus den Ohrstrukturen nicht zu erkennen.

Jimmy Carter

Jimmy Carter, der frühere amerikanische Präsident, hat von allen Beispielen das kleinste Ohr (Abb. 53). Es ist im ganzen kompakter, die Strukturen sind härter und plumper. Eine bevorzugte Entwicklung des oberen Ohranteils fehlt, was auf einen Mangel an illusionärer Begeisterung und schöpferischem Denken hinweist. Die Außenleiste ist in allen Abschnitten abnorm stark entwickelt. Sie verläuft bis zur Endspitze des Ohres unregelmäßig. Dies bedeutet erhebliche Vitalität, Willensstärke bis zu sturer Beharrlichkeit. Die im Anfangsteil besonders kräftig entwickelte Außenleiste ist ein Zeichen von starker Impulsivität. Nach der Knickbildung im mittleren Abschnitt verläuft sie senkrecht nach unten und verdickt sich am Ende des Ohres, was erheblichen Eigensinn ausdrückt und Sensibilität nahezu ausschließt. Die Innenleiste ist insgesamt sehr breit. Das bedeutet starkes Selbstbewußtsein, Ehrgeiz, Ausdauer, Energie und ein beachtliches Maß an Egozentrik. Gutes Gedächtnis und Konzentrationsfähigkeit zeigen sich im markanten Einschnitt am unteren Ende der Ohrbucht. Das breite, bandförmige und angewachsene Ohrläppchen spricht für egozentrisches Verhalten sowie einen Mangel an Kontaktfreudigkeit und Kompromißbereitschaft. Die Ohrbucht ist wohlgeformt, doch nicht allzu groß. Dies läßt auf Einschränkung musischer und kultureller Interessen schließen.

Seinen Ohren nach zu schließen ist Jimmy Carter als willensstarke, eigensinnige, sehr vitale, ehrgeizige und dynamische Persönlichkeit einzuschätzen. Seine hervorstechendste Eigenschaft ist das logische Analysieren der Gegebenheiten.

Große Ohren
profilierter Politiker

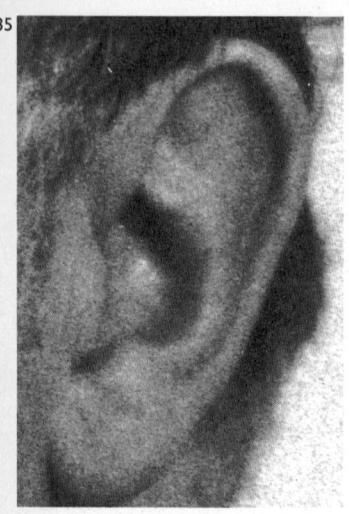

35 Franz Josef Strauß, ehemaliger
bayerischer Ministerpräsident

Selbstbewußtsein und
Durchschlagskraft.
Ohrbucht wohlgeformt:
spricht für Aufgeschlossenheit und vielseitiges Interesse.
Sehr tiefer Einschnitt:
spricht für Konzentrations-
stärke, Beharrlichkeit, bisweilen Engstirnigkeit.
Ohrläppchen groß, harmo-
nisch dem Gesamtohr ange-
paßt, nicht angewachsen:
spricht für einen lebensfreudigen, emotionalen, ehrgeizigen Verstandesmenschen.

Im ganzen kräftiges Ohr:
spricht für erhebliche Vitalität und Aktivität.
Starke, bis zum Ohrläpp-
chen in gleicher Breite
durchgezogene Außenleiste:
spricht für Dynamik und
Willensstärke.
Innenleiste sehr breit, gut
konturiert und mit
schwungvoller Linienfüh-
rung am unteren Ende:
spricht für erhebliches

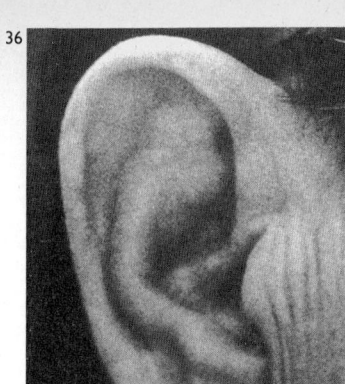

36 Hans-Dietrich Genscher,
ehemaliger deutscher
Außenminister

Großes, schön strukturiertes, nach unten sich verjüngendes Ohr mit bevorzugter Entwicklung des oberen Ohranteils: spricht für einen intelligenten, illusionsstarken, phantasievollen und umsichtigen Menschen.
Außenleiste gut ausgeprägt, von der Mitte der Ohrbucht beginnend, in schöner Umrundung bis zum Ohrläppchen langgezogen, im mittleren Abschnitt senkrecht verlaufend: spricht für einen willensstarken, empfindlichen, eigensinnigen Menschen.
Innenleiste im gesamten Verlauf breit, im oberen Abschnitt konisch: spricht für einen ideenreichen, selbstbewußten und auch etwas selbstherrlichen Menschen.
Ohrbucht mäßig groß: spricht für eine ausgeprägte Wahrung der eigenen Interessen.
Einschnitt tief: spricht für Beharrlichkeit, Stabilität, bisweilen Unbeweglichkeit.
Ohrläppchen groß, nicht angewachsen: spricht für Ehrgeiz, Geltungsbedürfnis, Ausdauer, große Aktivität, Emotionalität und lebensfreudige Einstellung.

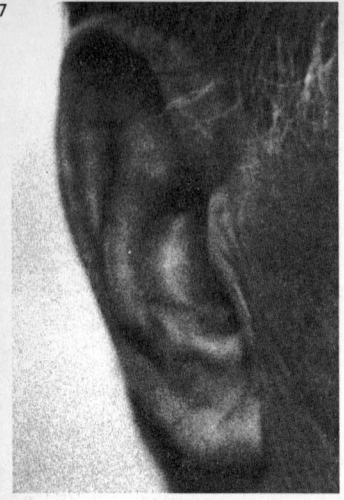

37

37 François Mitterrand,
französischer Staatspräsident

Großes Ohr mit eindrucksvoller Dreiteilung bei stark
bevorzugter Entwicklung
des oberen Ohranteils:
spricht für einen ideenreichen, phantasievollen, feinfühligen, hochintelligenten
Menschen.
Außenleiste schmal, aber
gut konturiert mit Knickbildung und senkrechtem Ver-
lauf im mittleren und unteren Abschnitt: spricht für
einen sehr sensiblen, eitlen,
höchst eigensinnigen Men-
schen mit starkem sozialen
Empfinden.

Innenleiste kräftig und sehr
schön in der Linienführung:
spricht für Klarheit des Denkens und gute Auffassungsgabe.
Ohrbucht wohlgeformt, gut
ausgebildet: spricht für vielseitiges Interesse und hohes
kulturelles Niveau.
Einschnitt markant, tief:
spricht für Stabilität der Gedanken und Gefühle, Be-
harrlichkeit, bisweilen Unbeweglichkeit.
Ohrläppchen relativ klein,
nicht angewachsen, harmo-
nisch der Ohrform ange-
paßt: spricht für einen illusionsfreien, nüchtern denkenden Verstandesmen-
schen.

*Große, besonders
schön strukturierte Ohren
profilierter Politiker*

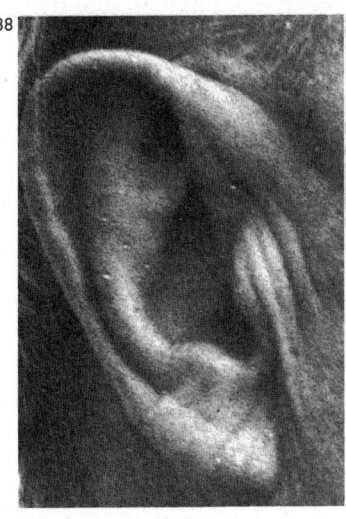

Innenleiste sehr breit, mit
schöner Linienführung im
unteren Verlauf: spricht für
erhebliches Selbstbewußt-
sein, Selbstherrlichkeit,
Durchschlagskraft, Ideen-
reichtum.
Ohrbucht sehr groß, wohl-
geformt: spricht für hohes
geistiges Niveau, vielseitiges
Interesse.
Einschnitt stark ausgeprägt:
spricht für Beherrschung,
stabile Lebensführung.
Ohrläppchen breit, bandförmig, angewachsen: spricht
für höchst eigensinnige, zuweilen starrsinnige Verhaltensweise, ausgeprägten
Egoismus.

38 Konrad Adenauer, erster
Bundeskanzler der Bundesrepublik
Deutschland

Großes, wohlstrukturiertes
Ohr mit bevorzugter Ent-
wicklung des oberen Ohranteils: spricht für Intelligenz,
Ideenreichtum, Illusions-
stärke, Phantasie.
Außenleiste schön in Form
und Linienführung, lang
durchgezogen: spricht für
Willensstärke, hohes geistiges Niveau.

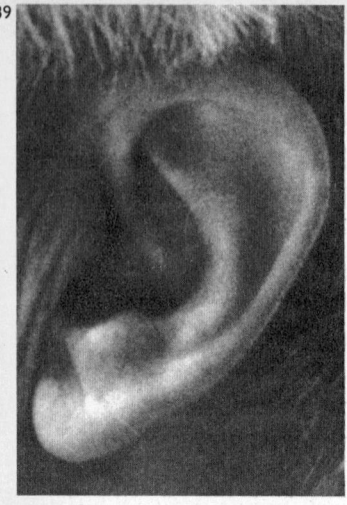

39 Richard von Weizsäcker,
Präsident der Bundesrepublik
Deutschland

spricht für großes Selbstbewußtsein, Durchsetzungs-
willen.
Ohrbucht sehr groß und
wohlgeformt: spricht für beachtliches geistiges und kulturelles Niveau und starkes
soziales Empfinden.
Einschnitt markant, nicht
zu eng, nicht zu tief: spricht
für Stabilität der Lebensführung und Aufrichtigkeit.
Ohrläppchen schön ge-
formt, gut ausgebildet, nicht
angewachsen: unterstreicht
das geistige und moralische
Niveau der Persönlichkeit.

Großes, kräftiges, sehr
schön strukturiertes Ohr
mit eindrucksvoller Dreiteilung: spricht für begeisterungsstarke, ideenreiche, intelligente, kultivierte Persönlichkeit.
Außenleiste kräftig, wohlgeformt, bis zum Ohrläpp-
chen durchgezogen: spricht
für Willensstärke, Aus-
dauer, Beharrlichkeit, Eigensinn, Gefühlsstärke.
Innenleiste breit, gut konturiert mit feiner Linienführung im unteren Abschnitt:

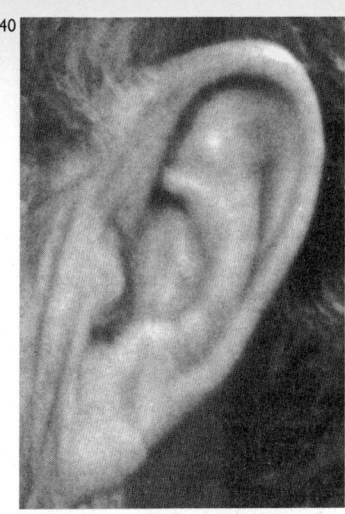

40 George Bush, ehemaliger
amerikanischer Präsident

Großes, wohlstrukturiertes
Ohr mit eindrucksvoller
Dreiteilung und stark bevorzugter Entwicklung des oberen Ohrabschnitts: spricht
für einen begeisterungsfähigen, sehr kultivierten Menschen von hohem geistigen
und moralischen Niveau.
Außenleiste gut entwickelt,
scharf konturiert, bis zum
Ohrläppchen durchgezogen:
spricht für Intelligenz, Willensstärke, geordnetes Gefühlsleben.
Senkrechter Verlauf der Außenleiste im mittleren und
unteren Abschnitt: spricht
für Eitelkeit und Eigensinn.
Innenleiste im oberen Ab-
schnitt kräftig, konisch geformt, anschließend mit elegantem Verlauf: spricht für
Selbstbewußtsein, Einfallsreichtum, Energie, Zielstrebigkeit und Standfestigkeit.
Ohrbucht groß, wohlge-
formt: spricht für vielseitiges Interesse.
Einschnitt kräftig, tief:
spricht für Beharrlichkeit,
Stabilität und betont erheblichen Eigensinn.
Ohrläppchen sehr groß:
spricht für große Aktivität,
Ehrgeiz, Vitalität, nüchterne
Denkart.

*Große Ohren, Papst
und profilierter Politiker*

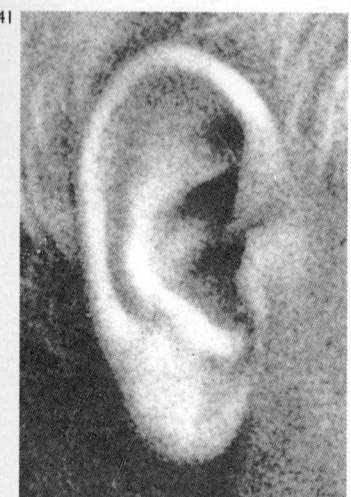

kraftvolle Persönlichkeitsdarstellung.
Ohrbucht groß, wohlge-
formt: spricht für vielseitiges Interesse sowie beachtliches geistiges und moralisches Niveau.
Einschnitt am unteren Ende
der Ohrbucht markant,
weit: spricht für Großzügigkeit und viel Verständnis
für alle Lebensvorgänge.
Ohrläppchen groß, form-
schön, nicht angewachsen:
spricht für Vitalität, große
Aktivität und Ehrgeiz.

41 Papst Johannes Paul II.

Großes, wohlstrukturiertes
Ohr mit markanter Dreiteilung: spricht für intelligenten, phantasiereichen, sehr
aktiven Menschen.
Außenleiste gleichmäßig
mit schönem Kurven-
verlauf: spricht für
hohen Verstand und
Willensstärke.
Innenleiste breit, gut konturiert mit elegantem Kurvenverlauf: spricht für Selbstbewußtsein, Energie und

160

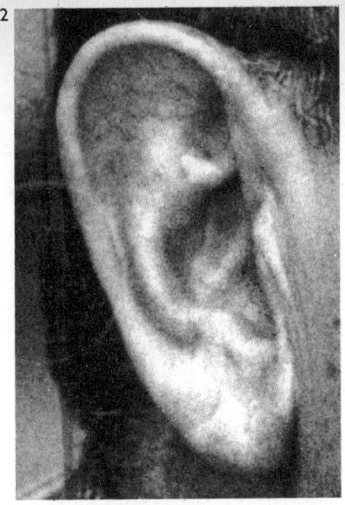

42 Friedrich Zimmermann,
bayerischer Politiker

Großes Ohr mit guter Dreiteilung und bevorzugter Entwicklung des oberen Ohrabschnitts: spricht für Illusionsstärke, Begeisterungsfähigkeit und Verstand.

Außenleiste relativ zart mit senkrechtem Verlauf im mittleren und unteren Abschnitt: spricht für Sensibilität, Weitsicht und Eigensinn (= senkrechter Verlauf im mittleren Abschnitt).

Innenleiste im gesamten Verlauf breit und stark entwickelt: spricht für Selbstbewußtsein und Beharrlichkeit.

Ohrbucht knapp mittelgroß: spricht für begrenzte Dynamik.

Einschnitt am unteren Ende der Ohrbucht relativ tief und schmal: betont Beharrlichkeit und stabile Lebensführung.

Ohrläppchen groß, nicht angewachsen: spricht für einen kontaktfreudigen, emotionalen und aktiven Menschen.

161

*Große Ohren
profilierter Politiker*

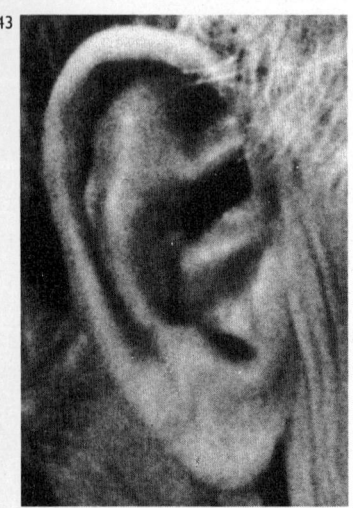

ches Selbstbewußtsein, Beharrlichkeit, Ehrgeiz, beachtliche Energie sowie eine gewisse Unbeweglichkeit. Ohrbucht sehr groß, wohlgeformt: spricht für vielseitiges Interesse, gute Beobachtungsgabe, musisches und soziales Empfinden. Einschnitt am unteren Ende der Ohrbucht wohl ausgebildet: spricht für Stabilität in der Lebensführung. Ohrläppchen nicht groß, nicht angewachsen: spricht für nüchterne Denkweise.

43 Heiner Geißler, ehemaliger Generalsekretär der CDU

Großes Ohr mit scharfen, markanten, eckigen Strukturen: spricht für Kampfgeist.
Außenleiste stark ausgebildet mit Knicken und senkrechtem Verlauf im mittleren Abschnitt: spricht für Vitalität, Eigensinn, Unnachgiebigkeit.
Innenleiste im Anfangsteil breit, im unteren Verlauf schmal: spricht für erhebli-

162

*Große Ohren bei Frauen
in Politik und Wirtschaft*

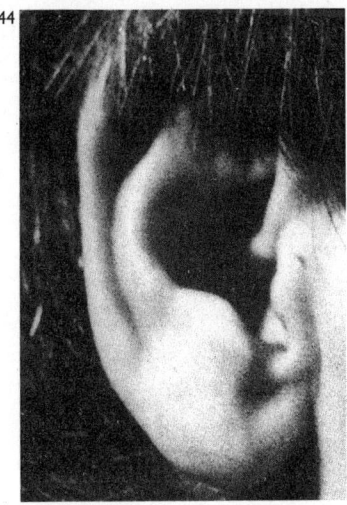

44 Rita Süssmuth, Präsidentin des
Deutschen Bundestages

Beharrlichkeit, Unnachgiebigkeit.

Ohrbucht groß: spricht für geistige Regsamkeit, vielseitiges Interesse.

Einschnitt sehr tief: spricht für Verbissenheit, Festhalten an Details und teilweise Unbeweglichkeit.

Ohrläppchen breit und groß: spricht für erhebliche Aktivität, beachtliche Energie sowie gute Wahrnehmung der eigenen Interessen.

Großes, dickes, etwas verbogenes Ohr: spricht für Mangel an Feinfühligkeit und Minderung weiblicher Anmut.

Außenleiste sehr kräftig: spricht für Eigensinn (senkrechter Verlauf im mittleren Abschnitt), Willenskraft und Kampfgeist.

Innenleiste sehr stark, scharf umrissen: spricht für

163

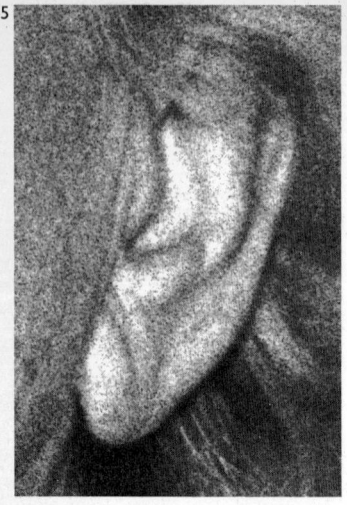

45 Grete Schickedanz, deutsche
Versandhauschefin

Sehr großes Ohr, fehlende
Dreiteilung und bevorzugte
Entwicklung des unteren
Ohrabschnitts: spricht für
Egozentrik, Minderung mit-
menschlichen Empfindens
und Vorherrschen materiel-
len Denkens.
Außenleiste dünn mit
Knickbildung: spricht für
Gefühlsarmut und persönli-
che Überempfindlichkeit,
der senkrechte Verlauf der
Leiste im mittleren Ab-
schnitt betont erheblichen
Eigensinn.
Innenleiste im oberen Ab-

schnitt sehr breit: spricht
für Selbstherrlichkeit, aber
auch für Ideenreichtum.
Ohrbucht klein: betont gefühlsarmes, vorwiegend ma-
terielles Denken.
Ohrläppchen sehr groß,
nicht angewachsen: spricht
für dynamische Aktivität,
Lebensfreude, Selbstsicherheit, erheblichen Ehrgeiz
und einen ausgeprägten Egoismus.
Einschnitt am unteren Ende
der Ohrbucht tief: spricht
für stabile Lebenseinstellung und teilweise Engherzigkeit.

*Mittelgroße Ohren
bei profilierten Politikern*

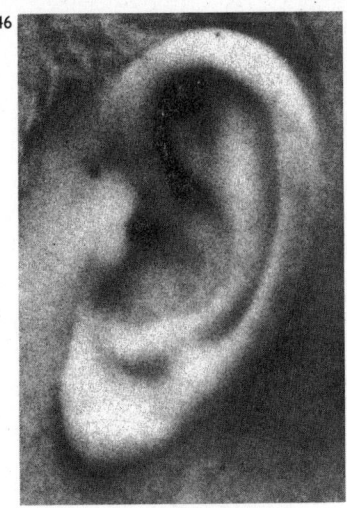

46

46 Michail Gorbatschow,
ehemaliger Präsident der
ehemaligen UdSSR

spricht für Selbstbewußt-
sein, Energie, Zielstrebigkeit, Ausdauer, klare Beurteilung der Lebensvorgänge.
Ohrbucht groß, formschön:
spricht für vielseitiges Interesse und gute Beobachtungsgabe.
Einschnitt am unteren Ende
der Ohrbucht abgeflacht:
spricht für wenig gehemmte
Verhaltensweise.
Ohrläppchen mittelgroß,
nicht angewachsen: spricht
für nüchterne, logische,
emotionsfreie Denkart.

Mittelgroßes, schön strukturiertes Ohr: spricht für Vorherrschen von Logik und
Verstand.
Außenleiste sehr kräftig, bis
zum Ohrläppchen durchge-
zogen: spricht für unge-
wöhnliche Willensstärke,
Unbeirrbarkeit, Gefühls-
kälte.
Innenleiste kräftig, sehr gut
konturiert, formschön:

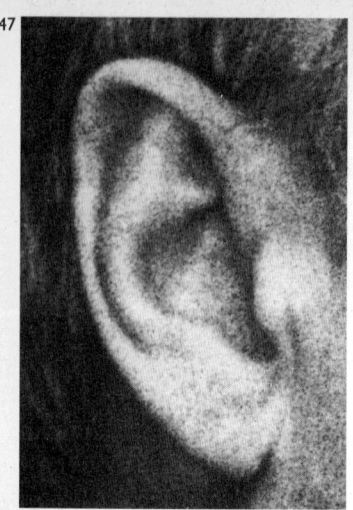

47 Boris Jelzin, russischer Präsident

Mittelgroßes Ohr mit fast gleichstarker Entwicklung aller Ohrabschnitte, also ohne Dreiteilung, aber scharf konturiert: spricht für egozentrisches Verhalten, mangelnde menschliche Wärme, kühle Berechnung.

Außenleiste anfangs breit: spricht für Vitalität; anschließend starke Knickbildung und senkrechter Verlauf im mittleren und unteren Abschnitt: spricht für hohes Maß an Eigensinn;

Innenleiste sehr breit, aber gut konturiert: spricht für große Energie, Selbstbewußtsein, Durchsetzungsvermögen.

Ohrbucht groß, schön geformt: spricht für gute Beobachtungsgabe und vielseitiges Interesse.

Einschnitt am unteren Abschnitt der Ohrbucht sehr tief: spricht für Konzentration, Verbissenheit, bisweilen Engherzigkeit und Unbeweglichkeit.

Ohrläppchen mittelgroß, der Ohrform harmonisch angepaßt: spricht für kühlen Verstandesmenschen.

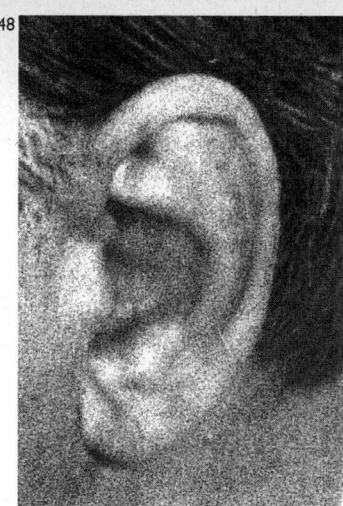

48 Helmut Schmidt, ehemaliger Bundeskanzler

Knapp mittelgroßes Ohr, fehlende Dreiteilung, fast gleichmäßige Entwicklung der drei Ohrabschnitte: spricht für deutliche Minderung mitmenschlicher Empfindungen.

Leisten wesentlich schmaler als bei Abbildung 46, doch mit gefälligen Strukturen: spricht für geringeres Durchsetzungsvermögen, jedoch für nüchternes, logisches Denken.

Außenleiste lang durchgezogen, mittelstark, mit elegantem Kurvenverlauf: spricht für Willensstärke, Beherrschung, Intelligenz.

Innenleiste im gesamten Verlauf sehr breit: spricht für starkes Selbstbewußtsein, Ehrgeiz, Profilierungsdrang, Zielstrebigkeit und Eigensinn.

Ohrbucht groß und wohlgeformt: spricht für vielseitiges Interesse und gute Beobachtungsgabe.

Einschnitt am unteren Ende der Ohrbucht ausgeprägt: spricht für Konzentrationsfähigkeit und Beharrlichkeit.

Ohrläppchen mittelgroß, der Ohrform angepaßt: spricht für beherrschte, illusionsfreie, gefühlsarme, nüchterne, verstandesorientierte Persönlichkeit.

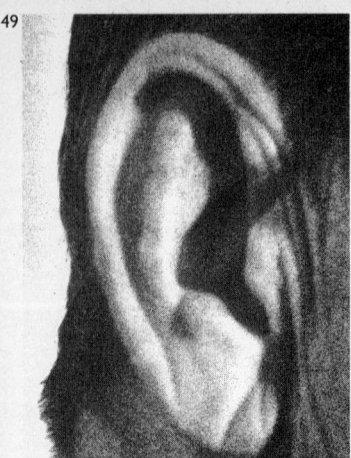

49 Ronald Reagan, ehemaliger
Präsident der USA

Sehr kräftiges, konturenstarkes Ohr: spricht für ungewöhnliche Vitalität und Dynamik.
Außenleiste im gesamten Verlauf dick und breit: spricht für Willensstärke, Unbeirrbarkeit, Eigensinn und Ausdauer.
Innenleiste sehr stark und gut konturiert: spricht für erhebliches Selbstbewußtsein, Ehrgeiz, Zielstrebigkeit und Profilierungsdrang.
Ohrbucht relativ klein: spricht für mangelndes mu-

sisches und kulturelles Interesse.
Einschnitt sehr tief: spricht für Konzentration, Beharrlichkeit bis zur Verbissenheit.
Großes, der Ohrform angepaßtes Ohrläppchen: spricht für gefühlsbetonte Begeisterungsfähigkeit, hohes Energiepotential und lebensfreudige Vitalität.

*Mittelgroße Ohren
bei Frauen in der Politik*

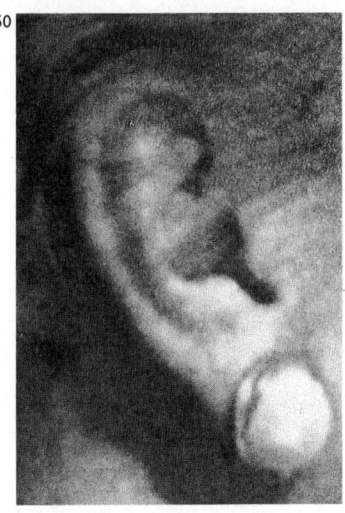

50

50 Margaret Thatcher, ehemalige
britische Premierministerin

Mittelgroßes, wohlgeformtes Ohr: spricht für illusionsfreies, nüchternes
Denken, Vorherrschen des
Verstandes.
Außenleiste kräftig ausgebildet mit schöner Run-
dung, ebenmäßig geformt
und lang ausgezogen:
spricht für Willensstärke,
Konzentration und Aus-
dauer.
Innenleiste im oberen Ab-

schnitt breit: spricht für erhebliches Selbstbewußtsein,
Ehrgeiz, Zielstrebigkeit,
Kampfkraft.
Ohrbucht mittelgroß:
spricht für überwiegend
praktische, materielle, weniger musische Lebenseinstellung.
Einschnitt am unteren Ende
der Ohrbucht sehr tief:
spricht für Verbissenheit bis
zum Starrsinn, bisweilen
Unbeweglichkeit, beharrli-
ches Festhalten an fixierten
Vorstellungen.
Ohrläppchen sehr groß:
spricht für erhebliche Aktivität, Vitalität und Eitelkeit.

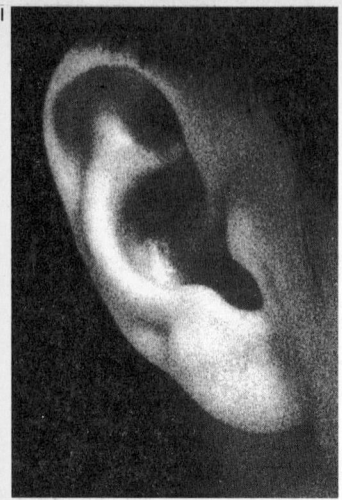

51 Monika Wulf-Mathies,
Gewerkschaftsvorsitzende ÖTV

Mittelgroßes Ohr: spricht
für illusionsfreies, nüchternes Denken.
Außenleiste zu Beginn breit
(Ausdruck von Vitalität),
anschließend sehr dünn mit
Knickbildung und senk-
rechtem Verlauf: spricht für
Eigensinn und Gefühlsar-
mut.
Innenleiste stark ausgebildet
mit scharf umrissenen Konturen: spricht für erhebliches Selbstbewußtsein, Zielstrebigkeit und Profilie-
rungsdrang.
Ohrbucht groß, wohlge-
formt: spricht für vielseitiges Interesse und geistige
Regsamkeit.
Einschnitt am unteren Ende
der Ohrbucht ziemlich tief:
spricht für Beharrlichkeit
bis zur Verbissenheit, bisweilen Unbeweglichkeit.
Ohrläppchen ziemlich groß,
breit, angewachsen: spricht
für erhebliche Aktivität,
großes Energiepotential,
starke Ichbezogenheit, Unnachgiebigkeit sowie ver-
minderte Kontaktfähigkeit.

*Kleine oder
relativ kleine Ohren
bei profilierten Politikern*

Innenleiste kräftig, gut konturiert: spricht für Selbstbewußtsein.

Ohrbucht groß und wohlgeformt: spricht für Aufgeschlossenheit und vielseitiges Interesse.

Einschnitt am unteren Ende der Ohrbucht abgeflacht: spricht für großzügige Beurteilung der Lebensvorgänge.

Ohrläppchen sehr groß, breit, nicht angewachsen: spricht für sehr aktiven, emotionalen, lebensbejahenden, ehrgeizigen Menschen.

52

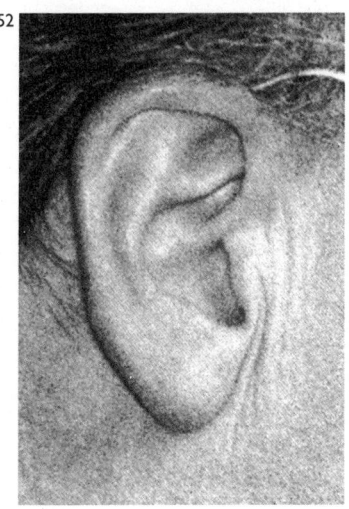

52 Lothar Späth, ehemaliger
Ministerpräsident von
Baden-Württemberg

Kräftiges Ohr: spricht für erhebliche Vitalität.
Außenleiste am Anfang stark entwickelt, dann Knickbildung und senkrechter Verlauf, breit bis zum Ohrläppchen durchgezogen: spricht für hohes Maß an Vitalität, Eigensinn, Profilierungsdrang, Eitelkeit und Willenskraft.

171

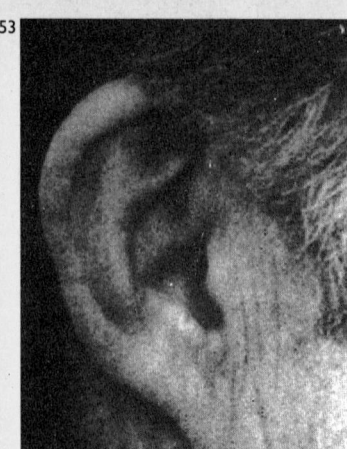

53 Jimmy Carter, ehemaliger
Präsident der USA

Kleines, sehr kräftiges, konturenstarkes Ohr: spricht
für erhebliche Vitalität und
mangelnde Sensibilität.
Außenleiste sehr stark, im
mittleren Abschnitt senk-
recht verlaufend und bis ins
Ohrläppchen hineingezo-
gen: spricht für Dynamik,
Willensstärke, Unnachgie-
bigkeit, Beharrlichkeit, Eigensinn, mangelnde Fein-
fühligkeit und egozentri-
sche Grundeinstellung.
Innenleiste im gesamten
Verlauf sehr breit: spricht
für Ehrgeiz, Profilierungsdrang und erhebliches
Selbstbewußtsein bei herabgesetzter Selbstkritik.
Einschnitt am unteren Ende
der Ohrbucht tief: spricht
für Verbissenheit, Aus-
dauer, Stehvermögen und
Stabilität.
Ohrläppchen breitbandig,
angewachsen: spricht für
egozentrisches, sehr aktives,
wenig rücksichtsvolles Verhalten.

Bei der Drucklegung des Buches »Was Ohren verraten« im Jahre 1991 war dieses Kapitel in der von mir gewählten Form von akutem Interesse. Die politischen Geschehnisse haben inzwischen die ausgewählten Kandidaten überrollt. Das ändert aber nichts an dem Wert der Charakteranalyse aus den abgebildeten Ohrstrukturen. Dies veranlaßt mich, das Kapitel unverändert zu belassen, zumal die von mir erstellten Analysen durch die Ereignisse bestätigt wurden. Es ist somit bei dem nachfolgenden Originaltext meiner Ausführungen vor 2 Jahren zu berücksichtigen, daß sich das politische Bild etwas verschoben hat.

Wie die Wahl des Bundeskanzlers 1990 ausging, ist hinlänglich bekannt. Vielleicht ist es aber nachträglich interessant zu wissen, ob sich aus den Ohrstrukturen der beiden damaligen Kanzlerkandidaten, Kohl und Lafontaine, Charakterzüge herauslesen lassen, die das Ergebnis bestätigen. Und sicher noch interessanter wäre in diesem Zusammenhang die Frage, ob Kohl oder Engholm – vorausgesetzt, es kommt zu einer Konkurrenz zwischen beiden bei der nächsten Bundeskanzlerwahl – die größeren Chancen einzuräumen sind. Selbstverständlich können Prognosen aufgrund von Ohrstrukturen keine Meinungsumfrage ersetzen. Aber wir wissen ja alle, daß auch die nach strengen Gesetzmäßigkeiten der Statistik ausgewerteten Umfragen nicht immer zu todsicheren Ergebnissen führen. Versuchen wir also hier einmal, nach den bisher aufgestellten Regeln für die Ohranalyse einige wesentliche Charakterzüge der beiden genannten Politiker herauszufinden. Inwieweit sich daraus Wahlvorhersagen ableiten lassen, mag jedem selbst überlassen bleiben.

Helmut Kohl

Bundeskanzler Helmut Kohl hat ein auffallend schmales Ohr (Abb. 54). Je schmaler ein Ohr im Verhältnis zu einem normal breiten Ohr ist, desto stärker eingeschränkt sind Gefühlsleben und natürliche Lebensentfaltung. Gedanken und Empfindungen von Menschen mit halben Ohren sind weitgehend fixiert, und diese Personen erscheinen erheblich ichbezogen. Es gehört schon einiges dazu, sie in ihrem Selbstbewußtsein zu erschüttern. Helmut Kohls Ohr ist zudem im ganzen noch von dicker Konsistenz mit abnorm starker Außen- und Innenleiste. Dies läßt auf Hartnäckigkeit, unbeugsamen Willen und großes Stehvermögen schließen. Auch die sehr dicke, plump wirkende und bis zum Ohrläppchen durchgezogene Außenseite drängt eine Deutung in dieser Richtung auf: Sie bringt erhebliche Energie, Beharrlichkeit, Fleiß, aber auch geringe Sensibilität zum Ausdruck. Ein gewisses Maß an Eigensinn unterstreicht der senkrechte Verlauf der Außenleiste im mittleren Abschnitt. Die im oberen Teil sehr breite Innenleiste steht einerseits für Selbstherrlichkeit und Machtstreben, verrät andererseits aber auch eine ideenreiche Persönlichkeit.

Das abnorm breite, bandförmige, angewachsene Ohrläppchen bedeutet Phantasie und Begeisterungsvermögen und eine mitunter an Naivität grenzende illusionsreiche Vorstellungskraft. Zugleich steht ein solches Ohrläppchen aber auch für dynamische, sehr ehrgeizige, ichbezogene Handlungen. Auch die relativ kleine Ohrbucht verrät die Ausrichtung der Gedanken auf die eigene Person. Sie drückt einen Mangel an warmherziger Kontaktfreudigkeit aus. Personen im Umfeld solcher Menschen bleibt meist nur wenig Spielraum zu eigener Initiative; sie werden »überrollt«.

Der tiefe, langgezogene Einschnitt am unteren Ende der Ohrbucht ist sowohl ein Zeichen von Konzentration, Beharrlichkeit und Traditionsverbundenheit, aber auch von mangelnder Flexibilität. Zusammenfassend muß Helmut

Kohl aufgrund einer Analyse seiner Ohren als eigensinnige, herrschsüchtige, willensstarke und etwas gefühlsarme Persönlichkeit gesehen werden. Die Strukturen seiner Ohren sprechen für Offenheit, Unbestechlichkeit und Stabilität sowie eine Beharrlichkeit, die um des eigenen Standpunkts willen auch den Kampf nicht scheut.

Oskar Lafontaine

Das Ohr Oskar Lafontaines (Abb. 55) ist formschöner und zarter entwickelt als die Ohren von Helmut Kohl und Björn Engholm. Dadurch drückt sich eine etwas höhere Sensibilität und Intelligenz aus. Zwar läßt das Ohr die bevorzugte Entwicklung des oberen Anteils vermissen und damit auch schöpferische Gedankengänge und mitreißende Begeisterungsfähigkeit, doch ist der obere Ohranteil insgesamt recht gut ausgeprägt und zum Gesamtohr harmonisch gestaltet. Das weist auf verstandesmäßige Überlegungen hin. Die Außenleiste ist zart, mit einer Knickbildung im oberen Abschnitt, und verläuft im mittleren Drittel senkrecht. Die zarte Leiste spricht einerseits für Feinfühligkeit, andererseits für eine Minderung der Willenskraft und des Stehvermögens, der senkrechte Verlauf charakterisiert erheblichen Eigensinn und Unbeeinflußbarkeit. Die schmale Leiste weist zudem auf eine Neigung der Gedanken ins Illusionäre und Ichbezogene hin, was die Stabilität der Lebensführung beeinflussen kann. Die vorhandene hohe Sensibilität und die damit verbundene persönliche Überempfindlichkeit löst fast zwangsläufig Mißtrauen aus, was dazu führen kann, daß in vielen Situationen mit besonderer Vorsicht reagiert wird. Wesentliche Entscheidungen werden sorgfältig erwogen, bisweilen verzögert oder ganz unterlassen.

Die Innenleiste von Lafontaines Ohr ist im oberen und mittleren Drittel sehr breit und plump. Dies deutet auf ein hohes Maß an Selbstbewußtsein, Selbstherrlichkeit und aggressive Kampfhaltung hin. Die ausreichend große Ohrbucht spricht für Aufgeschlossenheit und vielseitiges Interesse. Der Einschnitt am unteren Ende der Ohrbucht ist gut ausgeprägt und formschön, was auf eine gewisse Lebensfreude deutet. Demgegenüber steht das kleine angewachsene Ohrläppchen für nüchterne, emotionsfreie und beherrschte Überlegung. Dadurch werden die oben beschriebenen Neigungen zu illusionären Ausbrüchen wiederum stark eingeschränkt.

Zusammenfassend könnte man Oskar Lafontaine – nach seinen Ohren zu urteilen – als einen sensiblen, intelligenten, nüchtern denkenden und sehr selbstbewußten Menschen bezeichnen, dessen Überempfindlichkeit und Selbstherrlichkeit seine Aktivitäten mitunter stark beeinflussen.

Björn Engholm

Bei Björn Engholm (Abb. 56 a/b) treffen wir auf zwei verschiedene Ohren mit gleicher Grundtendenz: Jedes Ohr ist von dicker Konsistenz und hat ebenso dicke, verbogene und geknickte Leisten. Dies drückt einerseits beachtliche Vitalität aus, andererseits eine ausgeprägt egozentrische Verhaltensweise und geringe Feinfühligkeit. Die vorhandenen Unterschiede beider Ohren lassen auf eine starke innere Unruhe schließen.

Die Außenleiste ist jeweils sehr kräftig und bis zum Ohrläppchen durchgezogen, wodurch eine starke Willenskraft betont wird. Die Knickbildungen und Verbiegungen sprechen für eine eigensinnige, wenig rücksichtsvolle Einstellung und originelle, teilweise auch abwegige Gedankengänge. Die abnorm dicke und breite Innenleiste dokumentiert Herrschsucht, Selbstgefälligkeit und Kampfgeist.

Aufgrund der Ohranalyse kann man Björn Engholm als eine eigensinnige, vitale Persönlichkeit von großer Ausdauer und beachtlichem Stehvermögen bezeichnen. Seine Gedankengänge äußern sich oft in ungewohnten, jedoch nicht immer originellen und mitreißenden Vorstellungen.

Die Ohren möglicher Kandidaten für die Wahl zum Bundeskanzler 1994

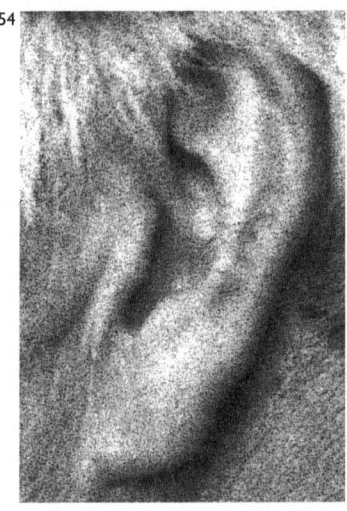

54 Helmut Kohl, Bundeskanzler

Schmales Ohr: spricht für eingeengte Gefühlsentfaltung mit Neigung zur Verschlossenheit.

Außenleiste sehr kräftig, etwas plump: spricht für erhebliche Willenskraft, Beharrlichkeit, Ausdauer, starke Ichbezogenheit, geringe Sensibilität und Einengung des Gefühlslebens. Innenleiste im oberen Abschnitt breit, konisch geformt, dann schmal, bogenförmig auslaufend: spricht für Selbstbewußtsein, Ehrgeiz, Ideenreichtum.

Ohrbucht klein: spricht für Herrschsucht, nüchterne Berechnung.

Einschnitt tief, langgezogen: spricht für Eigensinn, teilweise Unbeweglichkeit, Traditionsverbundenheit. Ohrläppchen sehr groß, bandförmig, angewachsen: spricht für erheblich egozentrische Grundeinstellung, illusionsstarke Begeisterungsfähigkeit, unermüdliche, wenig gehemmte Aktivität, Ehrgeiz und Profilierungsdrang.

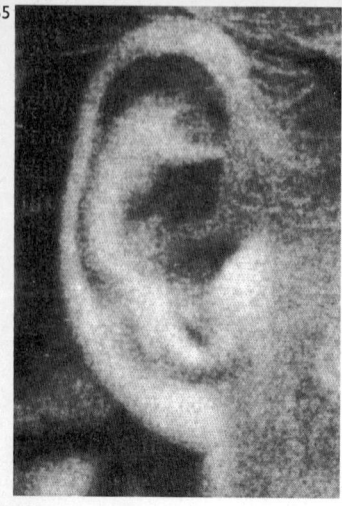

55 Oskar Lafontaine,
Ministerpräsident des Saarlandes

Mittelgroßes, kräftig strukturiertes Ohr: spricht für Verstand und Willensstärke. Außenleiste im oberen Abschnitt kräftig, im weiteren Verlauf schmal: spricht für einen vitalen, sehr empfindlichen, intelligenten Menschen.

Innenleiste im oberen Anteil sehr breit und plump: spricht für erhebliches Selbstbewußtsein, Geltungsdrang, Herrschsucht und Rechthaberei.

Ohrbucht sehr groß, wohlgeformt: spricht für vielseitiges Interesse.

Einschnitt sehr tief: spricht für Eigensinn, Festhalten an vorgefaßten Meinungen, gewisse Engstirnigkeit, stabile Lebenshaltung und Konzentrationsfähigkeit.

Ohrläppchen relativ klein, angewachsen: spricht für nüchterne, emotions- und illusionslose Denkweise, Beherrschung, leichte Introvertiertheit.

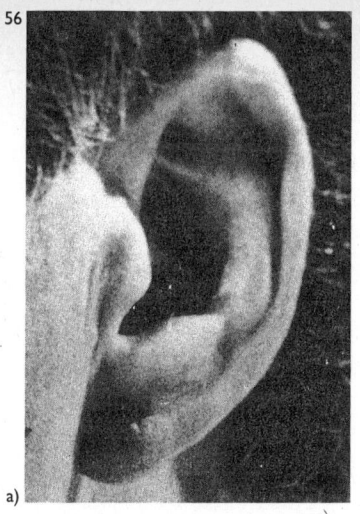

a)

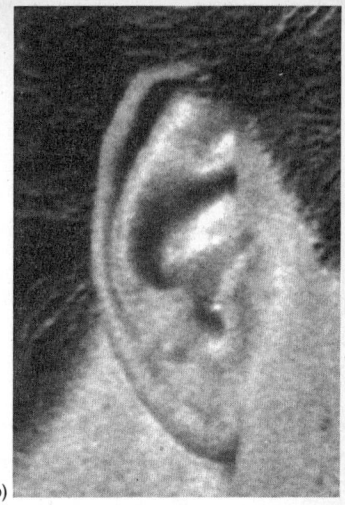

b)

56 a/b) Björn Engholm, ehemaliger Ministerpräsident von Schleswig-Holstein

Björn Engholm hat zwei unterschiedliche Ohren mit zwar gleicher Grundtendenz, aber dennoch sehr verschiedenem Aussagewert. Dadurch drückt sich bereits eine starke innere Unruhe bei erheblicher Aktivität aus (siehe auch Kapitel II/7).

Außenleiste krumm, verbogen, geknickt, links dicker, rechts dünner: spricht für erheblich egozentrisches Verhalten, abwegige, bisweilen unverständliche Gedankengänge.

Innenleiste bei beiden Ohren im ganzen Verlauf sehr breit: spricht für Selbstherrlichkeit, Geltungsdrang, Ehrgeiz.

Ohrbucht groß: spricht für vielseitiges Interesse.

Einschnitt sehr eng und tief: spricht für Festhalten an Details, mangelnde Beweglichkeit im Handeln und Denken.

Ohrläppchen relativ groß, angewachsen: spricht für Vitalität, Profilierungsdrang und illusionäre Vorstellungen.

Prominent sein, gefeiert und bewundert zu werden, sagt noch nichts über die geistige oder moralische Größe eines Menschen aus. Bei vielen anerkannten und erfolgreichen Persönlichkeiten des öffentlichen Lebens zeigen sich Eigenschaften, die den Umgang mit ihnen nicht gerade angenehm machen. Manche Künstler oder Schriftsteller, deren Leistungen uns begeistern, würden uns menschlich vielleicht enttäuschen. Bei ihrer Genialität übersieht man ihre negativen Eigenschaften. Genies sind durch ihre Begabung geradezu dazu verurteilt, »menschliche« Gefühle für ihre unmittelbare Umgebung zu verlieren, und vermutlich erschienen sie uns bei persönlichem Kennenlernen häufig abweisend oder egozentrisch. Man darf dabei aber nicht übersehen, daß außergewöhnliche Leistungen oft erst dadurch zustande kommen, daß sich schöpferische Menschen – zumindest zeitweilig – von gesellschaftlichen Zwängen frei machen. Gewisse Eigenarten sind fast zwangsläufig, und so lassen sich neben Ideenreichtum, schöpferischer Kraft und Phantasie sehr oft auch Egoismus und Eigensinn aus den Ohrstrukturen dieser Menschen herauslesen.

Inwieweit das öffentliche Erscheinungsbild einer Person mit ihren wahren charakterlichen Wesenszügen übereinstimmt, läßt sich für den Außenstehenden meist nicht beurteilen. Am ehesten ist dies noch bei Persönlichkeiten aus Politik und Wirtschaft möglich. Die Abbildungen 57 bis 63 belegen, daß das Handeln dieser Personen teilweise in den Ohrstrukturen seine Entsprechung findet.

Das eiförmige Ohr
hat meist negativ zu wertende Strukturen

Da ist zunächst das »elliptisch« geformte Ohr, das einem Ei ähnelt (Abb. 57) und durch folgende Merkmale gekennzeichnet ist: Das Charakteristische an der »Ohrellipse« ist die glatte Formlosigkeit der Strukturen. Es fehlen also entsprechende persönliche Merkmale, gleichzeitig kommt dadurch eine Starrheit im menschlichen Verhalten zum Ausdruck. Die Außenleiste wie auch die Innenleiste ist im wahrsten Sinn des Wortes »aalglatt«, und zwar im gesamten Kurvenverlauf. Dies spiegelt auch eine »aalglatte« Einstellung in Gewissensfragen wider. Die Ohrbucht wiederum ist klein, der Einschnitt nur angedeutet, und das formlose, große quadratische Ohrläppchen rundet die Inhaltslosigkeit der Ohrellipse ab. Dem Ohr fehlt die Dreiteilung, die Grundlage für stabile moralische Haltung und mitmenschliches Empfinden. Nicht einmal ein Anflug von Unterteilung in einen oberen, einen mittleren und einen unteren Abschnitt ist erkennbar. Die konturlos verlaufende Außenleiste drückt Eintönigkeit der Gedankengänge aus. Sie beginnt zudem nicht querverlaufend in der Mitte der Ohrbucht, sondern abgekürzt an deren Rand; dies ist stets ein Zeichen für eine Minderung der Gemütsempfindungen. Die breite und überlappende Außenleiste ist Ausdruck egozentrischer Vitalität.

An der Innenleiste erkennen wir bekanntlich die Darstellung der Persönlichkeit. Ist sie glatt wie hier, so dokumentiert dies, daß der Träger eines solchen Ohres kaum über die Fähigkeit verfügt, tiefergehende menschliche Beziehungen aufzubauen.

Die Ohrbucht als Kriterium lebensbejahender, kultureller und musischer Empfindungen ist sehr klein. Dadurch kommen Kaltherzigkeit, Zynismus und egozentrische Berechnung deutlich zum Ausdruck.

Das Ohrläppchen ist sehr groß, quadratisch, ohne Form

und Konturen. Es betont dadurch hemmungslose Rücksichtslosigkeit und kritiklose Aggressivität.

Träger solcher Ohren sind berühmt-berüchtigt. Das Ohr auf Abbildung 57 stammt von Stalins gefürchtetem Polizeichef Pawlowitsch Berija.

Saddam Hussein

Ein ähnlich geformtes Ohr zeigt die Abbildung 58, nämlich das von Saddam Hussein. Neben der bereits besprochenen elliptischen Ohrform, der fehlenden Dreiteilung als Ausdruck menschenunfreundlichen Verhaltens sowie den formlosen Strukturen als Zeichen brutaler Kaltherzigkeit sind hier noch einige weitere negative Merkmale erwähnenswert:

Die in allen Abschnitten gleich geformte Außenleiste weist im gesamten mittleren und unteren Anteil einen senkrechten, gestreckten Verlauf auf. Dies drückt erheblichen Eigensinn und Rechthaberei sowie Unbelehrbarkeit aus. Die Innenleiste ist in ihrem oberen Abschnitt breit und verwaschen, ein Zeichen von egozentrischer Rücksichtslosigkeit. Die Ohrbucht ist sehr klein, was das Machtstreben, die Ausrichtung aller Gedankengänge auf die eigene Person und eine zynische, fast bösartige Haltung unterstreicht. Auffallend ist auch das große quadratische, konturlose Ohrläppchen, das keinen Übergang vom mittleren Ohrabschnitt erkennen läßt. Diese Form wurde bereits im Kapitel II eingehend beschrieben; sie spricht einerseits für irreale Phantasie, emotionsgeladene Vitalität und unermüdliche Aktivität, andererseits für hemmungslose Aggressivität, die moralische und gesellschaftliche Normen außer acht läßt.

Für die Analyse von Saddam Husseins Ohren lagen mehrere Fotos mit völlig verschiedenen Ohrformen vor. Ein Vergleich mit Husseins Ohren ließ klar erkennen, daß es sich dabei um Ohren fremder Personen (Doubles) oder aber um Fotomontagen handelte. Wenn man die Ohrformen einer Person kennt, dürfte es kaum möglich sein, die Umgebung durch Doubles oder Maskeraden zu täuschen.

Abwegige Ohrformen zeigen sich auch in der Gegenüberstellung zweier anderer Personen (Abb. 59/60). Die Charaktere dieser Personen lassen sich aufgrund der Ohrstrukturen zwar nicht als identisch bezeichnen, aber es sind doch auffällige Parallelen zu entdecken. So finden sich in wichtigen Punkten gut markierte, gleichartige Wesenszüge, die wenig menschenfreundlich sind. Bei allen Unterschieden verraten beide Ohren in ausgeprägter Form Kaltherzigkeit, Zynismus und Egozentrik sowie animalisch vitale Reaktionen:

• Beiden Ohren fehlen die Dreiteilung und die bevorzugte Entwicklung des oberen Ohranteils, wodurch bereits ein erheblicher Mangel an moralisch stabiler Lebensauffassung angezeigt wird.

• Beide Ohren weisen eine dicke, plumpe, überlappende Außenleiste voller Verbiegungen und Knickbildungen auf. Dies spricht für eine gewisse Brutalität der Gefühle, für Herrschsucht und Rücksichtslosigkeit sowie Egoismus und Eigensinn.

• Bei beiden Ohren läßt die breite und plumpe Innenleiste auf erhebliches Geltungsbedürfnis und Selbstherrlichkeit schließen.

An der Außen- und Innenleiste sind allerdings deutliche Unterschiede zu erkennen:

Die Außenleiste des Ohres (Abb. 60) ist in ihrer gesamten Ausdehnung etwas schmaler und nicht so stark überlappend wie die ihres Gegenstücks (Abb. 59). Auch die Innenleiste ist nicht so plump gestaltet, was auf ein höheres Niveau der Persönlichkeit schließen läßt.

Das Ohr auf Abbildung 59 hat eine im gesamten Verlauf viel zu breite, stark überlappende Außenleiste, was auf extreme Gefühlsroheit schließen läßt.

Auch die Innenleiste ist fast durchgehend sehr breit, was großes Machtstreben zum Ausdruck bringt. Der fast aufgehobene Einschnitt dokumentiert Hemmungslosigkeit im Denken und Handeln. Das sehr kleine Ohrläppchen unterstreicht die Gefühlskälte.

Abbildung 59 zeigt das Ohr von Reinhard Heydrich, einem der skrupellosesten Naziführer. Auf Abbildung 60 ist das Ohr von Markus Wolf zu sehen, dem einst gefürchteten Chef der Spionageabteilung im DDR-Staatssicherheitsdienst.

Alexander Schalck-Golodkowski

Ein weiteres Beispiel einer abwegigen Form bietet das Ohr von Alexander Schalck-Golodkowski, Honeckers Devisenbeschaffer, eine schillernde Figur in der ehemaligen DDR (Abb. 61). Das große Ohr ist in allen Abschnitten voller Knickbildungen und Verbiegungen, was bereits auf einen sehr egozentrischen, gefühlsarmen Menschen schließen läßt, dessen Aktivitäten sicher häufig nicht mit der gesellschaftlichen Ordnung in Einklang zu bringen sind. Die Außenleiste ist zu Beginn stark entwickelt und überlappend, was auf erhebliche Vitalität hinweist. Anschließend ist sie sehr schmal und verläuft senkrecht, dies spricht für Eigensinn und kalte Berechnung. Die Innenleiste fällt durch eine Abnormität auf, die an affenähnliche Strukturen erinnert. Die Leiste teilt sich nicht wie normal in zwei, sondern in drei Schenkel auf und ist im oberen Abschnitt ungewöhnlich breit, teilweise verwaschen. Diese Fehlform, die sich nach unten in einem breiten, plumpen Kurvenverlauf fortsetzt, spricht für einen selbstherrlichen, geltungssüchtigen, wenig rücksichtsvollen Menschen, dem zwar Einfallsreichtum (breiter oberer Abschnitt der Innenleiste) zugesprochen werden muß, dessen Aktivitäten sich aber durch die extrem egoistische Komponente (breite, mißgestaltete Innenleiste) gern außerhalb geordneter Normen bewegen. Die Kleinheit der Ohrbucht unterstreicht die Störung der mitmenschlichen Beziehungen, Eitelkeit und Machtstreben. Der verwaschene Einschnitt am unteren Ende der Ohrbucht weist auf ein wenig gehemmtes Verhalten hin. Auffallend ist auch die Verbiegung des Ohrläppchens nach vorne, meist ein Zeichen mangelnden Respektes gegenüber gesetzlicher Ordnung.

Als letzte Beispiele erfolgreicher, aber höchst unangenehmer Persönlichkeiten wollen wir die Ohren eines hochrangigen Militärs und einer Persönlichkeit aus dem Wirtschaftsbereich betrachten – die Namen der Personen tun hier nichts zur Sache (Abb. 62–63). Die Analyse dieser Ohrstrukturen dürfte dem bis hierher gefolgten Leser aber keine Schwierigkeiten bereiten.

Deformierte Ohren, wie wir sie in Abschnitt III/4 gezeigt haben, sind in allen Berufszweigen und allen Schichten anzutreffen. Sie machen durch eine Massierung negativer Merkmale stets auf bedenkliche Charakterzüge aufmerksam.

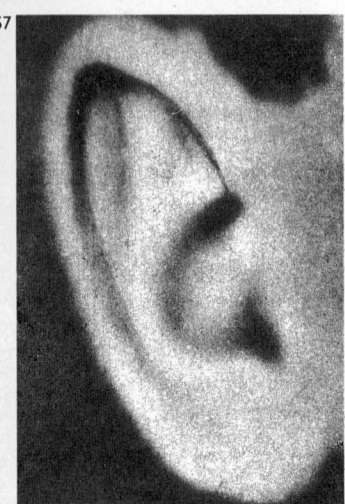

57 Pawlowitsch Berija, Polizeichef Stalins

Ohr elliptisch, eiförmig, formlose Strukturen, fehlende Dreiteilung: spricht für persönliche Formlosigkeit, Kaltherzigkeit und moralische Haltlosigkeit.
Außenleiste kräftig, glatt, konturlos: spricht für egozentrische Gedankenwelt außerhalb mitmenschlicher Empfindungen, Rücksichtslosigkeit.
Innenleiste kräftig mit formlosem Kurvenverlauf: spricht für Selbstherrlichkeit und Kaltherzigkeit.
Ohrbucht im Verhältnis zum Gesamtohr etwas klein: spricht für Gefühlsarmut.
Ohrläppchen viel zu groß, breit und formlos: spricht für Hemmungslosigkeit, Herrschsucht, Egoismus, animalisch-vitale Aktivitäten.

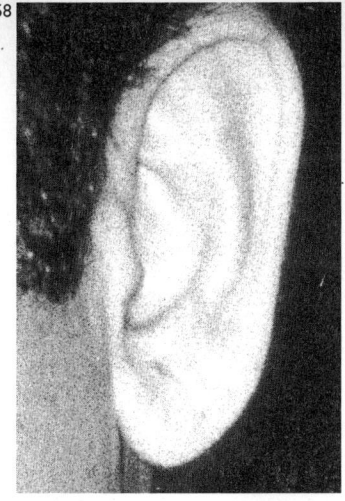

58 Saddam Hussein, irakischer Diktator

Ohr elliptisch, eiförmig, wenig strukturiert: spricht für formlose, also unaufrichtige Persönlichkeit und Kaltherzigkeit.

Ohr im ganzen sehr dick, ohne Dreiteilung, keine ansprechende Form: spricht für Rücksichtslosigkeit.

Außenleiste kräftig, im mittleren und unteren Abschnitt ohne Rundung, senkrecht verlaufend: spricht für ausschließlich egoistische Willensentfaltung, Eigensinn bis zum Starrsinn.

Innenleiste breit, konturlos im Kurvenverlauf: spricht für Selbstherrlichkeit, Rücksichtslosigkeit.

Ohrbucht klein, konturlos: spricht für Machtstreben, Kaltherzigkeit, eingeschränktes Interesse, amusische Lebenseinstellung, Materialismus und Gefühlskälte.

Einschnitt am unteren Ende der Ohrbucht abgeflacht: spricht für mangelnde Beherrschung.

Ohrläppchen zu groß, formlos, nicht angewachsen: spricht für hemmungslose Aktivitäten, Herrschsucht, Unnachgiebigkeit und Eigensinn.

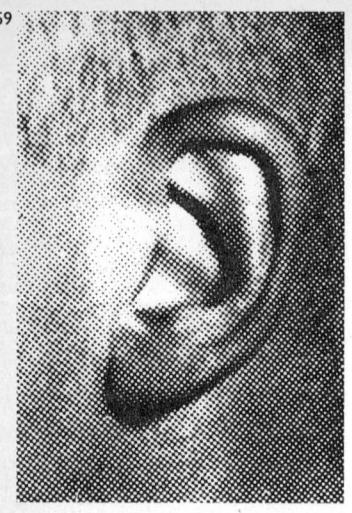

59 Reinhard Heydrich, Chef der
Sicherheitspolizei
und des SD im Dritten Reich

schnitten breit und plump:
spricht für Selbstherrlichkeit, Machtstreben.
Ohrläppchen klein: spricht
für nüchterne Denkart.
Einschnitt fast aufgehoben:
spricht für Hemmungslosigkeit.

Dickes, fleischiges Ohr mit
Verbiegungen und Knickbildungen: spricht für bedenkliche moralische Grundhaltung.
Fehlende Dreiteilung bei
plumpen Strukturen: ego-
istisches Machtstreben.
Einschnitt fast aufgehoben:
spricht für Hemmungslosigkeit.
Außenleiste fast in ganzer
Ausdehnung überlappend:
spricht für gefährliche Gefühlsroheit.
Innenleiste fast in allen Ab-

188

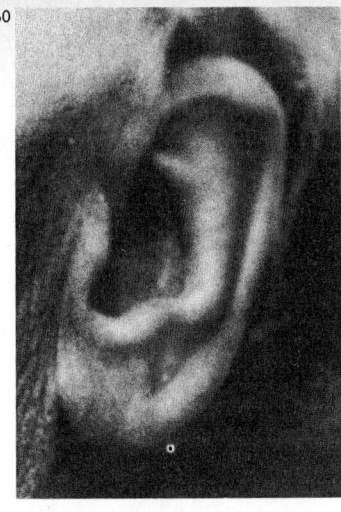

60 Markus Wolf, Spionagechef in der ehemaligen DDR

Dickes, fleischiges Ohr mit Verbiegungen und Knickbildungen: spricht für bedenkliche geistige und moralische Grundhaltung.
Fehlende Dreiteilung bei dicken plumpen Leisten und Unterentwicklung des oberen Ohrabschnittes: spricht für Egozentrik und moralisches Fehlverhalten. Außenleiste im oberen Abschnitt breit, überlappend, nach Knickbildung senkrecht verlaufend und bis zum Ohrende durchgezogen: spricht für rücksichts-lose Vitalität, Eigensinn.
Innenleiste in den ersten beiden Dritteln sehr dick und plump: spricht für Selbstherrlichkeit, Machtstreben, beeindruckende Darstellungskraft, mangelnde menschliche Wärme.
Ohrbucht relativ groß: spricht für vielseitiges Interesse.
Einschnitt abgeflacht: spricht für labile moralische Haltung.
Ohrläppchen relativ groß, nicht angewachsen: spricht für erhebliche Aktivität bei egozentrischer Grundhaltung.

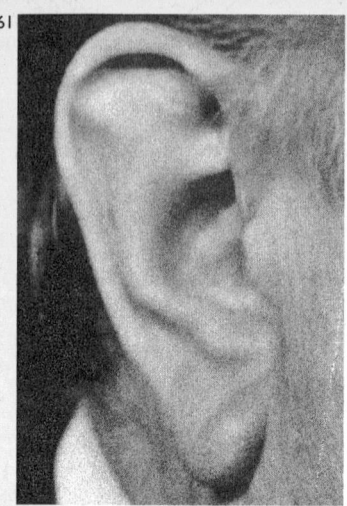

61 Alexander
Schalck-Golodkowski,
Devisenbeschaffer der ehemaligen
DDR

Großes Ohr mit vielen
Knickbildungen, Verbie-
gungen und Deformierung
der Innenleiste: spricht für
einen sehr aktiven, phantasievollen, ideenreichen,
aber sehr egozentrischen,
geltungssüchtigen Men-
schen.
Außenleiste zu Beginn überlappend: spricht für Vitalität.
Anschließend schmal, senkrecht verlaufend und mit
Knickbildungen: spricht für
einen höchst eigensinnigen,
rechthaberischen, wenig
rücksichtsvollen Menschen.
Innenleiste von abnormer
Gestaltung, im oberen Teil
zu breit, verwaschen, sich in
drei statt zwei Schenkeln
aufteilend mit plumpem,
breitem unteren Kurvenverlauf: spricht für einen zwar
einfallsreichen, aber rücksichtslosen, selbstherrlichen, geltungssüchtigen
Menschen.
Ohrbucht klein: spricht für
Mangel an sozialem und
mitmenschlichem Empfin-
den.
Einschnitt verwaschen:
spricht für mangelnde Zu-
rückhaltung bei Aktivitä-
ten.
Ohrläppchen relativ klein,
nach vorne abgebogen:
spricht für nüchterne Aktivitäten bei geringer Rücksichtnahme auf gesellschaftliche oder gesetzliche Ordnung.

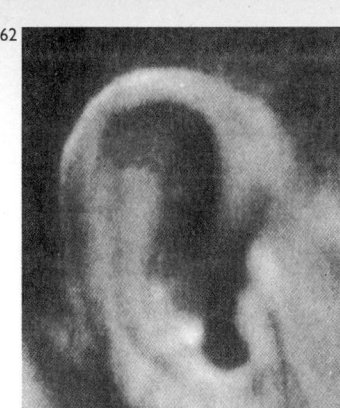

62 Führender Offizier einer
ausländischen Macht

Großes fleischiges Ohr mit
starker Entwicklung des unteren Ohranteils und breiter, unregelmäßiger Außenleiste mit Knickbildungen:
spricht für dynamische Aktivität, egozentrisch ausgerichtete Willensstärke, Kaltherzigkeit und Rücksichtslosigkeit.
Innenleiste im ganzen Verlauf breit: spricht für Selbstbewußtsein und geringe
Kompromißbereitschaft.
Ohrbucht relativ klein:
spricht für Minderung mitmenschlicher Empfindun-

gen, amusische Lebensein-
stellung.
Ohrläppchen zu groß und
dick: betont hemmungslose
Aktivität, Eitelkeit und
Herrschsucht.

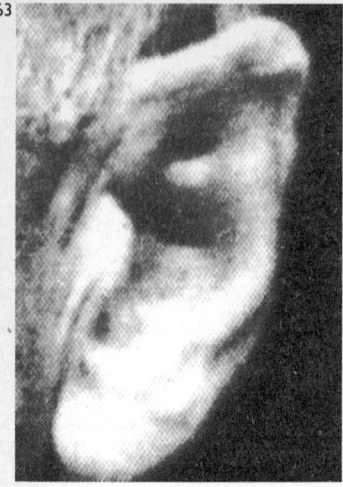

63 Erfolgreicher Leiter eines
Industrieunternehmens

Großes, dickes, fleischiges
Ohr voller Verbiegungen
und Knickbildungen:
spricht für primitive Grundhaltung.
Außenleiste im Anfangsteil
sehr breit, überlappend mit
Knickbildungen: spricht für
animalisch-vitale Aktivität
und Rücksichtslosigkeit.
Innenleiste sehr breit,
plump, aber gut konturiert:
spricht für Ideenreichtum,
großes Selbstbewußtsein,
Selbstherrlichkeit und viel
Energie.
Ohrbucht relativ gut ausgebildet: spricht für vielseitiges Interesse.
Einschnitt am unteren Ende
der Ohrbucht weit, abge-
flacht: spricht für Großzügigkeit, bisweilen Unbe-
schwertheit.
Ohrläppchen sehr groß,
nicht angewachsen: spricht
für geringe Hemmungen,
wenig Rücksichtnahme,
Kontaktbereitschaft, Ehr-
geiz.

Schöne große Ohren mit wohlgeformten Leisten und großer Ohrbucht lassen – wie wir gesehen haben – auf schöpferischen Ideenreichtum schließen. Die Phantasie der Großohrigen kann sich aber bei zu dünnen oder zu dicken Leisten, bei Verkrümmungen und Verbiegungen oder zu kleiner Ohrbucht in bedenkliche Richtungen entwickeln. Bei zu dünner oder fehlender Außenleiste werden die Gedankengänge meist nicht mehr gesteuert, und es kann zu absurden Vorstellungen und Reaktionen kommen. Die fleischige Konsistenz eines großen Ohres mit dicken, plumpen Strukturen und übermäßiger Entwicklung des Ohrläppchens deutet auf eine Neigung zur Gewalttätigkeit hin. Es ist also nicht verwunderlich, daß unter den sogenannten Fanatikern – sei es, daß sie sich für eine politische oder eine religiöse Idee begeistern – immer wieder Menschen mit auffallend großen Ohren anzutreffen sind. Man kann auch beobachten, daß Menschen, die von einer »fixen Idee« so beherrscht werden, daß sie ihr ganzes Leben ohne Rücksicht auf sachliche Argumente in den Dienst dieser Idee stellen, überwiegend große, ja sehr große Ohrläppchen haben.

Das »große« Ohrläppchen gilt als Symbol des Emotionalen und drückt zugleich Abenteuerlust und den Drang nach Freiheit aus. Tritt es zusammen mit einem großen Ohr auf, so spricht dies für einen illusionsreichen, zu fanatischer Einstellung neigenden Menschen. Zu wirklichem Fanatismus kommt es aber erst durch eine abnorme Vitalität, die durch ein dickes Gesamtohr und sehr kräftige Leisten gekennzeichnet ist.

Knickbildungen der Außenleiste und ein tiefer Einschnitt sprechen bekanntlich für ein gewisses Maß an Eigensinn. Kommt eine sehr kleine Ohrbucht hinzu, dann ist auch das Gefühlsleben reduziert, nicht selten bis zu bedenklicher Kaltherzigkeit. Stark animalisch-instinktives Verhalten ist insbesondere dann anzunehmen, wenn die Knickbildungen der Leisten und ihrer Ausläufer dem Affenohr ähneln. Um die Aktionen, die von Fanatikern ausgehen, richtig einschätzen zu können, ist jedoch eine genauere Analyse der Ohrstrukturen erforderlich.

Großes, dickes
und wohlstrukturiertes Ohr:
Verbissenheit und Vitalität

Es gibt positive, lebensbejahende Fanatiker, die sich einer Idee opfern und jedweder Reglementierung ihres Lebens durch die Gesellschaft aus dem Wege gehen. Abbildung 64 zeigt ein kräftiges großes Ohr mit ausgeprägt dicken Leisten, die auf einen sehr vitalen, eigensinnigen Menschen schließen lassen. Die große Ohrbucht dagegen spricht für Aufgeschlossenheit gegenüber den Schönheiten des Lebens. Das große, wohlgebildete und harmonisch der Ohrform angepaßte Ohrläppchen unterstreicht die Stärke des Emotionalen, den Freiheitsdrang und die Abenteuerlust. Der tiefe Einschnitt am unteren Ende der Ohrbucht charakterisiert Eigensinn und Beharrlichkeit. Dies deutet auf eine Verbissenheit bei der Verfolgung von Ideen hin, drückt zugleich aber auch eine moralisierende Engherzigkeit und Sparsamkeit aus. Tatsächlich ist es das Ohr eines sogenannten »Aussteigers«, dessen »Sturheit« ihn – vielleicht wider Willen – zum erfolgreichen Geschäftsmann werden ließ.

Abbildung 65 zeigt ein ähnlich geformtes Ohr. Das große, dicke und fleischige Ohr mit dem sehr großen Ohrläppchen betont das Vorherrschen einer emotionalen, von Illusionen geprägten Lebenseinstellung und damit den Freiheitsdrang eines Abenteurers. Die kraftvollen Leisten sprechen für abnorme Vitalität und Aktivität. Die kleine Ohrbucht zeigt an, daß Musisches und Kulturelles wenig

Eingang in das Leben dieses Menschen finden und die ego-zentrische Beurteilung der Lebensvorgänge Vorrang hat. Die Knickbildungen an der eigentlich schön geformten Außenleiste weisen auf Begeisterungsfähigkeit und Originalität hin. Die kleine Ohrbucht wiederum und der fast völlig fehlende Einschnitt deuten einerseits auf Gefühlsarmut, andererseits auf Unbekümmertheit hin, die bis zur Labilität ausufern kann. Insgesamt handelt es sich hier um einen stark ichbezogenen, amusischen, aber begeisterungsfähigen und originellen Menschen, der jegliche Reglementierung und Einengung seiner Lebensentfaltung ablehnt.

Rücksichtslosigkeit
bei negativen Strukturen

Fanatiker der oben angeführten Spezies sind harmlos und erfordern eher unsere Toleranz. Gefährlich wird Fanatismus dann, wenn er mit Ideologie gepaart ist. Dann können Fanatiker Massenbewegungen und Revolutionen auslösen. Vor allem großohrige Rassen lassen sich von Ideologien leicht zu Gruppenverhalten verführen; als Einzelindividuen sind sie hingegen eher friedvoll. Auch die Gefährlichkeit ihrer fanatischen Führer – wenn sie denn als solche einzustufen sind – läßt sich teilweise mit Hilfe einer Analyse der Ohrstrukturen rekonstruieren:

Die Ohren auf Abbildung 66 a/b haben eine zu breite, verwaschene, plump-häßliche Innenleiste, wodurch Selbstüberschätzung und bedenkliche Rücksichtslosigkeit dokumentiert werden. Die zu kleine Ohrbucht bezeugt amusisches Verhalten und Gefühlskälte. Der zu lange und zu enge Einschnitt am unteren Ende der Ohrbucht gilt als Zeichen von Starrsinn, Engstirnigkeit und mangelndem Verständnis für die natürliche menschliche Forderung nach freier Lebensentfaltung. Das völlige Fehlen eines Einschnitts spricht dagegen für Hemmungslosigkeit. Abnorme Knickbildungen der Außenleiste sind insbesondere dann bedenklich, wenn diese – wie hier – sehr dünn entwickelt ist. Das läßt auf eine abwegige Gedanken- und Gefühlswelt schließen, die mitunter bis ins Schizophrene reicht. Eine Massierung solch negativer Merkmale finden wir bei vielen Führern revolutionärer Massenbewegungen.

Mao Tse-tung

Abbildung 67 zeigt das Ohr von Mao Tse-tung. Alle Strukturen dieses Ohres weichen von der Norm ab. Die extrem starken Knickbildungen der Leisten und die Ohrform entsprechen dem Affenohr auf Abbildung 3 a. Dies bedeutet eine abwegige, irreale und von der menschlichen Ordnung entfernte Gedankenwelt. Analysiert man Mao Tse-tungs Ohr weiter, so fällt neben der starken Knickbildung folgendes auf:

• Es fehlt die Dreiteilung des Ohres mit der gewünschten bevorzugten Entwicklung des oberen Ohranteils. Der untere Ohrabschnitt ist am stärksten ausgeprägt: Darin drückt sich eine Unterentwicklung mitmenschlicher Empfindungen sowie ein Vorherrschen animalisch-vitaler Gedankengänge aus.

• Die Innenleiste ist sehr breit, plump: damit werden das Machtstreben, Rücksichtslosigkeit und animalische Vitalität zum Ausdruck gebracht.

• Die Ohrbucht ist enorm klein: Dies charakterisiert eine bedenkliche Gefühlskälte.

• Der Einschnitt am unteren Ende der Ohrbucht ist sehr tief: Unbeirrbarkeit und Eigensinn.

• Das Ohrläppchen nimmt fast die Hälfte des Ohres ein: Dies signalisiert das Vorherrschen ungehemmter emotionaler Vitalität.

Zusammenfassend kann man aufgrund einer Ohranalyse sagen, daß Mao Tse-tung eine in irrealen Gedankengängen verhaftete Persönlichkeit ohne menschliche Wärme und Kontaktbereitschaft war. Er verharrte in einer von animalischer Vitalität geprägten Vorstellungswelt, die weder Widerspruch noch Einfluß von dritter Seite duldete.

Wladimir Iljitsch Lenin

Die Abbildungen 68 a und 68 b zeigen die Ohren Lenins, die wegen ihrer großen Unterschiedlichkeit beide betrachtet werden müssen. Sie weichen stark von der Norm ab. Wie bereits erwähnt, besteht die Ursache für die Unterschiedlichkeit beider Ohren darin, daß im Embryonalstadium der Ansatz zu einer Teilung in einen Zwilling erfolgte. Wenn man also annimmt, daß Menschen mit zwei sehr unterschiedlichen Ohren eigentlich einen unvollständigen Zwilling darstellen, so ist es nicht verwunderlich, daß ihre Gefühle, Gedanken und Aktivitäten doppelt gesteuert werden. Diese Menschen befinden sich in einer ständigen Spannung und im Kampf mit ihren Gefühlen und Empfindungen.

Lenin kann also bereits wegen der Unterschiedlichkeit seiner Ohren als ein äußerst unruhiger, spannungsgeladener Mensch angesehen werden. Hinzu kommen recht aufschlußreiche Merkmale aus der Struktur seiner beiden Ohren, die seinen Charakter näher beleuchten:

Das rechte Ohr ist groß, scharf konturiert und zeigt besonders in der Außenleiste viele Ecken und Knicke. Spricht das große Ohr für Phantasie, Illusionskraft und Ideenreichtum, so verraten die zahlreichen Ecken und Knickbildungen, daß die Flut der Gedanken vom Normalen ins Irreale, vom Phantastischen bis ins Schizoide reicht. Gleichzeitig wird durch die verbogene Außenleiste auch Gefühlskälte dokumentiert.

Im linken Ohr dominiert brutale Vitalität. Hier charakterisiert die breite, überlappende Außenleiste die animalisch-vitale Aggressivität. Die sehr breite, verwaschene Innenleiste deutet auf kritiklose Selbstherrlichkeit, Geltungssucht und gefährliche Rücksichtslosigkeit.

Beide Ohren besitzen eine auffallend kleine Ohrbucht;

die linke ist kleiner als die rechte. In jedem Ohr kommen dadurch gefühlskalter Zynismus und Geltungssucht zum Ausdruck.

Das Ohrläppchen ist breitbandig, dick und angewachsen: Hierdurch werden die emotionsgeladene Vitalität, die persönliche Herrschsucht und der Mangel an Kontakt- und Kompromißbereitschaft ebenso betont wie das Fehlen mitmenschlicher Empfindungen.

Nach der Analyse der Ohrstrukturen Lenins können wir eine Massierung lebens- und gesellschaftsfeindlicher Merkmale erkennen. Sein rechtes Ohr mit den scharf konturierten und geknickten Leisten kann Ausdruck für erheblichen Eigensinn und abwegige Gedanken sein, das linke Ohr mit den plumpen, deformierten Strukturen ist als Zeichen brutaler Rücksichtslosigkeit zu deuten. Die Verschiedenheit beider Ohren erklärt auch die Widersprüchlichkeit in Lenins Gedanken und Handlungen.

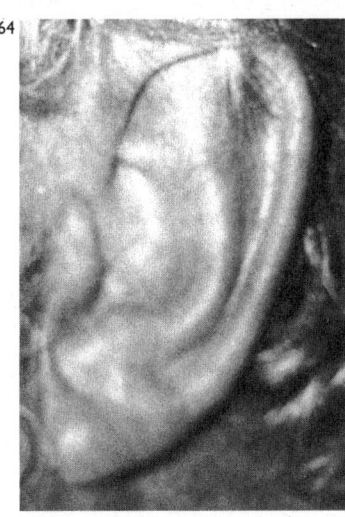

64

64 Ohr eines fanatischen Ideologen mit stark lebensbejahender Einstellung

Großes, kräftiges Ohr, mit dicken, gut konturierten Leisten: spricht für einen sehr vitalen, ideenreichen Menschen.

Große Ohrbucht: spricht für Beobachtungsgabe und Aufgeschlossenheit für die schönen Dinge des Lebens. Einschnitt am unteren Ende der Ohrbucht auffallend eng und langgezogen: spricht für fixierte Vorstellungen und engherzige Einstellung bei der Beurteilung des Lebens. Ohrläppchen groß, nicht angewachsen, der Gesamtform des Ohres harmonisch angepaßt: spricht für Emotionalität, Freiheitsdrang und Anpassungsfähigkeit.

199

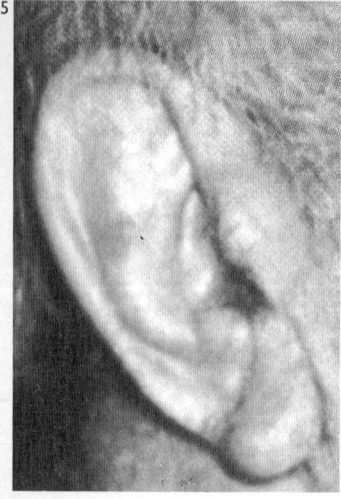

65 Ohr eines sehr aktiven,
abenteuerlustigen,
lebensbejahenden Fanatikers

Kräftiges, großes Ohr mit kräftiger, langgezogener Außenleiste: spricht für Vitalität und Willensstärke.
Sehr breite Innenleiste: spricht für Selbstbewußtsein, großes Energiepotential und Rücksichtslosigkeit.
Sehr kleine Ohrbucht: spricht für mangelndes musisches Verständnis und gefühlskalte Berechnung.
Sehr flacher Einschnitt am unteren Ende der Ohrbucht: spricht für äußerst großzügige Bewertung aller Lebensvorgänge und gesellschaftlicher Normen.
Sehr großes, quadratisches, nicht angewachsenes Ohrläppchen: spricht für abenteuerliche Unternehmungslust, Freiheitsdrang und emotional gesteuerte Energie.

Ohren von Fanatikern mit Merkmalen zerstörerischer Aktivitäten

66

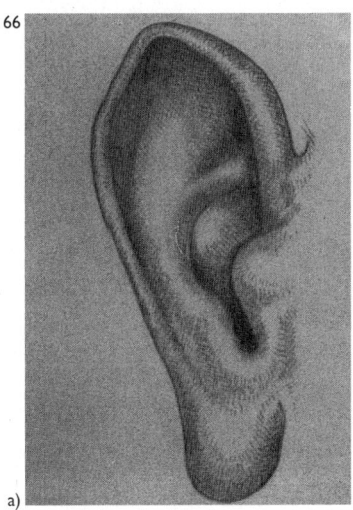

a)

66 a/b) Ohren zweier aggressiver ideologischer Führer aus dem Mittleren und Nahen Osten

Die folgenden Strukturmerkmale finden sich bei gefährlich aggressiven Fanatikern.

Großes, unschön strukturiertes Ohr: spricht für Phantasiereichtum.

Dünne, stark geknickte Außenleiste: spricht für Gefühlsarmut, Abgleiten der Gedanken ins Irreale, Höchstmaß an Eigensinn, Unbelehrbarkeit.

Sehr dicke, breite, plumpe oder verwaschene Innenleiste: spricht für Selbstherrlichkeit und Rücksichtslosigkeit.

Kleine Ohrbucht (Abb. 66 a): spricht für Eingrenzung der Gedankengänge und Engstirnigkeit.

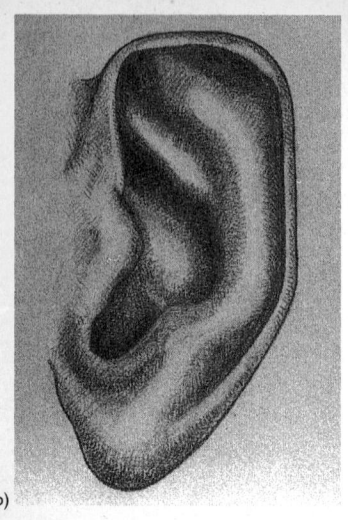

b)

Sehr tiefer Einschnitt:
spricht für Unbeweglichkeit
bis zum Starrsinn.
Sehr großes Ohrläppchen:
spricht für Ruhelosigkeit,
Aggressivität und unge-
hemmte Aktivität bei der
Verwirklichung fixierter
Vorstellungen.

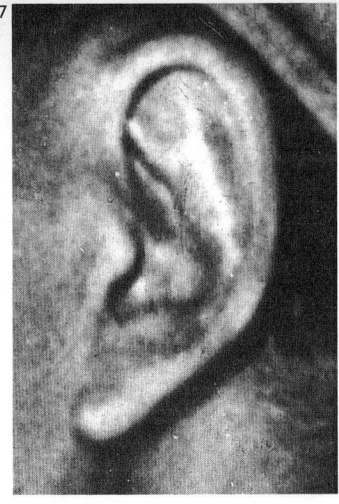

67 Mao Tse-tung, chinesischer
Revolutionsführer (aggressiver
Ideologe)

Ohr mit verbogenen, eckigen Strukturen: spricht für
abwegige, irreale Gedankenwelt.

Fehlende Dreiteilung, be-
vorzugte Entwicklung des
unteren Ohrabschnitts:
spricht für Unterentwick-
lung mitmenschlicher Emp-
findungen.

Innenleiste sehr breit,
plump, im oberen Abschnitt
dreigeteilt: spricht für abnorme Rücksichtslosigkeit,
Machtstreben,
Uneinsichtigkeit und

animalische Vitalität.

Ohrbucht sehr klein: spricht
für Einengung des Interes-
senkreises, Geltungssucht
und bedenkliche Gefühls-
kälte.

Einschnitt am unteren Ende
der Ohrbucht langgezogen:
spricht für Unbeirrbarkeit
und Eigensinn.

Ohrläppchen groß, fast die
Hälfte des Ohres einneh-
mend: spricht für hem-
mungslose Aggressivität.

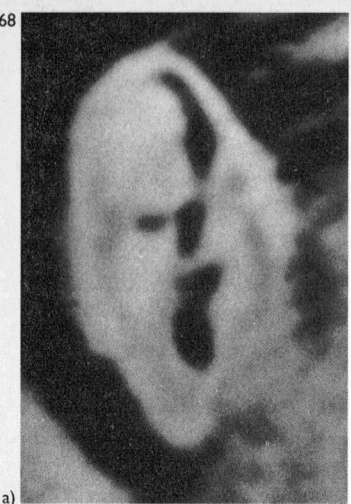

a)

68 a/b) Wladimir Iljitsch Lenin,
russischer Revolutionsführer
(aggressiver Ideologe)

Abbildung 68 a zeigt das
rechte, Abbildung 68 b das
linke Ohr Lenins, die sich
deutlich in Form und Struktur unterscheiden (vgl. auch
Kapitel II/7).
Das rechte Ohr hat weniger
breite, aber scharf konturierte Leisten mit zahlreichen Knickbildungen: Dies
weist auf eine fast schizoide
Starrheit im Denken und
Handeln hin.
Die Ohrbucht ist im Gegensatz zum linken Ohr größer,
das Ohrläppchen klein: Das
spricht für ein vielseitiges
Interesse bei nüchterner, il-
lusionsfreier Denkweise.
Ganz anders dagegen das
linke, kleinere Ohr:
Knapp mittelgroßes Ohr mit
plumpen Strukturen, feh-
lende Dreiteilung bei übermäßiger Entwicklung des
unteren Ohranteils: spricht
für Hemmungslosigkeit, Gefühlsarmut und menschen-
unfreundliches Verhalten.
Kräftige Außenleiste, im
Anfangsteil sehr breit und
überlappend: spricht für er-

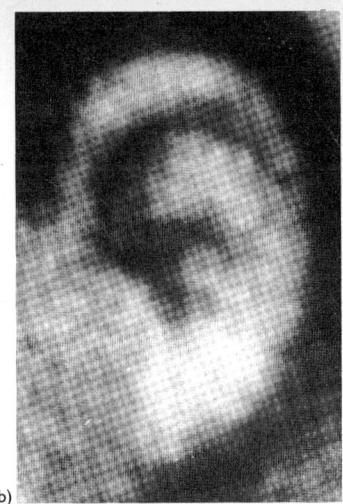

b)

hebliche Vitalität, große
Energie, aber auch Rück-
sichtslosigkeit und Eigensinn.
Innenleiste (Darstellungskraft der Persönlichkeit) abnorm breit und verwaschen:
spricht für rücksichtslose
Selbstherrlichkeit und Gefühlskälte.
Ohrbucht klein: spricht für
menschenunfreundliches
Verhalten und Gefühlsar-
mut.
Ohrläppchen sehr groß,
quadratisch, breitbandig,

angewachsen: spricht für
emotionales Denken,
Selbstgefälligkeit, Eitelkeit
und brutale Aggressivität.

Könnte man einem Tennistalent an den Ohren ansehen, daß es einmal in Wimbledon gewinnen wird, dann wäre es um seine Förderung nicht schlecht bestellt. Aber die Ohren Sportbegabter lassen ebensowenig sichere Vorhersagen zu wie die normaler Menschen. Allerdings weisen bestimmte Größen und Strukturen eines Ohres auf sportliche Veranlagung hin, wie andere Ohrstrukturen eine solche Begabung weitgehend ausschließen. Bei der Beurteilung sind rassische Eigenarten aber besonders zu berücksichtigen.

Große Sportler – kleine Ohren
Sportgrößen, vor allem männliche Sportler, zeichnen sich fast ausnahmslos durch kleine Ohren aus, wie zum Beispiel die Tennisstars Ivan Lendl, Stefan Edberg und Boris Becker (Abb. 69–71). Im allgemeinen sind Männer mit kleinen, scharf konturierten Ohren sportlich begabter als Großohrige. Je mehr das kleine Ohr in seinen Strukturen und Knickbildungen dem Affenohr ähnelt, desto vorherrschender ist das Animalische. Körperliche Geschicklichkeit, ein Gefühl für Rhythmus sowie Reflexstärke sind dann deutlich ausgeprägt. Tatsächlich fallen die meisten Spitzensportler durch relativ kleine Ohren mit kräftigen Leisten auf.

Großohrige finden wir unter Spitzensportlern also kaum. Durch die phantasievollen und illusionären Gedanken eines Großohrigen würde ein Sportler viel zu sehr abgelenkt, um herausragende Leistungen zu vollbringen. Auch mittelgroßohrige männliche Sportler sind relativ selten. Die dem Mittelgroßohrigen zuzusprechende Neigung, die Lebensvorgänge streng logisch zu sehen, behindert eine erfolgreiche sportliche Betätigung, die ja auch das spielerische Moment beinhaltet.

Erfolgreiche Sportlerinnen haben dagegen meist ein mittelgroßes oder zumindest knapp mittelgroßes Ohr (Abb. 72–74). Sie verweisen ihre Konkurrentinnen mit gut strukturierten kleinen Ohren meist auf die zweiten Plätze. Vermutlich zeigt bei Frauen das mittelgroße, mehr in den männlichen Bereich gehende Ohr eine stärkere Entwicklung der Muskulatur und damit auch eine größere Kraft an.

Die Begabung für eine Sportart läßt sich aber nicht an der Ohrgröße ablesen. Wie bei jeder Analyse ist auch hier das Zusammenspiel der Ohrstrukturen entscheidend. Voraussetzung für Höchstleistungen im Sport sind körperliche Gewandtheit, Konzentrationsfähigkeit, Ausdauer und Selbstbewußtsein. Und nur diese Eigenschaften lassen sich an den Ohren von Sportlern und Sportlerinnen erkennen:

• Eine kräftige, von der Mitte der Ohrbucht ausgehende und bis zum Ohrläppchen ziehende Außenleiste: Dies drückt körperliche Kraft, Beweglichkeit, Willensstärke, Eigensinn, Selbstbewußtsein, Vitalität und Ausdauer aus.

• Eine im Anfangsteil breite, nach innen umgeklappte, dem Ohr anliegende Außenleiste bei relativ kleinem Ohr: Dies drückt als Modell des Affenohres vor allem affenartige Gewandtheit, aber auch andere Eigenschaften wie Willensstärke, Eigensinn und Ausdauer aus.

• Eine kräftige, nicht zu breite, aber stark konturierte Innenleiste mit ausgeprägten oberen Ausläufern (Schenkeln): Dies zeigt Energie, Selbstbewußtsein, Stehvermögen, Unbeirrbarkeit und körperliche Gewandtheit.

• Ein tiefer, markanter Einschnitt am unteren Ende der Ohrbucht: Ausdruck egozentrischer Zielstrebigkeit, Beharrlichkeit, aufmerksamer Beobachtungsgabe für selbst kleinste Nebensächlichkeiten.

• Ein kleines (Abb. 69–71 c), höchstens knapp mittelgroßes (Abb. 77/78), aber kräftig strukturiertes Ohr: Es verrät animalische Geschicklichkeit und Reflexstärke.

• Ein kleines, kräftig konturiertes Ohr mit Ecken und

Knickbildungen: Es steht für originelle Gedankengänge zusätzlich zur Reflexstärke und Begabung für rhythmische Bewegung; zur Geschicklichkeit kommt noch spontane Taktik hinzu (Abb. 69/70).

• Ein größeres, knapp mittelgroßes Ohr mit meist schönen, kräftigen Strukturen bei Spitzensportlerinnen: Es drückt durch die Größe eher männliche Kraftleistung, durch die formschönen, kräftigen Strukturen das harmonische Zusammenspiel von Muskelstärke und Gewandtheit aus (Abb. 72–74).

• Manchmal treffen wir bei weiblichen Spitzensportlern auch auf kleine, mit starken Leisten versehene affenartige Ohren: Sie betonen das Vorherrschen animalisch-vitaler Reflexstärke (Abb. 76).

• Ein der Gesamtform des Ohres angepaßtes, kleines bis mittelgroßes Ohrläppchen: Wie bei allen Menschen drückt das kleine Ohr nüchterne Beurteilungsfähigkeit aus. Dabei bedeutet ein »nicht angewachsenes« Ohrläppchen wie bei Mats Wilander Kontaktfähigkeit (Abb. 78), das »angewachsene« Ohrläppchen wie bei Ivan Lendl und Boris Becker (Abb. 69–71) dagegen eine verminderte Kontaktbereitschaft. Stellt sich das angewachsene Ohrläppchen als breites Band dar wie bei Stefan Edberg (Abb. 70), dann ist der Mangel an Kontaktfähigkeit sehr ausgeprägt. Dies führt mitunter zu Introvertiertheit, die einem Sportler bei seinen Leistungen durch die damit verbundene Erhöhung der Konzentration zugute kommen kann. Die Kontaktarmut kann sich aber so weit steigern, daß der Konkurrent als hassenswerter Gegner angesehen wird.

Spitzenstars des Tennissports
haben oft auch kleine Ohrläppchen

• Ein zu großes Ohrläppchen beeinträchtigt die sportliche Leistungsfähigkeit: Hier herrschen emotionale Reaktionen vor, die den sportlichen Ablauf eines Wettkampfes behindern können. Bei rein auf körperliche Kraft ausgelegten Sportarten ist dies nicht störend (Abb. 80).

Bei kleinen Ohren von Sportlern finden wir oft erhebliche Niveauunterschiede in der Struktur. Aus diesen läßt sich grob auf die gewählte Sportart schließen. Zum Vergleich sehe man sich einmal das Ohr eines erfolgreichen Tennisstars (Abb. 79) und eines Boxmeisters (Abb. 80) an.

Von den Ohren männlicher und weiblicher Tennisstars seien vier Formen herausgegriffen, die sehr häufig anzutreffen sind:

• Das knapp mittelgroße Ohr mit kräftigen Leisten und zahlreichen *Knickbildungen* (Eigensinn),

• das kleine, glatt umrandete Ohr mit *abnorm kräftigen Leisten* (Kraft, animalische Vitalität),

• das *schön geformte*, etwa mittelgroße Ohr mit gut ausgebildeten, wohlstrukturierten Leisten (körperliche Geschicklichkeit, Rhythmus),

• das *quadratische, relativ dünne, verbogene* Ohr mit auffällig großer, schöner Ohrbucht (Originalität, Einfallsreichtum).

Jede dieser Ohrformen wird in eindrucksvoller Weise von den Nachwuchsstars der 90er Jahre, von Monica Seles (Abb. 75) und Jennifer Capriati (Abb. 76) sowie von der »Tennislegende« John McEnroe (Abb. 77) und dem Altmeister Mats Wilander (Abb. 78) repräsentiert.

Monica Seles

Monica Seles' knapp mittelgroßes, kräftig strukturiertes Ohr zeigt starke Knickbildungen (Abb. 75). Es dominiert eine hervorstechende, dicke und breite, fast in ihrem ganzen Verlauf überlappende Außenleiste. Dadurch werden erhebliche animalische Vitalität, Reflexstärke, körperliche Geschicklichkeit sowie Ausdauer und Verbissenheit zum Ausdruck gebracht. Die dicke, plumpe, langgezogene Außenleiste spricht auch für stark egozentrische Zielstrebigkeit und ein herabgesetztes mitmenschliches Empfinden. Die Knickbildungen unterstreichen diese Eigenschaften noch und zeugen von Eigensinn, Unbekümmertheit und stark ichbezogenem Gefühlsleben.

Die Innenleiste ist markant konturiert und einfach in der Linienführung, was auf starkes Selbstbewußtsein hinweist. Das relativ kleine Ohrläppchen spricht für eine nüchterne, emotionslose Denkweise. Die große Ohrbucht und der elegante Einschnitt am unteren Ende bezeugen vielfältige Interessen und Lebensfreude. Ohren dieser Form charakterisieren sportliche Begabung, physische und psychische Stabilität und erheblichen Kampfgeist bei einem nicht zu übersehenden Mangel an mitmenschlichen, warmherzigen Empfindungen.

Jennifer Capriati

Jennifer Capriati hat ein kleines, kräftiges Ohr mit dicken Leisten und dem meist gleichzeitig anzutreffenden tiefen Einschnitt (Abb. 76). Auffällig ist die ungemein breite, überlappende, abgerundete Außenleiste; sie gilt als Zeichen für extrem animalische Vitalität, große körperliche Kraft, Behendigkeit, Unbeirrbarkeit, Kampfgeist und Selbstbewußtsein. Die gut ausgebildete, scharf konturierte Innenleiste betont den Eigensinn, die Darstellungskraft und den damit verbundenen Siegeswillen. Der tiefe Einschnitt am unteren Ende der Ohrbucht – übrigens bei den meisten Spitzensportlern zu sehen – signalisiert Eigensinn, Konzentration und Verbissenheit. Aber auch eine gewisse Unbeweglichkeit der Gedankengänge drückt sich darin aus, die den persönlichen Umgang mit der Person mitunter etwas schwierig gestaltet. Menschen mit solchen Ohren zeigen eine explosive Begeisterungsfähigkeit und bringen ihren Mitmenschen offene Zuneigung entgegen.

John McEnroe

Abbildung 77 zeigt das Ohr des gefühlvoll und trickreich spielenden Superstars John McEnroe. Ähnlich geformte Ohren treffen wir bei vielen ideenreich taktierenden Sportlern wie Sampras, Chang, Navratilova, Graf, Beckenbauer an, um nur einige zu nennen.

Das Charakteristische an diesem Ohr ist die schöne Linienführung. Die sportliche Begabung ist schon aus der starken, gut ausgebildeten und konturierten, von der Mitte der Ohrbucht bis zum Ohrläppchen reichenden Außenleiste zu erkennen. Auch die gleichfalls kräftige, scharf geformte Innenleiste spricht für körperliche Stärke und Gewandtheit.

Wie bei allen Sportbegabten ist der obere Abschnitt der Außenleiste breit und etwas überlappend; darin drückt sich eine animalische, reflexstarke Vitalität aus. Das Ohr bietet eine ansprechende Dreiteilung, zeigt elegante Rundungen und schöne Strukturen wie eine ansprechende Ohrbucht und ein der Ohrform harmonisch angepaßtes Ohrläppchen. All dies läßt auf Verstand, vielseitiges Interesse und eine freudvolle Lebensgestaltung schließen, was sich wiederum in der Lust und Eleganz äußert, mit der sich der Sportler präsentiert.

Mats Wilander

Abbildung 78 zeigt das Ohr von Mats Wilander, dem Tennisstar der 80er Jahre. Es hat eine quadratische, etwas verbogene Form, die wir ähnlich auch bei vielen Stars anderer Sportarten antreffen. Dieses Ohr charakterisiert höchste Eigenwilligkeit und Originalität. Sportlern mit solchen Ohren fällt es schwer, sich bestimmten Normen zu unterwerfen. Ihre sportlichen Aktivitäten sind weniger explosiv und dynamisch, sondern es überwiegt spielerische Eleganz und rhythmusgesteuerte Bewegung. Man merkt ihnen die Freude an sportlicher Betätigung an. Die Verbiegungen und Knicke lassen – parallel zu einem Affenohr – zwar die Begabung für Rhythmus und Reflexstärke vermuten, doch sind an den übrigen Strukturen die sportlichen Fähigkeiten kaum zu erkennen: Die dünne, gut konturierte, lang durchgezogene Außenleiste und die scharf konturierte Innenleiste bringen Beharrlichkeit und Stehvermögen zum Ausdruck. Die große schöne Ohrbucht mit dem nicht allzu tiefen Einschnitt verrät vielseitiges Interesse für die schönen Dinge des Lebens, denen sich Wilander wie andere Sportler mit ähnlich gestalteten Ohren nicht versagen. Sport als Lebensaufgabe und -inhalt ist von diesen Menschen nicht zu erwarten.

Ohren von Tennisstars
mit besonderer Begabung
für Rhythmus, körperliche
Geschicklich-
keit und Reflexstärke

Bei fast allen reflex- und rhythmusstarken Spitzensportlern treffen wir auf kleine oder relativ kleine Ohren mit kräftigen, konturenstarken Leisten und tiefem Einschnitt am unteren Ende der Ohrbucht. Je dikker die Leisten, um so animalischer sind die Reflexe, je größer die Ohrbucht, um so mehr nach außen orientiert ist die Lebensführung. Dicke, plumpe Leisten und ebensolche Ohrläppchen finden wir vor allem bei Boxern, aber auch bei Ausübenden anderer Kraft- und Kampfsportarten.
Für außergewöhnliche sportliche Leistungsfähigkeit gibt es einige wesentliche Merkmale:
a) Kleines bzw. relativ kleines Ohr: bedeutet animalische Behendigkeit, keine Ablenkung durch illusionäre Gedankengänge

wie bei Großohrigen.
b) Starke, bis zum Ohrläppchen durchgezogene Außenleiste: bedeutet Willensstärke, Kampfgeist, Reflexstärke und körperliche Kraft.
c) Starke, gut konturierte Innenleiste: bedeutet Selbstbewußtsein, Ehrgeiz und Ausdauer.
d) Tiefer Einschnitt: bedeutet Eigensinn, Beharrlichkeit, Verbissenheit und Konzentrationsfähigkeit.
e) Ohrläppchen möglichst klein, angewachsen oder nicht angewachsen: bedeutet nüchterne, verstandesorientierte Einstellung, Unbeeinflußbarkeit und Konzentration.
f) Knickbildungen der Außenleiste: bedeutet eigensinniges, gefühlsarmes Verhalten, eingeschränkte Kontaktfähigkeit.

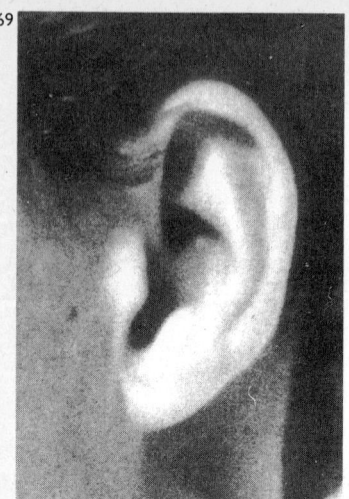
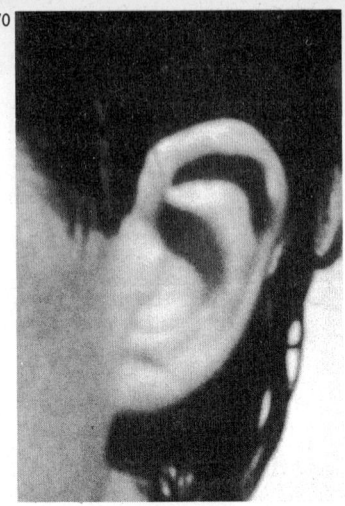

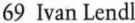

69 Ivan Lendl

70 Stefan Edberg

Ivan Lendl (Abb. 69) ist danach der verbissenste, eigensinnigste und am meisten in sich gekehrte Kämpfer.

Stefan Edbergs Ohr (Abb. 70) hat eine breite, etwas überlappende Außenleiste, die größere Vitalität und Aggressivität zum Ausdruck bringt. Die konisch geformte Innenleiste deutet auf Ideenreichtum im Spiel hin. Die im Vergleich zu Ivan Lendl relativ große Ohrbucht sowie der weniger tiefe Einschnitt besagen mehr Aufgeschlossenheit. Das angewachsene Ohrläppchen spricht wiederum für eine gewisse Kontaktarmut.

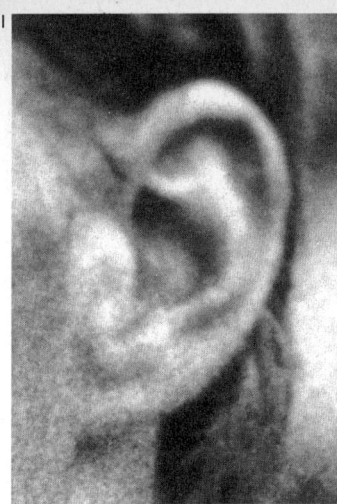

71 Boris Becker

Boris Beckers Ohr (Abb. 71)
zeigt eine ebenmäßig ge-
formte Außenleiste mit
schöner Rundung und eine
sehr große Ohrbucht. Dies
spricht für Warmherzigkeit,
Gefühlsstärke und Aufge-
schlossenheit. Diese Cha-
raktereigenschaften zeigen
sich auch in seinem Spiel.

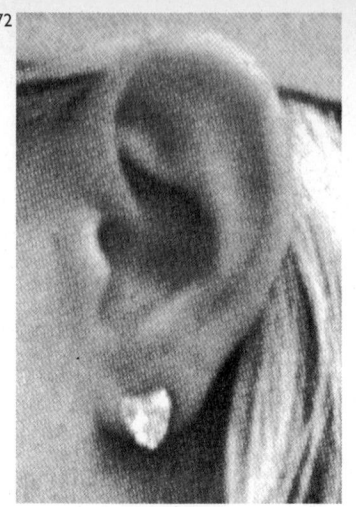

72 Martina Navratilova

Die Ohren von weiblichen Spitzensportlern sind wie alle Frauenohren klein, im Verhältnis zu den Ohren ihrer männlichen Kollegen erscheinen sie jedoch etwas größer.

a) Die Außenleiste ist bei allen Spitzensportlern – auch bei Frauen – kräftig und bis zum Ohrläppchen durchgezogen: bedeutet Willensstärke, körperliche Kraft, Reflexstärke, rhythmisches Gefühl und Kampfkraft.

b) Die Innenleiste ist stark entwickelt und gut konturiert: bedeutet Selbstbewußtsein, Energie und Siegeswillen.

Größe der Ohrbucht und Formschönheit bedeutet Vielseitigkeit der Empfindungen.

c) Ohrläppchen für ein weibliches Ohr nicht zu klein, aber auch nicht zu groß, gut ausgebildet und harmonisch der Ohrform angepaßt: bedeutet relativ nüchterne, illusionsfreie Gedankengänge, so daß die Konzentration nicht durch störende Gefühlsmomente beeinflußt wird.

Bei Martina Navratilowa (Abb. 72) und Steffi Graf (Abb. 74) weist der etwas weitere Einschnitt auf eine lockerere Lebenseinstellung hin; damit verbunden ist ein größerer Wagemut und eine weichere Gemütslage.

Alle drei Ohren mit den kräftigen, scharf geschliffenen Leisten, der wohlgeformten Ohrbucht und den

216

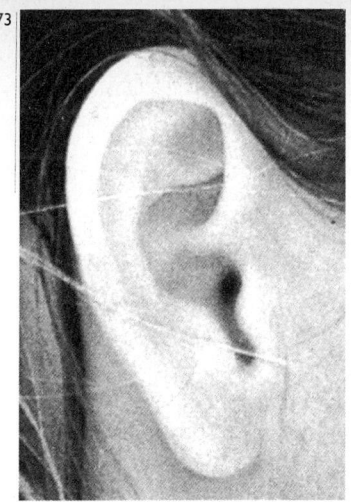

73 Chris Evert

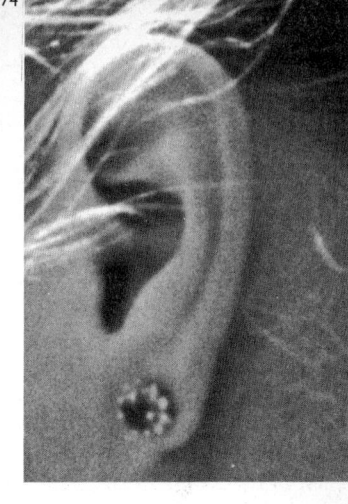

74 Steffi Graf

schönen Ohrläppchen do-
kumentieren Sportlichkeit
und weibliche Anmut auf
ansprechende Weise.

Bei Chris Evert (Abb. 73) ist
der tiefe Einschnitt am unteren Ende der Ohrbucht als
Ausdruck von Verbissen-
heit und Konzentrationsfähigkeit am stärksten ausgebildet.

Charakteristische Ohrformen, wie sie bei männlichen und weiblichen Spitzensportlern gleichermaßen auftreten

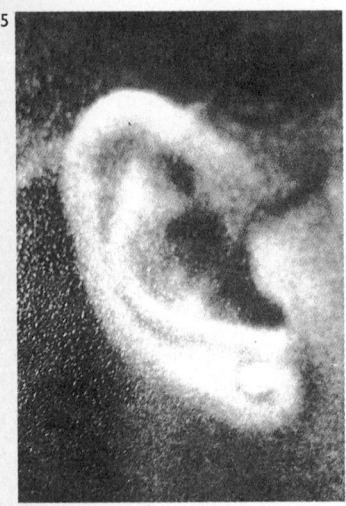

75 Monica Seles

Außenleiste sehr dick, überlappend, langgezogen: spricht für reflexstarke, vitale Reaktionen, Zielstrebigkeit, Eigensinn.
Knickbildungen der Außenleiste: sprechen für egozentrische Grundhaltung, unbeirrbaren Kampfeswillen.
Innenleiste scharf strukturiert, aber formlos im Kurvenverlauf: spricht für Eigensinn.
Ohrbucht groß, formschön, mit elegantem Einschnitt: spricht für aufgeschlossene Lebenshaltung.
Ohrläppchen relativ klein, harmonisch der Ohrform angepaßt: spricht für nüchternes, kühles Denken.

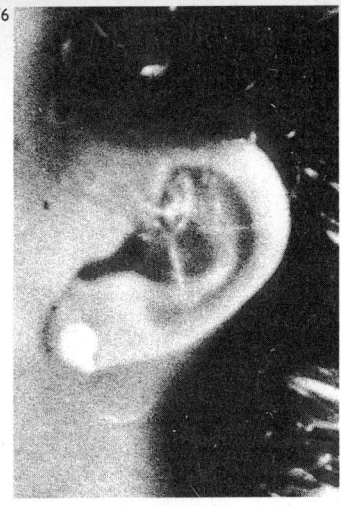

76 Jennifer Capriati

Jennifer Capriati hat ein kleines, sehr dickes Ohr mit übermäßig kräftigen Leisten: spricht für extreme, reflexstarke Vitalität.
Außenleiste dominierend, sehr dick, stark und überlappend: spricht für animalische körperliche Behendigkeit, Kraft, Spielfreude, Ausdauer und Kampfgeist.
Innenleiste breit, scharf konturiert: spricht für Selbstbewußtsein und Eigensinn.
Ohrbucht relativ groß: spricht für Lebensfreude.
Einschnitt sehr tief: spricht für Verbissenheit, aber auch für Einengung der Gedankengänge.
Ohrläppchen groß, dick, fleischig: spricht für unermüdliche Aktivität, Unbekümmertheit.

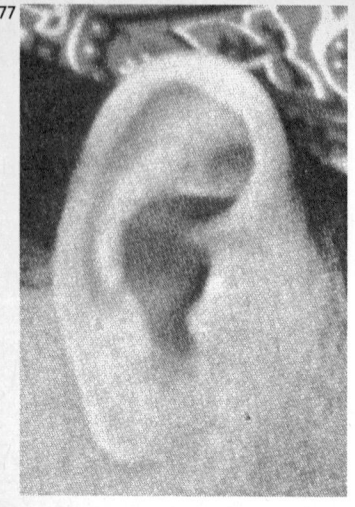

77 John McEnroe

Mittelgroßes Ohr mit schönen Strukturen und gefälliger Dreiteilung: spricht für Intelligenz und damit für ideenreiche Aktivität.
Außenleiste kräftig, aber schön geformt, von der Mitte der Ohrbucht lang bis zum Ohrläppchen ziehend: spricht für Reflexstärke, Rhythmus, körperliche Geschicklichkeit, Vitalität (überlappende Leiste) und Ausdauer.
Innenleiste kräftig, stark konturiert: spricht für Selbstbewußtsein, Ideenreichtum.

Ohrbucht groß und wohlgeformt: spricht für Lebensaufgeschlossenheit.
Einschnitt nicht zu tief und gefällig: spricht für verständnisvolle Lebensauffassung.
Ohrläppchen relativ klein: spricht für nüchternen Verstand.

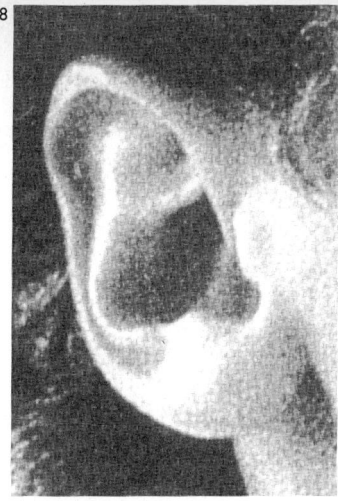

78 Mats Wilander

Charakteristisch an dem quadratischen Ohr Mats Wilanders sind die Biegungen und Knickbildungen. Auffallend ist die ungewöhnlich große Ohrbucht mit dem relativ großen Ohrläppchen. Diese Merkmale weisen bei einem ziemlich dünnen Ohr auf vielseitiges Interesse, emotionsbetonte Lebensart, Originalität und höchst eigensinniges Verhalten hin – alles Eigenschaften, die geradezu im Gegensatz zu dem im Tennissport verlangten Tugenden stehen. So fehlt dem Spiel von Mats Wilander auch das Explosive und Aggressive. Er ist ein gefühlvoller Grundlinienspieler, der seine Gegner eher durch Originalität und die Variationsbreite seiner Schläge beherrscht. Solche Ohrformen finden wir überwiegend bei ruhigen, liebenswürdigen und wenig kampfbetonten Sportlerinnen und Sportlern.

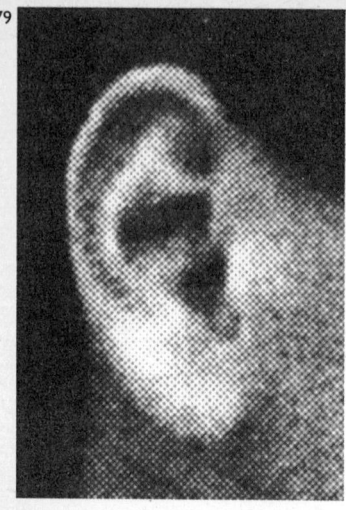

79 Michael Chang, amerikanischer Tennisstar

Michael Chang bietet aufgrund seiner ostasiatischen Herkunft Besonderheiten in der Ohrform. Das Ohr ist formschön mit eleganten, gut strukturierten Leisten und großer, wohlgeformter Ohrbucht. Das spricht zwar für einen gewissen Intelligenzgrad, läßt aber keinen auffälligen Hinweis auf sportliche Begabung zu. Diese drückt sich allerdings in der übermäßigen Entwicklung der unteren Ohrhälfte, insbesondere des Ohrläppchens, aus. Die Betonung des unteren Ohrabschnitts gegenüber dem oberen Ohranteil spricht für eine erhebliche animalische Vitalität, aus der sich entsprechende körperliche Geschicklichkeit, Reflexstärke und Kraft ableiten lassen.

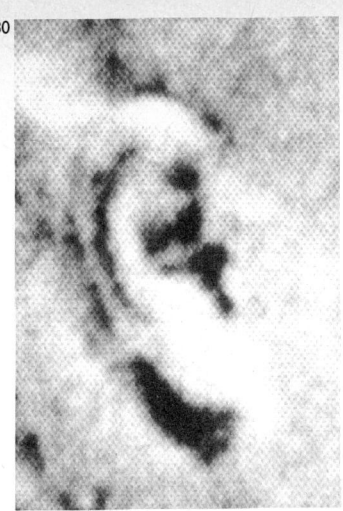

80 Ohr eines Weltmeisters im Boxsport

Das kleine Ohr zeigt dicke, plumpe Leisten, eine kleine Ohrbucht, einen auffallend tiefen und engen Einschnitt sowie ein sehr großes Ohrläppchen. Die Gesamtheit dieser Merkmale betont die animalischen Eigenschaften, nämlich Instinktsicherheit, Reaktionsschnelligkeit, Reflexstärke und Kraft.

Verhaltensweisen außerhalb der von uns anerkannten moralischen und gesetzlichen Normen bezeichnet man landläufig als »abwegig«. Solche Abwegigkeiten können aus den Ohrstrukturen nicht zuverlässig abgelesen werden. Negative Charakterzüge, die durch Abweichungen von der »normalen« Ohrstruktur zum Ausdruck kommen, finden sich bei vielen Menschen. Negativ zu beurteilende Ohrstrukturen sind zum Beispiel:

• Ein häßliches, verbogenes, in seiner Gesamtheit zu dickes, fleischiges Ohr (Abb. 5/7/9/87/88),

• Unterentwicklung des oberen Ohrabschnitts bei starker Entwicklung des mittleren und unteren Abschnitts (Abb. 5/7/9/81/89/90/92–94),

• übermäßig stark und breit entwickelte Außenleiste mit Unebenheiten und Knickbildungen im Kurvenverlauf (Abb. 7/9/10/81–83/87/88),

• in ihrem gesamten Verlauf zu breite, verwaschene Innenleiste (Abb. 7/82/83/89/91/92),

• zu kleine Ohrbucht (Abb. 5/87/89/90/93/94),

• fehlender oder fast fehlender Einschnitt am unteren Ende der Ohrbucht (Abb. 82/83/85),

• großes, quadratisches, breitbandförmiges oder lang nach unten ausgezogenes Ohrläppchen, besonders, wenn es angewachsen ist (Abb. 5/7/9/81–94),

• starke Schrägstellung des Ohres (Abb. 84–86).

Bei Kriminellen
treten negative Strukturmerkmale gehäuft auf
Werden mehrere oder gar alle dieser negativ zu deutenden Strukturen angetroffen, so weist dies verstärkt auf Wesenszüge wie Primitivität, animalische Vitalität, Gefühlsarmut,

Geltungsbedürfnis, Triebhaftigkeit usw. hin. Erfahrungsgemäß findet sich bei vielen gewalttätigen Kriminellen eine Häufung solcher negativer Anzeichen. Dabei ist es wiederum erstaunlich, daß dies in der Kriminologie bisher zu wenig beachtet wird. Die Abbildungen 81 bis 83 sowie 87 bis 94 zeigen fast durchgehend sämtliche negativen Komponenten bei meist straffällig gewordenen Personen:

• Die Grundform der Ohren ist häßlich.

• Die Ohren sind in ihrer Gesamtheit dick und fleischig.

• Der obere Ohranteil ist weit weniger entwickelt als der mittlere und obere Abschnitt.

• Die Außenleiste ist sehr breit, plump und mit unregelmäßigen Verdickungen und unregelmäßigem Kurvenverlauf.

• Die Innenleiste ist gleichfalls plump, breit und verwaschen. (Das darf nicht verwechselt werden mit der breiten, aber gut konturierten konisch verlaufenden Innenleiste besonders begabter, ideenreicher Menschen (Abb. 25–31)).

• Der Einschnitt am unteren Ende der Ohrbucht fehlt (Abb. 82 und 83), ein Zeichen besonderer Labilität und Hemmungslosigkeit.

• Die Ohrbucht ist fast ausnahmslos klein, oft sehr klein (Abb. 87/89/90/93/94). Dadurch wird Gefühlskälte ausgedrückt.

• Das viel zu große, übermäßig dicke und fleischige Ohrläppchen in den verschiedensten Formen (Abb. 81–94) verstärkt die angeführten negativen Charakterzüge.

An dieser Stelle sei noch einmal auf drei, meist zuwenig beachtete Strukturveränderungen des Ohres hingewiesen, die selbst bei sonst unauffälligen Ohrstrukturen größte Aufmerksamkeit verdienen:

Die erste und bedeutendste Formverschiebung besteht in der Unterentwicklung des oberen Ohrabschnitts, wodurch Gefühlsarmut und eine wenig stabile moralische Haltung zum Ausdruck kommen. Sie sollte besonders zu denken geben, wenn zusätzlich der untere Ohrabschnitt mit dem Ohrläppchen abnorm vergrößert ist (Abb. 87–90/93/94).

Eine zweite Strukturbesonderheit ist die abnorm kleine Ohrbucht (Abb. 87/89/90/93/94). Eine sehr kleine Ohrbucht gibt stets Anlaß zu Mißtrauen, da die hierdurch angezeigte Gefühlsminderung in die verschiedensten Richtungen gehen kann. Bei der Beurteilung der Größe der Ohrbucht ist – wie bereits erwähnt – stets das Verhältnis zur Größe des Gesamtohres zu berücksichtigen.

Eine dritte Abnormität ist der Kurvenverlauf des Gesamtohres, insbesondere des Ohrläppchens. Verbogene Ohren (Abb. 87–94) kann man geradezu als Zeichen einer »verbogenen« Lebenshaltung deuten, die besonders dann hervortritt, wenn das übrige Ohr viele negative Merkmale aufweist.

Ein nach vorn verbogenes Ohrläppchen erfordert stets eine sorgfältige Beachtung der Gemütsregungen, die oft in menschenunfreundlichen Aktivitäten ausarten.

Das Ohr auf Abbildung 10 erscheint auf den ersten Blick im Vergleich zu dem Ohr auf Abbildung 5 wohlgefällig und eher normal. Gehen wir jedoch genauer auf die Details der einzelnen Strukturen ein, so finden wir doch beachtliche negative Eigenschaften:

Die Grundform des Ohres (Abb. 10) ist dick und fleischig, die Randleiste ist insgesamt viel zu breit. Diese übermäßig breite Umrahmung des Ohres dokumentiert Rücksichtslosigkeit und animalische Vitalität. Ein solches Verhalten wird noch dadurch unterstrichen, daß die Außenleiste im mittleren Abschnitt keinen abgerundeten, sondern einen senkrechten Verlauf nimmt und Knickbildungen aufweist. Das deutet auch bei einem sonst wohlkonstruierten Ohr auf egozentrisches Verhalten und Eigensinn hin. Auffällig ist die Länge der Leiste, die bis in das Ohrläppchen hineinreicht. Eine langgezogene starke Leiste spricht zunächst nur für eine erhöhte Willenskraft und Vitalität. Ist sie aber von abnormer Breite und treten gleichzeitig Knicke auf, so müssen wir auch mit einer entsprechenden Plumpheit und »Knickbildungen« der Gedankengänge und Gefühlsregungen rechnen.

An der Innenleiste des Ohres fällt der lange, tiefe Einschnitt am unteren Ende der Ohrbucht auf. Das spricht für Eigensinn, Unbeirrbarkeit und Intoleranz. Die Plumpheit der Leiste insgesamt verstärkt diese Eigenschaften hin zur Gefühlskälte und zu sturem, rücksichtslosem Verfolgen eines einmal gesetzten Zieles.

Auch die kleine Ohrbucht und das viel zu große, fleischige und quadratische Ohrläppchen, das zudem noch nach vorn verbogen ist, mahnen zur Vorsicht beim Umgang mit diesem Menschen.

Die Kombination negativer Merkmale
bei gefährlichen Kriminellen ist unterschiedlich
Ein weiteres charakteristisches Beispiel der Kombination verschiedener negativer Merkmale vermittelt das Ohr der Abbildung 81. Es wirkt in seiner Grundform fast abstoßend häßlich. Das Ohr ist dick und fleischig, und die harmonische Dreiteilung fehlt. Der mittlere Ohrabschnitt und vor allem das Ohrläppchen sind überdimensional groß und zeigen wenig Strukturen. Die äußere Leiste ist im gesamten Verlauf viel zu breit: Im mittleren Abschnitt fehlt die Bogenform, statt dessen fällt die Außenleiste nach der oberen Kurve senkrecht ab. Dies ist selbst bei einem gut strukturier-

ten Ohr ein Zeichen von Eigensinn, Gefühlsarmut, Rechthaberei und herabgesetzter Kontaktfähigkeit. Je nach moralischer und geistiger Grundhaltung äußert sich das in den
verschiedensten Graden.

Erschwerend kommt hinzu, daß der Beginn der Außenleiste im Bereich der Ohrbucht die Form eines kurzen, fast
senkrecht verlaufenden Kegels annimmt. Man kann daraus
schließen, daß eine Neigung zu gefühllosen Aktivitäten
vorherrscht. Die durch die zu breite Außenleiste betonte
animalische Vitalität wird durch eine breite, plumpe Innenleiste noch verstärkt. Bei der kleinen Ohrbucht ist mit
einem bedenklichen Maß an Gefühlsarmut zu rechnen. Der
untere Einschnitt ist langgezogen und stark ausgeprägt. Dies
deutet auf Eigensinn hin, der bis zum Starrsinn reicht, sowie
auf Unbelehrbarkeit, Egoismus und Engstirnigkeit.

Das Bedenklichste an dem in allen Abschnitten dishar-
monisch strukturierten Ohr ist das abnorm große, bandförmige und angewachsene Ohrläppchen. Es ist dick und fleischig und nimmt fast das halbe Ohr ein. Ein Ohrläppchen
dieser Form würde auch bei einem sonst unauffällig strukturierten Ohr darauf hinweisen, daß man bei seinem Träger
auf unangenehme, egozentrische Handlungen gefaßt sein
muß.

Fehlender Einschnitt
läßt Hemmungslosigkeit erwarten
Die Ohren der Abbildungen 81 bis 83 ähneln einander. Alle
drei zeigen fast die gleichen negativen Form- und Strukturmerkmale. Bei den Ohren der Abbildungen 81 und 83 kommen noch zwei weitere negative Merkmale hinzu: Beiden
fehlt der Einschnitt am unteren Ende der Ohrbucht, und
beide zeigen im Verlauf der äußeren Leiste stärkere Knickbildungen. Das Ohr auf Abbildung 82 bietet eine kaum zu
übertreffen de Massierung negativer Züge: Insgesamt ist es
dick, fleischig und verbogen, was auf einen primitiven Cha-

rakter schließen läßt. Es zeigt keinerlei Anzeichen einer Dreiteilung, geschweige denn einer Verjüngung. Der obere Ohrabschnitt ist stark unterentwickelt. Vorherrschend ist das breite, bandförmige und angewachsene Ohrläppchen, was für eine bedenkliche Kombination an abwegigen und menschenunfreundlichen Aktivitäten spricht. Die viel zu breite Randleiste mit ihrem geknickten Anfangsteil und dem senkrechten Verlauf im mittleren Abschnitt gilt als Zeichen für herrschsüchtiges und rücksichtsloses Vorgehen. Die Innenleiste stellt sich als breite, fast formlose Masse dar. Da sie die Persönlichkeitsgestaltung dokumentiert, haben wir es hier also mit einer wenig differenzierten, animalisch reagierenden Person zu tun. Die kleine Ohrbucht, bei fehlendem Einschnitt am unteren Ende, ist hier geradezu ein Ausdruck für Gefühlsroheit.

Das auf Abbildung 83 gezeigte Ohr ist in Form und Struktur weniger plump als die Ohren der Abbildungen 8 und 82. Es darf also bei seinem Träger ein etwas größeres geistiges Potential angenommen werden. Aber auch hier sehen wir wiederum eine Massierung negativer Merkmale:

• dicke, fleischige Konsistenz des Gesamtohres,

• fehlende Dreiteilung bei Unterentwicklung des oberen Ohrabschnitts,

• starke Außenleiste mit Knickbildungen sowie senkrechter Verlauf im mittleren Ohrabschnitt,

• breite, konturlose, verwaschene Innenleiste,

• fehlender Einschnitt am unteren Ende der Ohrbucht.

Insbesondere das Fehlen des Einschnitts spricht für eine mehr als großzügige Einstellung gegenüber Moral und in Gelddingen. Bei einem überwiegend negativ ausgerichteten Charakter bedeutet dies: Labilität, Hemmungslosigkeit und Verschwendungssucht sowie eine Abneigung gegen jede Form von Reglementierung, die bis ins Aggressive gehen kann. Bei Menschen mit hohem geistigen und kulturellen Niveau kann sich durch Steuerung und Kontrolle die angeborene Großzügigkeit zum Beispiel in Hilfsbereitschaft, Unterstützung freiheitlicher Bestrebungen oder sozialem Engagement äußern.

Schrägstellung der Ohren mahnt zur Vorsicht
Die abwegigen Ohrformen der Abbildungen 84 bis 86 erwecken unsere Aufmerksamkeit durch die Schrägstellung des Ohres. Bei schräggestellten Ohren ist eine genaue Analyse aller Details geboten, da deren Träger – selbst bei relativ hohem geistigen Niveau – oft unangenehm entgleisen können.

Das Ohr auf Abbildung 84 fällt durch unterschiedliche Verdickungen der Außenleiste auf. Sie verbreitert sich im unteren Verlauf, was auf eine fehlgesteuerte Gemütslage hinweist. Zudem ist die Außenleiste bis ins Ohrläppchen hineingezogen; dies unterstreicht wiederum die mangelnde Sensibilität und das egozentrische Verhalten. Die Innenleiste ist nur schwach entwickelt und drückt damit auch eine schwache Persönlichkeitsdarstellung und wenig Zielstrebigkeit aus. Die kleine Ohrbucht steht für Gefühlskälte und Gleichgültigkeit gegenüber den schönen Dingen des Lebens. Der untere Einschnitt am Ende der Ohrbucht ist aufgelöst: dies läßt auf Labilität und Hemmungslosigkeit schließen.

Abbildung 85 zeigt ein ähnlich strukturiertes, schräges Ohr: Die Außenleiste ist stark ausgeprägt, von unterschiedlicher Dicke und bis ins Ohrläppchen durchgezogen – wir haben hier wiederum einen sehr eigensinnigen, egozentrischen Menschen vor uns. Die plumpe, breite Innenleiste spricht für außergewöhnliche Geltungssucht, und der fehlende Einschnitt am unteren Ende der Ohrbucht weist auf Labilität und Hemmungslosigkeit hin. Die Ohrbucht ist relativ klein und das Ohrläppchen angewachsen; dies bestätigt zusätzlich Gefühlskälte und Kontaktarmut.

Primitives Verhalten bei fleischiger Konsistenz
und plumpen Strukturen des Ohres

Das Ohr gehört einer egozentrischen, rücksichtslosen, geltungssüchtigen und zu Aggressionen neigenden Person.

Fleischige Konsistenz und plumpe Strukturen zeigt das Ohr auf Abbildung 86. Der bolzenhafte Beginn, die unregelmäßigen Verdickungen und Knickbildungen der im ganzen kräftigen Außenleiste sprechen für animalische Vitalität. Die fehlende Dreiteilung, die zu geringe Entwicklung des oberen Ohranteils und das im Verhältnis zum Gesamtohr viel zu große, fleischige Ohrläppchen drücken Hemmungslosigkeit aus. Wir haben es hier mit einem primitiven, gefühlskalten und aggressiven Menschen zu tun.

Auf den Abbildungen 87 und 88 sind verbogene Ohren zu sehen. Diese Verbiegungen sind nicht mit sogenannten »abstehenden« Ohren zu verwechseln, sie treten nur in verschiedenen Abschnitten der Außenleiste auf. Eine besondere Beachtung verdient bei der Analyse das nach vorn verbogene Ohrläppchen (Abb. 88), das häufig bei besonders gewalttätigen Menschen anzutreffen ist.

Die Ohren zeigen fast ausschließlich negative Merkmale. Die Außenleiste ist jeweils viel zu dick, breit und plump; das gleiche gilt für die Innenleiste. Besonders bedenklich ist die sehr kleine Ohrbucht sowie das Mißverhältnis des oberen Ohrabschnitts zum unteren Ohranteil (Abb. 88). Hier nimmt der untere Ohrabschnitt mit dem sehr großen, quadratischen Ohrläppchen fast das halbe Ohr ein. Dies spricht für Aggressivität. Der fast fehlende Einschnitt am unteren Ende der Ohrbucht bedeutet zusätzlich Hemmungslosigkeit.

Bei den Ohren auf den Abbildungen 89 und 90 kommt das Mißverhältnis eines übermäßig großen Ohrläppchens zu einem unterentwickelten oberen Ohrabschnitt besonders deutlich zum Ausdruck. Das überentwickelte, dicke, fleischige Ohrläppchen nimmt mehr als die Hälfte des Ohres ein und charakterisiert damit einen herrschsüchtigen, aggressiven und rücksichtslosen, materiell ausgerichteten Menschen. Die breite, verwaschene Innenleiste betont den Trieb zur Befriedigung der egoistischen Wünsche. Die extrem kleine Ohrbucht verrät die Einengung des Intellektes und das Vorherrschen einer gefährlichen Kaltherzigkeit. Der tiefe Einschnitt am unteren Ende der Ohrbucht läßt erkennen, daß die abwegigen Handlungen gezielt vorgenommen werden. Die Knickbildungen in der Außenleiste runden den Eigensinn und die Unbelehrbarkeit eines primitiven Menschen ab.

Fast fehlende Außenleiste
bei breiter, verwaschener Innenleiste:
bedenkliche Brutalität

Die Ohren der Abbildungen 91 und 92 sind lappenförmig bei extrem dünner, fast fehlender Außenleiste. Beide haben eine sehr breite, verwaschene Innenleiste, die – bei gleichzeitiger Unterentwicklung der Außenleiste – auf erhebliche Gefühlskälte und rücksichtsloses Verhalten deutet. Denn wenn die Außenleiste zu dünn ist oder ganz fehlt, kann man davon ausgehen, daß die Steuerung der Gedanken und Handlungen zumindest eingeschränkt ist. Die sehr kleine Ohrbucht drückt Kaltherzigkeit und Mangel an mitmenschlichem Empfinden aus.

Den Ohren auf den Abbildungen 93 und 94 ist das übermäßig große, fleischige Ohrläppchen bei einer Unterentwicklung des oberen Ohrabschnitts gemeinsam. Dies unterstreicht eine extrem egozentrische, animalische, menschenunfreundliche Verhaltensweise. Wie die Ohren der Abbildungen 88–92 haben sie eine sehr kleine Ohrbucht, was für Gefühlsarmut spricht. Die Träger dieser Ohren sind den musischen Dingen des Lebens abhold, und ihr Begeisterungsvermögen konzentriert sich vor allem auf die Befriedigung ihrer materiellen und erotischen Bedürfnisse. Alle

Strukturen sind negativ angelegt. Die Außenleiste ist plump und hat Knickbildungen, die Innenleiste ist zu breit und verwaschen. Der relativ deutliche Einschnitt am unteren Ende der Ohrbucht spricht für ein gewisses Maß an Konzentrationsvermögen und planvollem Vorgehen beim Verfolgen der gesetzten Ziele.

Abbildung 93 zeigt das Ohr einer Frau, dessen Struktur ihre charakterliche Veranlagung eindrucksvoll belegt: Das Ohr ist in seiner Gesamtform häßlich. Es fehlt die Dreiteilung, und der obere Ohranteil ist unterentwickelt. Die Außenleiste ist breit, plump und überlappend, wodurch sich eine primitive Grundhaltung ausdrückt. Im mittleren Ohrabschnitt setzt bereits das viel zu große, mehr als die Hälfte des Ohres einnehmende Ohrläppchen an. Auch dies ist ein Zeichen für eine ausschließlich auf materielle Dinge und animalische Vitalität ausgerichtete Lebenseinstellung. Die sehr kleine Ohrbucht und die breite, plumpe Innenleiste sind Ausdruck gefühlskalten Egoismus.

Auch das Ohr von Abbildung 94 hat sehr unschöne Strukturen und ein übermäßig großes angewachsenes Ohrläppchen. Es ist das Ohr eines sehr egozentrischen, materialistisch eingestellten Menschen.

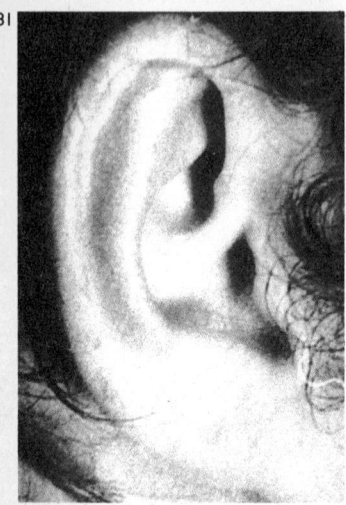

81

81–83 Drei sich stark ähnelnde
Ohren mit fast ausschließlich
negativen Merkmalen

Dickes, fleischiges Ohr mit Unterentwicklung des oberen Ohrabschnitts und übermäßiger Entwicklung des unteren Ohranteils: spricht für moralische und geistige Primitivität.
Außenleiste zu dick, plump, überlappend, mit bolzenförmigem Beginn: spricht für brutale Rücksichtslosigkeit im Denken und Handeln.
Innenleiste sehr dick: spricht für Selbstherrlichkeit.
Ohrläppchen viel zu groß, breit, bandförmig, angewachsen: spricht für hemmungsloses, menschenfeindliches, gewalttätiges Verhalten.

234

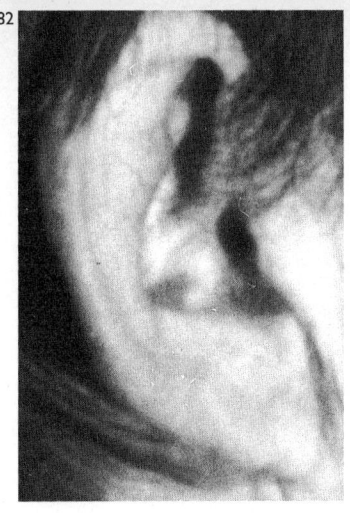

82

Dickes, fleischiges Ohr mit Unterentwicklung des oberen Ohrabschnitts und übermäßiger Ausbildung des unteren Ohranteils: spricht für geistige und moralische Primitivität. Außenleiste zu dick und stark überlappend: spricht für rücksichtsloses, egoistisches Verhalten. Innenleiste sehr breit, verwaschen: spricht für brutale Aktivitäten.
Völliges Fehlen des Einschnitts am unteren Ende der Ohrbucht: spricht für Hemmungslosigkeit.
Ohrläppchen viel zu groß, breitbandig und angewachsen: spricht für bedenkliche Aggressivität.

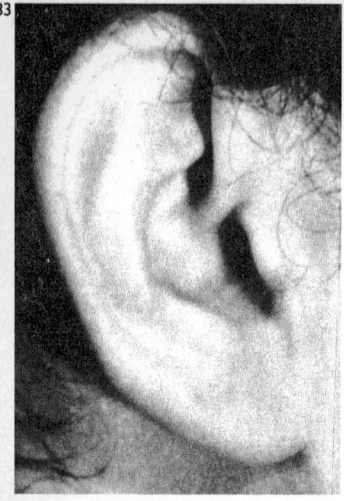

Dickes, fleischiges Ohr mit Überentwicklung des unteren Ohrabschnitts: spricht für geistige und moralische Primitivität.
Außenleiste dick, überlappend mit bolzenförmigem Beginn: spricht für starken Egoismus.
Innenleiste sehr breit, etwas verwaschen: spricht für Herrschsucht, Kaltherzigkeit.
Ohrbucht klein, Einschnitt am unteren Ende der Ohrbucht aufgehoben: spricht für völlige Hemmungslosigkeit.
Ohrläppchen zu groß: spricht für animalische, menschenfeindliche Vitalität.

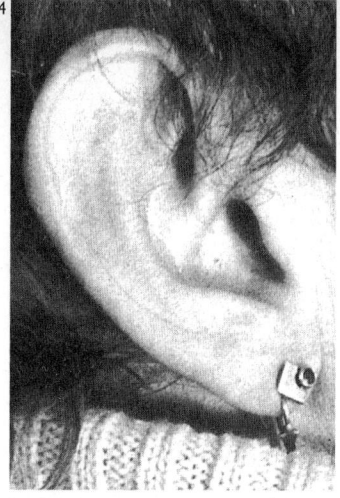

84–86 Drei schrägstehende Ohren
mit bedenklichen negativen
Merkmalen wie Ohrbucht, Knickbildungen, aufgehobenem
Einschnitt,
langgezogenem Ohrläppchen

Schrägstehendes Ohr:
spricht für Gefühlskälte
und Labilität. Außenleiste
mit unterschiedlichen Verdickungen und Knickbil-
dungen: spricht für Gefühlskälte und abwegige Gedan-
ken.
Innenleiste schwach entwik-
kelt: spricht für Mangel an
Persönlichkeitsdarstellung,
daraus folgt gefährliche Aggressivität.
Sehr kleine Ohrbucht:

spricht für Gefühlskälte.
Einschnitt am unteren Ende
der Ohrbucht fehlt: spricht
für egozentrische, kaum gehemmte Aktivität.

237

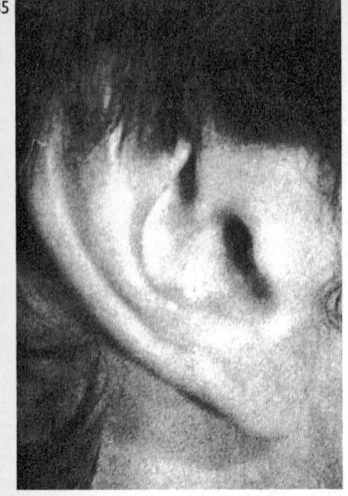 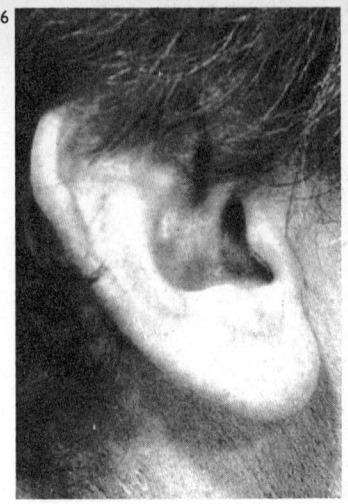

Stark schräggestelltes Ohr: spricht für Gefühlskälte, Labilität und Eitelkeit. Außenleiste sehr kräftig, bis zum Ohrenende durchgezogen: spricht für Herrschsucht und Egoismus. Innenleiste zu dick und breit: spricht für Selbstherrlichkeit und Aggressivität. Ohrbucht klein: spricht für Gefühlskälte. Einschnitt am unteren Ende der Ohrbucht aufgehoben: spricht für Hemmungslosigkeit in jeder Hinsicht. Ohrläppchen schräg, langgezogen: spricht für mangelnde Kontaktfähigkeit.

Schrägstehendes Ohr: spricht für Gefühlskälte und Labilität. Außenleiste dick, langgezogen, mit Knickbildungen: spricht für sehr vitalen, eigensinnigen, rechthaberischen und egoistischen Menschen. Innenleiste schwach und verwaschen: spricht für Mangel an Persönlichkeitswerten und Gefühlsroheit. Ohrbucht klein: spricht zusätzlich für gefühlsarme Lebenseinstellung. Ohrläppchen viel zu groß, dick und formlos: spricht für erhebliche menschenfeindliche Aktivitäten.

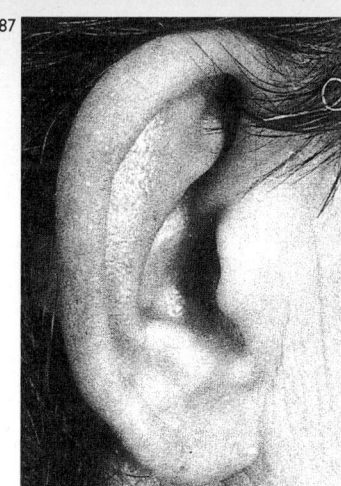

dungen: spricht für Rücksichts- und Hemmungslosigkeit.

Innenleiste breit, verwaschen: spricht für Kaltherzigkeit und Geltungssucht.

Ohrbucht sehr klein und unförmig: spricht für Eitelkeit, hochgradige Gefühlskälte und asoziales Verhalten.

Ohrläppchen groß, quadratisch: spricht für extrem egozentrisches und emotionales Verhalten.

87/88 Zwei ähnliche, negativ zu beurteilende Ohrformen. Besonders charakteristische Merkmale sind Verbiegungen und Knickbildungen bei plumpen, dicken und deformierten Strukturen

Dickes, fleischiges Ohr mit Unterentwicklung des oberen Ohrabschnitts und starker Entwicklung des unteren Ohranteils: spricht für moralische und geistige Primitivität.

Verbiegungen und Knicke im gesamten Ohr: sprechen für egozentrisches, wenig menschenfreundliches Verhalten.

Außenleiste viel zu dick, plump und mit Knickbil-

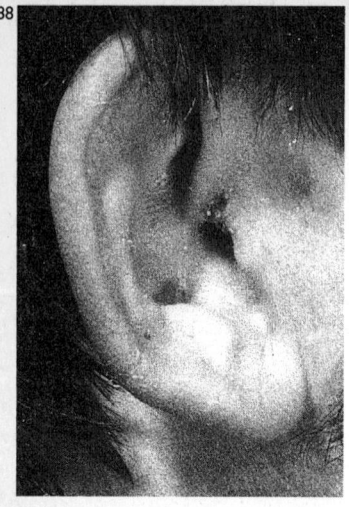

88

Fast gleiches Ohr wie Abbildung 87.

Die Verbiegungen und Knickbildungen sind noch ausgeprägter, somit ist auch das egozentrische, menschenunfreundliche Verhalten noch stärker.

Die Ohrbucht ist etwas größer und drückt mehr Kontaktbereitschaft aus.

Der Einschnitt fehlt ganz, was die Hemmungslosigkeit unterstreicht.

Das besonders große Ohrläppchen nimmt fast das halbe Ohr ein und ist nach vorn verbogen. Die animalische, hemmungslose Aggressivität ist daher noch stärker.

240

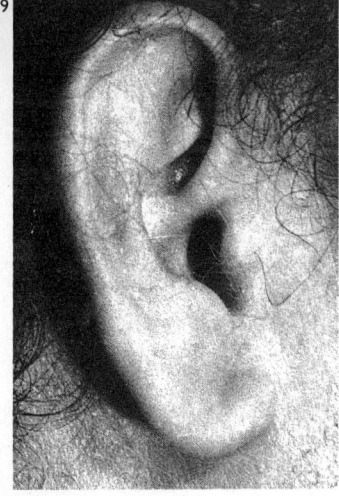

89/90 Zwei häßlich strukturierte Ohren mit auffälliger Entwicklung des Ohrläppchens

Großes, dickes Ohr mit bevorzugter Entwicklung des unteren Ohrabschnitts und Verbiegungen: spricht für geistige und moralische Primitivität.

Außenleiste mit unregelmäßigem Verlauf und einzelnen Verdickungen: spricht für Anordnung der Gedanken.

Innenleiste sehr breit und verwaschen: spricht für kaltherzige Aggressivität.

Ohrbucht sehr klein mit unschöner Kontur: spricht für gefühlsarmes, asoziales Verhalten.

Ohrläppchen viel zu groß, die Hälfte der Ohrform einnehmend: spricht für starke animalische, hemmungslose und menschenfeindliche Aktivität.

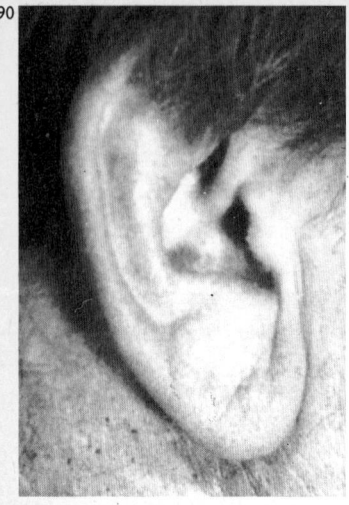

Großes, dickes und fleischiges Ohr von häßlicher Form: spricht für geistige und moralische Primitivität.
Außenleiste kräftig, überlappend mit bolzenförmigem Beginn: spricht für egozentrisches, rücksichtsloses Verhalten.
Innenleiste sehr breit, etwas verwaschen: spricht für Gemütsarmut, Selbstherrlichkeit und Geltungsbedürfnis.
Ohrbucht sehr klein: spricht für Gefühlskälte und asoziales Verhalten.
Ohrläppchen viel zu groß, mehr als die Hälfte des Ohres einnehmend: spricht für animalische, egoistische, hemmungslose menschenunfreundliche Aktivität.

242

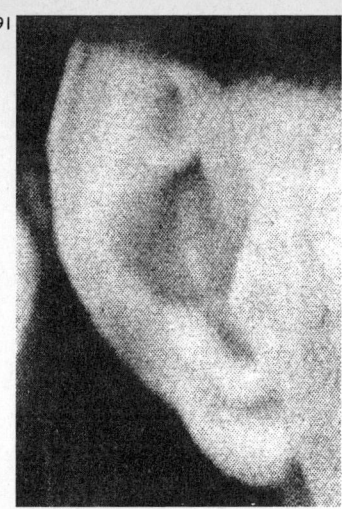

91/92 Zwei Ohren, deren bedenklichste Merkmale die dünne, mit
starken Knickbildungen versehene
Außenleiste und die sehr breite,
verwaschene Innenleiste sind

Außenleiste zu dünn, fast
fehlend, mit unregelmäßi-
gem Verlauf und zahlrei-
chen Knickbildungen:
spricht für unkontrollierte
Gedankengänge, die ins Irreale abgleiten. Totale Hemmungslosigkeit sowohl im
Denken als auch im Han-
deln.
Innenleiste viel zu breit und
verwaschen, fast ohne jede
Kontur: spricht für brutale
Rücksichtslosigkeit und gefährlichen Egoismus.
Kleine Ohrbucht: spricht
für Kaltherzigkeit.
Tiefer Einschnitt am unteren Ende der Ohrbucht:
spricht für materielle Berechnung.

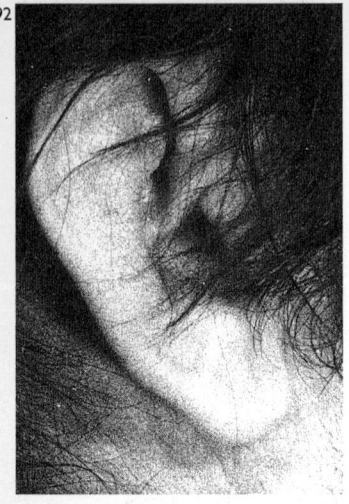

Ein in allen Strukturen deformiertes Ohr: spricht für geistige und moralische Primitivität.

Außenleiste dünn, mit stark unregelmäßigem Verlauf voller Knickbildungen: spricht für gestörtes Denken und Störung des Gefühls, Haltlosigkeit und Fehleinschätzung der Lebensvorgänge.

Innenleiste kaum erkennbar, stark verwaschen: spricht für extreme Kaltherzigkeit und Egoismus.

Einschnitt am unteren Punkt der Ohrbucht fast aufgehoben: spricht für Labilität und Hemmungslosigkeit.

Ohrläppchen zu groß, quadratisch: spricht für Unruhe, große Aktivität und Aggressivität.

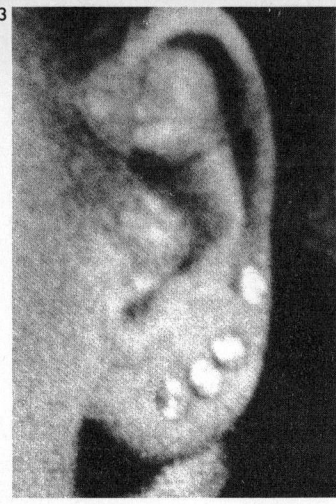

93/94 Zwei Ohren, die durch
Überentwicklung des unteren
Ohrabschnitts auffallen

Starke Überentwicklung des
unteren Ohranteils: spricht
für moralische Haltlosigkeit
und Egoismus.
Außenleiste kräftig, aber
sehr kurz: spricht für Vitalität bei mäßigem Verstand.
Innenleiste sehr breit:
spricht für Aggressivität und
Geltungsbedürfnis.
Ohrläppchen übermäßig
groß, mehr als die Hälfte des
Ohres einnehmend: spricht,
unter Berücksichtigung der
vielen negativen Merkmale,
für Hemmungslosigkeit,
Unbeherrschtheit, Genuß-
sucht und gefühlskalte Aggressivität.

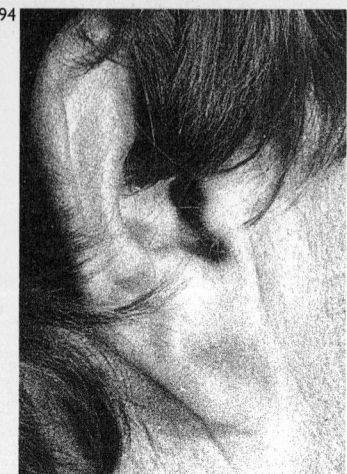

Ohr mit zahlreichen Knickbildungen und unschöner Struktur: spricht für egozentrisches, eigensinniges Verhalten.

Unterentwicklung des oberen Ohranteils und Überentwicklung des unteren Ohrabschnitts: spricht für mangelndes menschliches Empfinden und starken Egoismus.

Außenrand kräftig, voller Knickbildungen: spricht für rücksichtslosen Eigensinn und falsche Beurteilung der Lebensvorgänge.

Innenleiste breit: hat hier keinen besonderen negativen Aussagewert.

Ohrbucht sehr klein: spricht für Gefühlskälte und asoziales Verhalten.

Ohrläppchen übermäßig groß, fast das gesamte Ohr beherrschend: spricht für animalische, unbeherrschte, hemmungslos egoistische Aktivität.

Kapitel IV

Vom Nutzen der Ohranalyse bei der Erziehung

Die Erziehung und behutsame Führung der Jugend gehört zu den schwierigsten Aufgaben unserer Zeit. Ein wenig durchsichtiges Schul- und Studiensystem, extremer Leistungszwang, der schon früh auf den Numerus clausus setzen läßt, haben Eltern und Erzieher zunehmend verunsichert. Soll die Tochter Abitur machen oder nicht, und was kann der Junge studieren? Dies sind Fragen, die in Familien mit heranwachsenden Kindern diskutiert werden. In großer Zahl bietet man sogenannte Intelligenz- und Eignungstests an, und auch viele Firmen sind dazu übergegangen, Bewerber und Lehrstellen solchen Tests zu unterziehen. Sie können jedoch nur einen begrenzten Aufschluß über die geistigen Fähigkeiten der Probanden vermitteln. Hinweise auf spezifische Eignung für einen bestimmten Beruf und eine erfolgversprechende Lebensführung sind von solchen Tests überhaupt nicht zu erwarten.

Auch die Ohranalyse kann hier keine befriedigende Auskunft geben. Allerdings verraten die Ohrstrukturen gewisse Eignungen und Wesenszüge, die den Eltern bei der Beurteilung ihres Kindes und einer gezielten Förderung hilfreich sein können. Fangen wir einmal bei den kleinen Ohren an, deren Auslegung besonders schwierig ist:

Bei wohlstrukturiertem kleinem Ohr:
gute Beobachtungsgabe und starkes Gedächtnis

Ein *kleines Ohr* besagt im allgemeinen, daß die explosive, dynamische Darstellungskraft fehlt. Dagegen überwiegt die praktische Lebenseinstellung. Die Denkweise ist bodenständig, und das kleine Ohr schließt illusionsgetragene geistige Höhenflüge aus. Dennoch empfiehlt es sich, wie bei jeder Ohranalyse, zunächst festzustellen, wie stark die animalisch-vitale Komponente hervortritt. Man erkennt dies an sehr dicken Leisten bei einem dicken, fleischigen Gesamtohr. Dadurch drücken sich körperliche Geschicklichkeit und Bewegungskraft aus; Kinder mit solchen Ohren sind meistens sehr gute Sportler. Im Zweifelsfall sollte man diese Begabung unterstützen. Das gilt insbesondere dann, wenn das kleine Ohr von einer kräftigen Außenleiste umrandet wird, die sich bis in das Ohrläppchen hineinzieht. Ist der Einschnitt am unteren Ende der Ohrbucht gut ausgebildet und die Innenleiste scharf konturiert, so spricht dies für außergewöhnliche rhythmische Begabung. Jugendliche mit solchen Ohren fallen gewöhnlich auch durch Musikalität auf. Sie erlernen leicht Instrumente aller Art, auf denen sie es zu beachtlichen Erfolgen reproduktiver, nicht aber produktiver Art bringen können.

Ist die äußere Leiste etwas feiner ausgebildet, aber gut konturiert, und auch die Innenleiste scharf ausgeprägt, so spricht dies für eine gute Beobachtungsgabe. Bei markantem Einschnitt am unteren Ende der Ohrbucht und einem relativ kleinen Ohrläppchen kann die damit zum Ausdruck gebrachte Konzentrationsfähigkeit und Geduld zu großen Leistungen in kaufmännischen, technischen und einigen wissenschaftlichen Bereichen führen. Naturwissenschaftler, deren Beobachtungsgabe besonders gefordert ist, zeigen häufig kleine, schön geformte, aber scharf konturierte Ohren.

Menschen mit kleinen Ohren, deren Strukturen insgesamt gut ausgebildet sind und sich harmonisch der Gesamtform des Ohres anpassen, eignen sich weniger für Positionen, die kraftvolles Auftreten oder dynamisch-schöpferische Fähigkeiten verlangen. Man findet sie fast nie in künstlerischen Berufen. Ihre ruhige, von emotionsloser Logik begleitete Beobachtungsgabe und ihre Stabilität lassen sie hingegen in vielen handwerklichen, technischen, wissenschaftlichen und kaufmännischen Tätigkeiten großes Ansehen gewinnen. Die eher praxisbezogene Ausrichtung wird bei einem extrem kleinen Ohr noch verstärkt. In diesem Fall ist es sinnvoll, bei der Berufswahl in erster Linie die praktische Tätigkeit in den Vordergrund zu stellen.

Bei einem mittelgroßen Ohr von dicker, fleischiger Konsistenz und dicken plumpen Leisten herrscht – wie bei allen Ohrgrößen – zunächst die vitale, animalische Komponente vor. Jugendliche mit solchen Ohren zeigen zu Hypervitalität und finden im Sport oft eine ihrem Wesen gemäße Befriedigung.

Bei wohlstrukturiertem mittelgroßem Ohr:
logisches Denken, kontrolliertes Gefühlsleben

Ist das mittelgroße Ohr normal geformt, also nicht übermäßig dick und plump, so kommt es auf Stärke und Kurvenverlauf der Leisten an. Eine starke, lang durchgezogene Außenleiste in Verbindung mit einer kräftigen, aber gut konturierten Innenleiste spricht für Einsatz und Willenskraft, jedoch auch häufig für starke Ichbezogenheit. Je kräftiger die Leisten, um so stärker sind Selbstbewußtsein und Egoismus ausgeprägt. Sind die Leisten dagegen fein und zart, insbesondere die Außenleiste, so herrscht Empfindsamkeit vor. Eine sehr dünne Außenleiste spricht für hohe Sensibilität; fehlt die Außenleiste im mittleren und unteren Abschnitt nahezu ganz, so besteht Neigung zu depressiver Gemütslage. In jedem Fall aber besagt ein mittelgroßes Ohr mit gut ausgebildeten Leisten, daß wir es mit einem logisch denkenden Menschen zu tun haben. Fleiß und Einsatzbereitschaft befähigen ihn auf fast allen Gebieten zu großen Leistungen, insbesondere wenn die Ohrbucht wohlgeformt, der Einschnitt am unteren Ende der Ohrbucht markant und das Ohrläppchen nicht zu groß und der Gesamtform des Ohres harmonisch angepaßt ist.

Bei wohlstrukturiertem großem Ohr:
Ideenreichtum,
Ausdauer und Zielstrebigkeit

Große Ohren mit schöner Struktur verraten Ideenreichtum, Phantasie und Begeisterungsfähigkeit. Die damit gepaarte Illusionskraft verführt besonders Jugendliche oft zu Abenteuern verschiedenster Art. Da sich diese Menschen in ihrem Phantasiereichtum aber stets ehrenwerte Ziele setzen, die sie mit großer Ausdauer und Fleiß verfolgen, gehen auch ihre Wagnisse meist glücklich aus.

Ein großes Ohr spricht immer auch für große Aktivität, die nur dann zur Vorsicht mahnt, wenn das Ohr sehr dick und plump ist, die Leisten zu dick sind und gleichzeitig das Ohrläppchen zu groß entwickelt ist. Junge Menschen mit solchen Ohren sind explosiv und wenig beherrscht, und man muß sich Zeit nehmen, ihre geheimen Wünsche und Vorstellungen zu erforschen, um sie entsprechend zu lenken.

Bei einem großen Ohr von normaler Konsistenz und starker Außenleiste sowie wohlgeformter, gut konturierter Innenleiste kann man von einem willensstarken Charakter mit vielseitigen Interessen und Begabungen ausgehen. Die Begabung kann sich sowohl im Musischen als auch in wissenschaftlichem oder nüchtern kaufmännischem Bereich entfalten. Die »Frontkämpfer der Medizin«, die Chirurgen, die während ihrer Arbeit ständig über Leben und Tod mitentscheiden, haben fast ausnahmslos große Ohren. Großohrige sind mutige Streiter, die ihren Beruf als Erfüllung betrachten. Sie sind dynamisch und von ständiger Unruhe und ordnen sich nicht gerne unter. Je markanter und formschöner die Leisten ausgebildet sind, desto stärker tritt diese Charaktereigenschaft in den Vordergrund. Auffällig sind Phantasie und Ideenreichtum der Großohrigen, die vor allem bei jungen Leuten leicht zu vorschnellen Handlungen und Äußerungen führen. In der Regel werden Großohrige in jedem Beruf Erfolg haben, da sie ihre Ziele stets unermüdlich und aufopfernd verfolgen.

Mädchen haben im Vergleich meist kleinere Ohren, was ihrem weniger muskulösen Körperbau entspricht. Zudem drückt dies aber auch eine umsichtigere Denkweise aus. Im allgemeinen gelten für sie dieselben, oben angeführten Aussagen zu den Ohrgrößen und Strukturen. Vereinfachend kann man sagen, je größer das Ohr der Frau und je stärker die Randleisten, desto mehr sind ihre Verhaltensweisen dem männlichen Schema angepaßt. Große Ohren sprechen bei Frauen für einen Verlust an weiblicher Anmut und eine vorherrschende Ichbezogenheit. Andererseits sind gerade solche Frauen im Berufsleben außerordentlich erfolgreich.

Kapitel V

Ohranalyse und Partnerwahl

Alle Kriterien, die für die Beurteilung eines Menschen aufgrund der Strukturen seiner Ohren gelten, lassen sich natürlich auch auf den jeweiligen Partner anwenden. Man sollte also, bevor man mit einem Menschen eine engere Beziehung eingeht, die sichtbaren Signale, die durch seine Ohren zum Ausdruck kommen, nicht außer acht lassen. Dies erspart spätere Enttäuschungen.

Im Zeitalter der gezielten Partnerwahl, die zum Beispiel auch in den detaillierten Bekanntschafts- und Heiratsannoncen immer häufiger zum Ausdruck kommt, kann eine Ohranalyse Brauchbares leisten. Ist der Traumpartner zum Beispiel ein dynamischer, lebensfreudiger Mensch, so findet sich dieser am ehesten unter den *Großohrigen*. Man bedenke aber immer, daß der Großohrige zwar ein friedvoller, lebensbejahender Mensch ist, andererseits aber oft auch sehr eigensinnig und unruhig erscheint. Sein angeborener Erlebnisdrang läßt ihn mitunter abenteuerliche Wege gehen. Der Großohrige mit schöner, wohlgerundeter Außen- und Innenleiste, einer großen Ohrbucht und einem markanten, aber nicht zu tiefen und engen Einschnitt an derem unteren Ende sowie einem der Gesamtform des Ohres angepaßten Ohrläppchen ist in der Regel ein geselliger, fleißiger, stabiler, großzügiger und liebevoller Mensch. Nur wenn der Einschnitt am Ende der Ohrbucht sehr tief und eng erscheint, spricht dies für eine engherzige, moralisierende Lebenseinstellung.

Der *Mittelgroßohrige* mit wohlgeformten Leisten, einer schön umrandeten Ohrbucht, einem markanten, nicht zu tiefen Einschnitt am unteren Ende und einem harmonischen Ohrläppchen ist ein nüchtern denkender Mensch. Er zeichnet sich durch Stabilität und Beherrschung aus und weiß eine gemeinsame Lebensführung harmonisch zu gestalten. Im Berufsleben ist der Mittelgroßohrige mit gut konturiertem Ohr allgemein sehr erfolgreich. Sein Durchsetzungsvermögen ist um so ausgeprägter, je kräftiger die Leisten entwickelt sind. Allzu dicke Leisten allerdings mahnen wegen des dadurch zum Ausdruck kommenden egozentrischen Verhaltens zur Vorsicht.

Dem *Kleinohrigen* fehlt meist die explosive, mitreißende Dynamik. Er neigt dazu, sich unterzuordnen. Bei markant ausgeprägten Ohrstrukturen und der dadurch gekennzeichneten außergewöhnlichen Beobachtungsgabe vermag der Kleinohrige mit Klugheit und Überlegung seine Lebensführung sicher zu gestalten. Ist bei zarter Außenleiste die Ohrbucht sehr groß, so kann man mit Feinfühligkeit und musischem Verständnis rechnen. Ist das Ohr extrem klein und sind die Leisten auffällig dick, so setzt dies den beruflichen Entfaltungsmöglichkeiten Grenzen. Gleichzeitig ist dadurch fast immer eine körperliche Geschicklichkeit gegeben, die nicht nur im Sport, sondern auch beim Spielen eines Musikinstrumentes zum Erfolg führt. Hat jemand ein kleines, fein gestaltetes Ohr mit zarter Außenleiste, so spricht dies für eine ruhige, geistvolle und sensible Haltung. Allerdings dürfte er Schwierigkeiten haben, mit einem vitalen, explosiven und dynamischen Großohrigen konform zu gehen. Im allgemeinen ziehen sich aber gerade gegensätzliche Persönlichkeiten besonders an.

Kann die Beurteilung der Ohren für einen Chef bei der Anstellung eines Mitarbeiters hilfreich sein? In begrenztem
Umfang kann man dies bejahen. Es kommt darauf an, was
von dem Mitarbeiter verlangt wird, und welche Aufgaben-
gebiete ihm zufallen sollen.

Kleines Ohr: geduldig und geschickt;
mittelgroßes Ohr:
nüchtern und organisatorisch begabt;
großes Ohr: einsatzfreudig und dynamisch

Wird ein geduldiger, manuell geschickter Mitarbeiter ge-
braucht, so findet man diesen in erster Linie wohl unter den
Kleinohrigen. Ist dagegen Organisationstalent, Dynamik,
Logik und Treffsicherheit in der Beurteilung von Situationen erforderlich, so sollte man sich bei den Mittelgroßohrigen mit formschönen, durch markante Konturen geprägten
Ohren umschauen.

Großohrige gelten als einsatzfreudig, fleißig und loyal,
die sich für ihre Firma aufopfern. Ihre phantasievollen Vorstellungen können zwar oft Berge versetzen, mitunter neigen die Großohrigen aber auch dazu, allzu Illusionäres ver-
wirklichen zu wollen. In ihrer Dynamik und Zielstrebigkeit
sind sie oft unbequem, aber selten unfair. Nur bei allzu dikken oder krummen Leisten und einem zu dicken, unschönen Gesamtohr (Abb. 59–63) zeigen sich sehr egozentrische
Charakterzüge. Doch sind selbst diese, bisweilen im Umgang mit anderen nicht angenehmen Mitarbeitern vorbildliche Manager und in ihren Unternehmungen gewöhnlich
sehr erfolgreich. Wie ihr Verhalten moralisch zu bewerten
ist, steht auf einem anderen Blatt.

Es ist natürlich ein Unterschied, ob man eine Anstellung
sucht oder eine Stellung zu vergeben hat. Viele Personal-
chefs versuchen Fehler bei der Einstellung von Mitarbeitern

dadurch auszuschließen, daß sie graphologische Gutachten anfordern oder psychologische Tests durchführen. Das ist sicher mehr als Lesen im Kaffeesatz. Dennoch bietet nach Meinung des Autors eine gewissenhafte und nach genauen Kriterien durchgeführte Ohranalyse weitaus sicherere Prognosen. Und für denjenigen, der eine Stellung sucht, ist eine Kenntnis der Ohrstrukturen und der daraus abzuleitenden Charaktereigenschaften wohl der einfachere Weg, sich über die Eigenarten eines zukünftigen Chefs klarzuwerden. Ein Vorgesetzter mit großen oder mittelgroßen Ohren und sehr kräftiger Außenleiste ist in der Regel sehr zielstrebig, egozentrisch, im schlimmsten Fall herrschsüchtig. Die letztere Eigenschaft tritt um so stärker hervor, wenn gleichzeitig das Ohrläppchen angewachsen und der Einschnitt am unteren Ende der Ohrbucht tief und langgezogen ist. Bei kleinem Ohr mit sehr starker Außenleiste, angewachsenem Ohrläppchen und tiefem Einschnitt ist bei einem Vorgesetzten eher eine gewisse Hemdsärmeligkeit mit einer Vorliebe für schnelle, praktische Lösungen zu erwarten. Diese Menschen sind im Umgang mit Untergebenen nicht zimperlich, aber auch nicht unfair.

Eine zu dünne oder fast fehlende Außenleiste ist bei jedem Ohr, und ganz besonders beim großen, ein Zeichen von Unverträglichkeit und mangelnder Offenheit. Unter einem Vorgesetzten mit solchen Ohren zu arbeiten, erfordert sicher viel diplomatisches Geschick.

Im übrigen gelten bei der Beurteilung alle im vorderen Teil des Buches beschriebenen positiven Grundformen des Ohres: Das Ohr sollte nicht grobschlächtig sein, eine leichte Verjüngung nach unten und eine Dreiteilung aufweisen, der obere Ohranteil sollte besonders gut entwickelt sein. Zu den positiven Merkmalen gehört auch eine gut ausgeprägte Außenleiste, die möglichst langgezogen verlaufen sollte und keine zu starken Ecken oder Knickbildungen aufweist. Die Innenleiste sollte markant konturiert und nicht breit und verwaschen erscheinen. Bei gut ausgebildeter, nicht zu kleiner Ohrbucht und einem deutlichen, aber nicht zu tiefen unteren Einschnitt sowie einer dem Gesamtohr proportionalen Größe des Ohrläppchens sind alle Voraussetzungen für ein harmonisches Miteinander auch im Beruf gegeben, und dies unabhängig von der Größe des Ohres. Man kann also nur empfehlen, sich nicht nur das äußere Erscheinungsbild seines zukünftigen Chefs, sondern auch dessen Ohren genau anzusehen.

Zum Schluß –
ein Wort an den Leser

Gestatten Sie mir, am Ende dieser kurzen Einführung in die Analyse der Ohrstrukturen aus der Anonymität des Autors herauszutreten. Sie sind meinen Ausführungen – wie ich hoffe – bis hierher vielleicht mit Interesse gefolgt. Lassen Sie mich abschließend die besonders erwähnenswerten Merkmale der Ohrstrukturen zusammenfassen und noch einmal auf das Wesentliche hinweisen:

Es gibt viele Menschen, deren Ohren zahlreiche negative Merkmale haben. Wenn es ihnen gelingt, in ihrem Leben, in ihrem Beruf die Erfüllung ihrer Wünsche wie Anerkennung, materiellen Lohn und Glück in der Partnerschaft zu finden, kommen die negativen Komponenten ihres Charakters kaum zum Tragen. Menschen, deren Ohrstrukturen auf kriminelle Aktivität deuten lassen, werden noch lange keine Kriminellen. Vieles hängt davon ab, welche Chancen sich dem einzelnen im Leben bieten. Wer zum Beispiel seine animalische Vitalität in einer sportlichen Laufbahn erfolgreich einbringen kann, wird kaum einen krummen Weg einschlagen. Das gilt natürlich genauso für jeden anderen Beruf. Der Erfolg hebt hier viele negative Strukturen auf, wenn auch der einzelne Umgang vielleicht schwierig oder unangenehm sein mag.

Bei der Begegnung mit Fremden kann es oft wichtig werden, sein Gegenüber richtig einzuschätzen. Wer sich in der Ohranalyse etwas auskennt, ist hier im Vorteil. Lassen Sie mich deshalb beispielhaft nur jene Strukturmerkmale wiederholen, die mir zur Erkennung bestimmter Wesenszüge wichtig erscheinen, und zwar für

a) einen aggressiven,
b) einen heimtückischen und
c) einen sexuell abnorm reagierenden Menschen.

Merkmale gefährlicher Aggressivität
• Großes, fleischiges, meist verbogenes und in seiner Gesamtform häßlich anzuschauendes Ohr,
• Unterentwicklung des oberen Ohranteils mit bevorzugter Ausbildung des mittleren, besonders des unteren Abschnitts und des Ohrläppchens,
• sehr großes, dickes, fleischiges, oft quadratisch geformtes oder lang nach unten ausgezogenes Ohrläppchen, wobei dem breiten, bandförmigen und angewachsenen oder nach vorn gebogenen Ohrläppchen besondere Bedeutung zukommt,
• zu dicke, breite Außenleiste, besonders bei unregelmäßigen Verformungen und Knickbildungen im Kurvenverlauf,
• plumpe, breite, im oberen Abschnitt verwaschene Innenleiste,
• sehr kleine Ohrbucht,
• fehlender Einschnitt am unteren Ende der Ohrbucht.
Bemerkungen: Ein tiefer Einschnitt ist kein negatives Zeichen. Er besagt nur, daß im Fall brutaler Handlungen diese vorsätzlich mit Überlegung ausgeführt werden. Im übrigen reicht ein einziges negatives Merkmal nicht zur Strukturbeurteilung und Verurteilung einer Gesamtpersönlichkeit aus. Nur das Zusammentreffen vieler oder aller genannten Merkmale deutet auf gefährliche Aktivität hin.

Merkmale
gefährlicher Heimtücke
Menschen, die zu besonders bösartigen Handlungen neigen, haben meist große Ohren. Sie weisen aber wesentliche Veränderungen gegenüber dem großen Ohr schöpferischer, ideenreicher und kulturell hochstehender Persönlichkeiten

auf. Bei Menschen, die sich durch gefährliche Heimtücke auszeichnen, finden wir

• überwiegend große Ohren,
• starke Entwicklung des mittleren und unteren Ohrabschnitts bei deutlicher Unterentwicklung des oberen Ohranteils,
• dickes, fleischiges und plump wirkendes Gesamtohr,
• mehr oder weniger stark ausgeprägte Außenleiste, die aber nicht immer eine auffällige Abweichung vom Normalen erkennen läßt,
• häufige Unregelmäßigkeiten, Knickbildungen und Verjüngungen im Kurvenverlauf der Außenleiste,
• sehr breite Innenleiste bis in die Ausläufer.

Merkmale für abnorme,
aber ungefährliche sexuelle Veranlagung

Menschen mit ungewöhnlichem Sexualverhalten sind noch keine Gewalttäter. Ihnen fehlt die ungezügelte, vitale, körperliche Aggressivität, wie wir sie bei Menschen mit abnorm dicken und krummen Leisten und zahlreichen anderen negativen Merkmalen der Ohrstrukturen kennengelernt haben. Ihre Gedankenwelt ist also auch nicht plump oder aggressiv, sondern abwegig. Unabhängig von der Ohrgröße deuten auf solche Verhaltensmuster:

• auffallende Knickbildungen der relativ schwach entwikkelten Außenleiste,
• fehlende Dreiteilung bei Unterentwicklung des oberen Ohranteils,
• lappenförmiges, großes Ohr, das dem quadratischen Affenohr ähnelt,
• abnorm großes, meist quadratisch geformtes oder langgezogenes Ohrläppchen,
• breite, plumpe und konturenschwache, eher verwaschene Innenleiste.

Ich habe bewußt diese drei Beispiele als Sonderfälle

menschlichen Verhaltens herausgegriffen, weil es jeder von uns gelegentlich mit einem außerordentlich aggressiven, einem heimtückischen oder einem sexuell abnormen Menschen zu tun bekommt. Begegnungen mit solchen Menschen sind zwar nicht immer gefährlich, meist aber unangenehm. Um vor unliebsamen Überraschungen sicher zu sein, ist in jedem Fall eine gewisse Vorsicht bei Menschen mit den beschriebenen Ohrstrukturen angebracht.

Zum Schluß möchte ich noch einmal eindringlich darauf hinweisen, daß eine Ohranalyse niemals übereilt vorgenommen werden darf. Jedes Urteil verlangt größte Vorsicht und eine lange Zeit der Beobachtung, wobei selbst dann noch zu berücksichtigen ist, daß die Aussage nicht absolut gewertet werden kann. Alle vorgebrachten Beispiele sind nur Anleitungen, sich in der Analyse zu üben. Wer diese jedoch gewissenhaft betreibt, vermag nach einiger Zeit ziemlich sicher die Grundzüge eines Menschen aus dessen Ohrstrukturen heraus zu bestimmen. Man wird dann auch zum Beispiel die Ursachen erkennen, die etwa zu Überlegenheit von Berufskollegen und deren Erfolg geführt haben. Solche Erkenntnisse sind oft der erste Schritt zum eigenen Erfolg.

Literaturverzeichnis

BERSON, MORTON. J.: *Atlas of plastic Surgery*. New York: Grune & Stratton 1948

BOENNINGHAUS: *Hals-Nasen-Ohrenheilkunde*. Berlin u. a.: Springer 1990

BURKHARDT, LUDWIG: *Zur bilateralen Ähnlichkeit der menschlichen Ohrform – ein Beitrag zum Symmetrieproblem*. Anthropologischer Anzeiger Stuttgart 1974

DESCHNER, GÜNTHER: *Reinhard Heydrich*. Esslingen: Bechtle 1977

FREUD, SIGMUND: *Gesammelte Werke*. Frankfurt: S. Fischer Verlag 1960

FROMM, ERICH: *Die Seele des Menschen*. (The heart of man, dt.) Ihre Fähigkeit zum Guten und zum Bösen. Frankfurt, Berlin, Wien: Ullstein 1981

FRÜHWALD, VIKTOR: *Korrektive Chirurgie der Nase, der Ohren und des Gesichtes*. 2. vollst. und erw. Auflage. Wien: Mandrich 1952

GLASENAPP, HELMUTH VON: *Die fünf Weltreligionen*. Düsseldorf: Diederichs 1982

GÖPPINGER, HANS: *Kriminologie*. München: C. H. Beck 1980

JOSEPH, J.: *Nasenplastik und sonstige Gesichtsplastik*. Leipzig: Kabitzsch 1931

JOST, G., LEGENT F., MÉRESSE, B., OCKER, K.: *Atlas der ästhetischen plastischen Chirurgie*. Stuttgart, New York: Schattauer 1977

KAISER, GÜNTHER: *Kriminologie.* Heidelberg, Karlsruhe: C. F. Müller 1980

KONZELMANN, GERHARD: *Jerusalem.* Hamburg: Hoffmann und Campe 1984

DERS.: *Arafat.* Bergisch-Gladbach: Bastei-Lübbe 1984

KLAGES, LUDWIG: *Handschrift und Charakter.* Gemeinverständlicher Abriß der graphologischen Technik. Bonn: Bouvier Verlag 1989

KRETSCHMER, ERNST: *Körperbau und Charakter.* Untersuchungen zum Konstitutionsproblem und zur Lehre v. d. Temperamenten. Berlin, Göttingen, Heidelberg: Springer 1961

KUNZ, KARL LUDWIG: *Erbanlage und Umwelt.* Kulturhistorische Vorlesungen 1985/86. Collegium generale. Universität Bern. Bern, Frankfurt, New York: Peter Lang 1986

LEFAS, JEAN: *Gesicht und Charakter.* (Textred. d. dt. Ausgabe Evelyne Kolnberger.) München, Berlin: Herbig 1975

MARX, KARL: *Das Kapital.* Kritik der politischen Ökonomie. Band I–III. Berlin: Dietz 1971–72

MEDWEDJEW, ZHORES: *Der Generalsekretär* (Michail Gorbatschow). Oxford: Basil Blackwell Publisher 1986

MEYER, LAURA VON ALBERTIN: *Lehrbuch der Graphologie.* Stuttgart, Berlin, Leipzig: Union Deutsche Verlagsgesellschaft 1900/1909

MONTAGU, M. F. ASHLEY: *Das Verbrechen unter dem Aspekt der Biologie.* Akademische Reihe. Kriminalsoziologie. Hrsg. v. Fritz Sack und René König. Wiesbaden: Akademische Verlagsgesellschaft 1979

PÖLDINGER, WALTER, WIDER, FRANÇOIS: *Therapie der Depressionen.* Köln: Deutscher Ärzte-Verlag 1986

Schwind, Hans Dieter: *Kriminologie.* Heidelberg: Kriminalistik-Verlag 1986

Seydel, Renate: *Ich, Romy.* München: Herbig Verlag 1988

Register

Bildnachweis

Das Bildmaterial stammt aus folgenden Quellen:
Bildvorlageabteilung des Polizeipräsidiums München
Zentralarchiv des Axel-Springer-Verlags Hamburg
Archiv zur Geschichte der Max-Planck-Gesellschaft Berlin
Bildarchiv »Münchener Merkur«

Die Zeichnungen wurden angefertigt von Frau I. Wiktorin, Graphikerin der Chirurgischen Universitäts-Klinik München Innenstadt

Bitte beachten Sie
die folgenden Seiten

Stefan Schaffelhuber

Inner Coaching

Konzentration
Selbstbewußtsein
Geistesgegenwart
Entspannung

Ullstein Buch 35320

Das Geheimnis erfolgreicher Menschen liegt zum großen Teil in deren Fähigkeit, ihr persönliches Potential zu entdecken und zu entfalten. Wichtige Säulen auf diesem Weg sind: Konzentration, Entspannung, Selbstbewußtsein und Geistesgegenwart. Sie gilt es zu fördern. *Inner Coaching* bietet dazu den Sport an: ein ideales Feld, um geistige Fähigkeiten zu entdecken und zu trainieren. Eine Vielzahl von Übungen, die ursprünglich für das Coaching von Golf- und Tennisspielern der Weltklasse entwickelt wurden, hilft auch im Berufsleben effektiver zu handeln. Sie geben dem Leser die Chance, zu innerer Ruhe und Ausgeglichenheit zu gelangen.

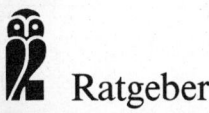 Ratgeber

Yvette Grady

Männer handverlesen

Charakter auf den
ersten Blick

Ullstein Buch 34827

Kreuzt seine Lebenslinie
seine Kopflinie? Weist die
Lebenslinie zum Mondberg?
Und vor allem: Hat er den
Venusgürtel? Keine
Mutmaßungen über den
wirklichen Charakter Ihres
Auserwählten mehr, meine
Damen: Es gibt Handfesteres.
Nach Lektüre dieses Buches
erbitten Sie einfach unauf-
fällig seine Rechte (oder auch
die Linke) und blicken hinein.
Sie werden staunen. Oder
enttäuscht sein. Oder erfreut.
Wir wünschen Ihnen
letzteres. Überlassen Sie Ihr
Liebesleben nicht mehr dem
Zufall.

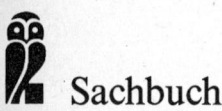

Sachbuch

Joern J. Bambeck
Antje Wolters

Brainpower

Die Macht Ihrer Mentalkräfte

Ullstein Buch 34934

Sportler und Manager haben es längst begriffen: Siege werden im Kopf entschieden. Doch nur wenige verstehen es, ihre geistigen Kräfte bewußter und effektiver einzusetzen. Dabei gibt es ungeahnte Möglichkeiten, das geistige Potential auszuweiten. Mit welchen Methoden, das verrät das bekannte Autorenteam Bambeck/Wolters. Unterhaltsam und kompetent geben sie Auskunft, wie unser Gehirn arbeitet, wie wir es trainieren und seine Leistung optimieren können. Ein umfassender Wegweiser durch die verschlungenen Bahnen unseres Denkens.

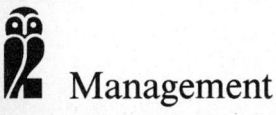 Management

Herbig Gesundheitsratgeber